U0129201

宋元時期易圖與數論的統合典範

── 丁易東大衍數說圖式結構化之易學觀

The Model of the Integration of Yi-diagrams and the Theory of Numbers
– Ding Yidong's Theory on Yi Through the Dayan Diagrams

陳 睿 宏 著

文 史 哲 學 集 成
文史哲出版社印行

國家圖書館出版品預行編目資料

宋元時期易圖與數論的統合典範：丁易東大
衍數說圖式結構化之易學觀 / 陳睿宏著 --
初版 --臺北市：文史哲, 民 103.08
　　頁；公分（文史哲學集成；658）
參考書目：頁
ISBN 978-986-314-199-0（平裝）

1.（宋）丁易東 2.學術思想 3.宋元哲學
4.易學

121.17　　　　　　　　　　　103014922

文 史 哲 學 集 成　　　658

宋元時期易圖與數論的統合典範
丁易東大衍數說圖式結構化之易學觀

著　　者：陳　　　睿　　　宏
出 版 者：文　史　哲　出　版　社
　　　　　http://www.lapen.com.tw
　　　　　e-mail：lapen@ms74.hinet.net
登記證字號：行政院新聞局版臺業字五三三七號
發 行 人：彭　　　正　　　雄
發 行 所：文　史　哲　出　版　社
印 刷 者：文　史　哲　出　版　社
　　　　　臺北市羅斯福路一段七十二巷四號
　　　　　郵政劃撥帳號：一六一八〇一七五
　　　　　電話886-2-23511028・傳真886-2-23965656

實價新臺幣六〇〇元

中華民國一〇三年（2014）八月初版

凡　例

一、本論著採用丁易東原典之原文，主要根據文淵閣《四庫全書》
　　之版本；《大衍索隱》仍本於《四庫》，並參照對比《道藏》
　　本。

二、丁易東論著《周易象義》，《四庫全書》作《易象義》，唯
　　歷來文獻載錄，多有以《周易象義》見稱，因此，雖取《四
　　庫全書》本，書名則改取《周易象義》。

三、爲便於閱讀，論著各章皆立新的完整標注，例如第一章第一
　　次詳細標明「見丁易東《大衍索隱》，卷x（臺北：臺灣商務
　　印書館景印文淵閣四庫全書第 806 冊，1986 年 3 月初版），
　　頁x。」該章之後再注則僅作簡要標注：標明作者、書名、篇
　　卷與頁數；如「見丁易東《大衍索隱》，卷x，頁x。」各章
　　第一次引用丁易東之《易》說，仍採詳細標明之方式。其它
　　各種典籍之注引亦同。

四、孔門《易傳》（或稱《十翼》）之引述，各篇獨立採用書名
　　號（《　》），即如《繫辭傳》、《象辭傳》。

五、申言《大衍索隱》中之各種圖式名稱，皆加上《　》以標明，
　　如《大衍合數之圖》、《大衍之數五十其用四十九圖》等等。
　　傳統上所言《太極圖》、《河圖》、《洛書》等等，亦皆加
　　上《　》。

六、六十四卦之卦名，兩岸學者多有附加〈　〉者，如〈乾〉、〈屯〉、

　　〈需〉等等，然涉言卦名，若加上〈 〉符號，似顯冗贅；且
　　涉論卦爻象時，需要表明卦畫，與〈 〉符號相加，更顯混雜。
　　因此，一般僅稱作如乾卦、坤卦、屯卦等。

七、六十四卦卦名之出現，原則上不旁加卦畫，唯論述內容涉及
　　卦爻象，或卦符顯現有其論述之必要性時，才附加於卦名後
　　面，如乾☰卦、坤☷卦、屯☵卦等。

八、人名後面附加生卒年，採取各章獨立標示方式。各章人物第
　　一次出現，皆附標生卒年，如邵雍（1011-1077 年）；同章
　　再一次出現不再標明。

九、以「易」爲言，除非特殊指稱，否則皆加上《》以標明爲著，
　　即：《易》、《周易》、《易經》皆然。然而，「易學」、
　　「易圖」、「易例」等，皆可屬專有之學術名稱，故「易」
　　不冠《》。

自　序

　　從理工領域投向文學的懷抱，重新從大學、碩士到博士，至今已逾二十載，在人文思想的血脈中，不斷注入熱情與戰鬥力，也習慣於固定之作息；除了教學備課之外，專注於案牘前，滑動著指尖書寫，執著紅筆句讀古籍，會心劄記。日復一日，年復一年，挑燈夜戰，貪取寐時，消耗健康，冷落家人，便在開展心中理想的學術慧命；或是肥沃豐饒，或是荒蕪貧瘠，仍支撐於自己所期許的學術價值。指南山頭傳來宮寺的晨鐘，陪伴的清音，也正爲學術努力所伴隨的應和與叮嚀，記憶初衷，盡力前行。

　　選擇易學圖式作爲現階段研究之範疇，期許將機械化的符號訊息圖式，透過釋說以進一步創發詮釋出具有哲學性思考的內涵。選擇丁易東《大衍索隱》之圖式作爲本論著研究之主要對象，起始本意即在於此。

　　丁易東易學重視大衍之數的數值運用，以及與《河圖》、《洛書》、先後天圖式等之聯結，配合圖式數值化之建構，成爲其易學的主要特色。以天地之數所構成的大衍筮數，成爲推布吉凶之兆的推衍用數。言數用數，龐富多元，立基於大衍之數，廣摭諸家之言，進行批判與融合，把握數理的邏輯變化之認識而自創新說；專言大衍之數，立作〈原衍〉，制圖三十六幀，又以大衍之數聯結《河圖》與《洛書》，名爲〈翼衍〉，有二十九圖。以大衍圖式，糾結天地之數、大衍之數，以及《河圖》與《洛書》之

用數體系，建立其大衍數說的特有之易學觀，也標誌出結合大衍學與圖式結構的集大成者、具有創造性意義的新開展之易學思想。

本論著以丁易東《大衍索隱》的易學數論圖式作為研究的主軸，並參照《周易象義》之說法，將其圖式進行主題分類、數值符號結構之考索，以及圖式思想內容的探析。因此，專書研究之主要論述取向，希望能夠對其圖書與數論的聯結，作全面性、周延性的探討、釐清與詮釋。依主要範疇分為六個章目進行論述：一章為〈丁易東理學視域下的的義理思想〉，一章為〈丁易東易學的卦爻象觀 —— 從取象方法、八卦用象與卦主進行開展〉，一章為〈丁易東稽考歷代重要大衍數說之釋述〉，一章為〈丁易東大衍推筮之法與衍數之重要數列圖式〉，一章為〈陰陽的黑白數列結構與大衍變化之具體時空圖式〉，一章為〈大衍變化與圖書及先後天圖式之聯繫〉。統合各章之重要論題，包括：對丁易東所輯歷來大衍說進行分類述評；對其推筮之法與其易學圖式進行全面性的梳理與檢討；探討其大衍數說聯結易學圖式所展現的具體內涵；瞭解丁易東對「象」、「數」、「理」、「氣」等關係之認識，以及大衍筮法的數值衍化之結構意涵，與相關數值所呈現的體用哲學意蘊；探討丁易東大衍之數與天地之數的具體時空變化體系，以及陰陽相生與陰陽互根的實質面貌，確立其陰陽變化的重要意義；論釋其大衍之數與《河圖》、《洛書》、「洪範九疇」及先後天圖式聯結的重要意涵。考量一家研究之完整性，也特別針對其整體易學的義理與象數思想，進行精要之探討與述評。

本論著方法論採取之態度，主要掌握回歸文獻的原貌，回歸歷史當時的視角，從丁易東所處的當時歷史位置來著眼，掌握宋代易學的發展概況，以及丁易東易學的源流，立基於宋代的歷史文化與易學思想流變的本質，參照丁易東論著所表現的宋《易》

特色與文化特質，以及與主流易學歧異的象數之學的成因，期能
對其大衍數論圖式結構化的內涵，得到最根本的認識。重視議題
論述之系統性，以及研究對象（材料）的連結性與全面性的概念；
丁易東的《易》著，除了《周易象義》針對經傳辭義進行闡釋外，
其《大衍索隱》集中以衍數結合宋代的重要圖說元素作周延的建
構，然而二著既有偏重又當兼綜，彼此間有密切的相關性與聯繫
性，故在文本的認識與文獻的取用上，不單取於一著，使在考索
其數論圖式化的易學觀之命題內涵，得到較全面而妥切的分析。
面對丁易東所持的大衍學之各類易圖的考索，與其圖式背後的思
想內涵，尤重於歸納、分析與考證的工夫。本論著為凸顯丁易東
的大衍學說，特別透過數論與圖式結構所呈現的重要內涵，分判
其易圖的內容，在各個論題上，採取主題分類與討論的方式。藉
由主題討論的研究方式，有助於凸顯丁易東數論與圖式結構所展
現的易學觀之內容屬性與思想內涵，開闢出具體的見解。

　　本論著之完成，感謝家人長期的包容與體恤；感謝科技部提
供研究經費之協助；感謝學者專家的指導與提供寶貴的意見。致
上最深切的感激之情！

陳睿宏　於 2014 年 7 月 8 日

Abstract

One of the important characteristics of Yixue in the Song Dynasty is the interpretation of Yi with numbers. The combination of numbers and Yi-diagrams is an innovation in the Northern Song Dynasty. Ding emphasizes the applications of the values of the Dayan numbers （the numbers of the Great Expansion） in combination of the Hetu, Luoshu, Xian-hou Tian diagrams, and the numbering of these diagrams, all of which are important features in his Yixue theory. He uses the Dayan numbers, derived from the numbers of heaven and earth, as a means to determine whether a sign is ominous or auspicious. Ding proposes a complex theory and diverse applications of numbers. In Zouyi Xiang Yi, he uses numbers to explain Yi; in Dayan Suoyin, based on the Dayan numbers, he analyzes and incorporates 57 philosophers' theories and proposes his own. His Yuan-yan is a book on the Dayan numbers, containing 36 diagrams he creates. His Yiyan combines the Dayan numbers, Hetu, and Luoshu, containing 29 diagrams. Ding establishes the relationship between the Dayan numbers and the numbers of heaven and earth, and makes a close connection between the Dayan numbers and the theory of Hetu and Luoshu.

With the focus on Ding's Dayan number theory and diagrams and with the reference to Zhouyi Xiang Yi, the present study divides

Ding's 65 diagrams into different categories, traces their origins, and provides a detailed analysis and interpretation of these diagrams, hoping to offer a comprehensive discussion and analysis of his connection of Tu-shu and Dayan numbers and to understand Ding's views on Xiang, Shu, Li, and Qi. The study also aims to explore the changing system in time and space of the Dayan numbers and the numbers of heaven and earth, the truth of the mutual promotion and generation of yin and yang, and the essence of Ding's combination of the Dayan numbers, Hetu, Luoshu, Hong-fan Jiu-chou, and Xian-hou Tian diagrams.

With the approach of resorting to literature and adopting a historical perspective, the present study aims to make a thorough research into the content and structures of Ding's Dayan number theory by examining the important features in Yixue of the Song Dynasty reflected in Ding's theory, explaining why Ding's theory differs from the mainstream Yixue theories in his time, exploring the development of history, culture, and Yixue in the Song Dynasty. The study focuses on a systematic and comprehensive analysis and understanding of Ding's theory and the correlation and close connection of ideas in Ding's two books: Zouyi Xiang Yi explaining the meanings of Jing-Zhuan, while Dayan Suoyin combining Dayan numbers and important elements in Song diagrams. To highlight Ding's Dayan theory, the study attempts to determine the meanings of his diagrams through the contents of his number theory and diagram structures, and make a thorough discussion on each classified topic, with the hope of understanding Ding's philosophy from a new perspective.

宋元時期易圖與數論的統合典範

── 丁易東大衍數說圖式結構化之易學觀

The Model of the Integration of Yi-diagrams and the Theory of Numbers
── Ding Yidong's Theory on Yi Through the Dayan Diagrams

目　　次

圖表目錄

第一章　緒　論

　　漢代象數之學，歷經魏晉、隋唐的玄學化義理化之轉變，至宋代受到前期易學之流變與佛道的影響，開展出以理學為主體、以圖書之學為新創的新的易學風貌。丁易東（？-？年）[1]身處宋

---

1 丁易東之生卒年不詳，武陵人，於宋咸淳戊辰（1268 年）高中進士。《四庫提要》指出其「字漢臣，武陵人，仕至朝奉大夫、太府寺簿兼樞密院編修官，入元不仕，教授鄉里以終」。（引自丁易東《周易象義‧提要》（臺北：臺灣商務印書館文淵閣《四庫全書》本第 21 冊，1986 年 3 月初版），頁 473。）《湖廣總志》亦云：「丁易東，龍陽人，官至翰林編修。入元，數徵不起，注《周易》傳疏以授學者。建石壇精舍，教授生徒，資以廩費，事聞，賜額沅陽書院，授以山長。」（引自朱彝尊《經義考》，卷四十四（北京：中華書局，1998 年 11 月北京 1 版 1 刷），頁 241。）文獻記載上籍地二出，除了《四庫提要》依《武陵縣志》記為武陵人外，前述《湖廣總志》，乃至包括《湖南通志》、《明一統志》、《大清一統志》等皆以丁氏為龍陽（今湖南漢壽）人，為舊志傳抄之誤所致，故《武陵縣志》已明指其失。宋氏王朝崩坼，入於元朝新政，未再任官，以講授《周易》，教學於鄉里而終。相似之簡略傳述，又見明代李賢等撰《明一統志》，卷六十四；明代凌迪知（1529-1600 年）《萬姓統譜》，卷五十五。根據元代初期喻清中（？-？年）於《道德真經集義大旨》跋文論及與丁氏互訪求益於《老子》之學，記載：「丙申之夏，常武寓公趙君，貫道來正學綱，袖示老師、月屋二書垂論新刊《道德經集註》以俚說儕之，諸說之後，復以化疏見委。僕為之驚愕，而繼之以愧且病也，僕已錄梓似難反汗。己亥夏，僕冒暑訪月屋，則所刊板工力尚欠三分之二，而石潭老已為古人矣。」（見劉惟永編集，丁易東校正《道德真經集義大旨》，（臺北：新文豐出版公司《正統道藏》第 23 冊，1988 年 12 月再版），頁 611。）丙申年（1296 年）二人尚有往來，己亥年（1299 年）丁氏已亡。知其亡年當在西元 1296-1299 年之間。其主要著作為《周易象義》十六卷、《大衍索隱》三卷，以及另有針對歷代《道德經》之校訂與集義之著作，包括《道德真經集義大旨》三卷、《道德真經集義》十七卷等二著。四著今存。又有《老子解》、《梅花詩》，今已亡佚。

元之際，學術邁向以程朱領航的年代，丁氏易學也正接受此一主流的洗禮，義理詮釋宗本程朱理學，卻又衷心於象數之說，其《周易象義》以象名家，考訂易例，成爲重返漢《易》的最佳代言人。其《大衍索隱》會通前儒圖書之學與大衍數說，踵繼而新詮，爲總結宋代大衍學之典範。會通圖書與數說，使易學之數字符碼，在高度邏輯性之中，聯繫出對傳統知識體系之接受與融合，並引領出諸多思想的養料，提供後學進一步開闡的可能。本論著以「宋元時期易圖與數論的統合典範 —— 丁易東大衍數說圖式結構化之易學觀」爲名，專就其易學圖式作爲主體研究之對象，以過去學者所冷落或不易釐清的數字圖式，進行全面性之釋說與論題探述，提供有關之理解，期冀有助於來者。

第一節　學術末流之誤區與研究之繼起

　　宋代以理學爲主流的高度義理化的學術環境下，丁易東很難擺脫仰之彌高的形上義理作爲是較高價值尺度的衡量標準，非但不易進入宋元思想史的冊林，在宋元經學史或易學史上，也不受到應當有的關注。諸如晚近學者的有關論著中，著重的多與理學有關或是圖書易學有關的重要《易》家，甚至與宋代學術史或政治史有關的人物，丁易東只能被視爲過客。

　　《四庫全書》收錄其《周易象義》於《易》類之中，但以「象」名「義」，恐已將在刻板的認識與思想價值優位的普遍理解下，或雖有其瑰珜之美，也難得其燦然可觀。其另一論著《大衍索衍》，被納入《四庫》子部術數類之流，學術高堂，術數投名，其易學精神的可能殘存價值，又恐難保秋毫。丁易東之易學，在主客觀

的認識上，往往有被歸類於象數滋漫與術數末流的可能。

當代易學史的研究，徐芹庭《易學源流》中，論述宋代之易學源流時，將宋代的易學主要分為理學派、圖書象數派、老莊心佛派、占筮禨祥派、史學派、疑古派、古本易學派、集解派等幾個主要的派別，其中指出宋代的易學主流是以程朱為主的理學派。對於丁易東的歸屬，則列於圖書象數派之類，強調其以十二象例論《易》的「因易象以明義」之特色，「蓋亦漢易之大家也」，[2]將丁易東歸之於漢《易》的系統。然而，徐芹庭在其《易圖源流》[3]中，卻未對丁氏《大衍索隱》的圖式進行申說，似乎不重視有關圖式的理解。其他論著包括如朱伯崑的《易學哲學史》、[4]高懷民的《宋元明易學史》、[5]劉瀚平的《宋象數易學研究》、[6]余敦康的《漢宋易學解讀》，[7]乃至王鐵的《宋代易學》[8]等重要易學史論著，都未論及有關之學說內容。

專言易圖的論著，也不易見到丁易東的踪跡，唯彙編易圖的典籍，有施維主編的《周易八卦圖解》中，羅列丁易東四十個圖式；[9]另外，李申與郭彧編纂的《周易圖說總滙》，列與《河圖》、《洛書》有關的圖式共十七幀，又列「易學數學圖」有關的圖式

---

2 參見徐芹庭《易學源流》（臺北：國立編譯館，1987 年 8 月初版），頁 690。

3 見徐芹庭《易圖源流》（北京：中國書店，2008 年 1 月 1 版 1 刷）。

4 見朱伯崑《易學哲學史（第二卷）》（北京：華夏出版社，1995 年 1 月 1 版 1 刷）。

5 見高懷民《宋元明易學史》（南寧：廣西師範大學出版社，2007 年 7 月 1 版 1 刷）。

6 見劉瀚平《宋象數易學研究》（臺北：五南圖書出版公司，1993 年 2 月初版 1 刷）。

7 見余敦康《漢宋易學解讀》（北京：華夏出版社，2006 年 7 月北京 1 版 1 刷）。

8 見王鐵《宋代易學》（上海：上海古籍出版社，2005 年 9 月 1 版 1 刷）。

9 見郭彧《周易八卦圖解》（成都：巴蜀書社，2003 年 3 月 1 版 1 刷），頁 207-236。

二十四幀。[10]雖然，關注其圖式者極爲有限，但論述宋元易圖之演變與有關圖式的內容，丁易東的圖式往往作爲這個時代的重要代表文獻，是研究上所難以割捨的。

晚近有關丁易東的易學研究，漸露頭角，稍早者爲江弘毅博士論文《宋易大衍學研究》中論及丁易東的大衍圖式，[11]以及林忠軍〈丁易東象數易學〉[12]、周益民〈丁易東《易》學思想研究〉[13]等專述丁氏之論文。另外，梁頌成〈從沅陽書院到桃岡精舍－常德地方精英教育的先聲〉一文，[14]僅從教育貢獻的角度，說明丁易東大規模開辦精舍，

---

10 參見李申、郭彧編纂《周易圖說總滙（上）》（上海：華東師範大學出版社，2004 年 4 月 1 版 1 刷），頁 113-117。又見《周易圖說總滙（下）》，頁 1988-1998。

11 江先生針對歷來的各種解說進行概括的說明，並以朱熹的〈筮儀〉作爲主體，舉各家之說法作分析，從操作方式與或然率之結果，認爲丁易東決然不同於朱熹之說，而與雷思齊（1231-1303 年）、張理（？-？年）等人相近，其目的在於使得六、七、八、九筮數的或然率能更趨合理。江先生列說宋代的大衍數圖，並網羅丁易東的諸多圖式，舉出其部份圖式作粗略之說明。參見江弘毅《宋易大衍學研究》，頁 100-128、頁 137-167。

12 林忠軍主要從三個方面探討丁易東之易學，包括：其一、以朱震易學爲宗，整合漢儒舊說；其二、臚采先儒緒論，索隱大衍之數；其三、丁氏易學價值及地位。林先生肯定丁易東易學以象數見長，宗法朱震之說，並廣納漢魏以來之主張，著重於釋說丁易東易學中用此十二法之意涵。林先生並針對丁易東大衍之數諸多主張，進行選採說明，舉其《大衍之數五十其用四十九圖》、《大衍合數生四象圖》等八個圖式，作簡要的數值變化與數值結構之說明。見林忠軍〈丁易東象數易學〉，《周易研究》1998 年第 2 期，頁 40-52。該文同時收錄於林忠軍《象數易學發展史（第二卷）》中。揭前書，（南寧：廣西教育出版社，1996 年 9 月 1 版 1 刷），頁 425-449。

13 周益民一文，內容約二千字左右，簡要介紹丁易東的易學思想，主要包括三個部份，即以象言《易》、以變言《易》、以數言《易》，以及對丁易東以佛老之言解《易》的方法進行了批判。內容不脫林忠軍的觀點。特別強調丁易東的變易觀，然無深入其義，不見其旨要。見周益民〈丁易東《易》學思想研究〉，《傳奇·傳記文學選刊（理論研究）》，2010 年 10 月期，頁 9-13。

14 見梁頌成〈從沅陽書院到桃岡精舍 —— 常德地方精英教育的先聲〉，《湖南師範大學教育科學學報》，2007 年 9 月，第 6 卷第 5 期。

致力於化雨春風的興學義舉，並無陳其《易》論之說。

　　作者多年來注意丁氏《易》著，校勘句讀，詳覈文義，先後發表四文，並通過科技部之專題研究。[15]致力於丁氏《大衍索隱》圖式之全面詮解釋說，對於其全般圖幀數值結構之重要意涵，以及圖式數值之舛誤，大抵皆能予以校正。本論著所陳，即綜合相關之研究成果，進行全面而系統性之統合。

　　有鑑於本人關注於丁氏《大衍索隱》全部圖式與大衍學之研究，對於其《周易象義》之主體思想，並未作通徹之考索探述，故指導游經順先生完成《丁易東易學研究》[16]碩士論文，研究撰述其間，未直涉其文，且各個圖式之探述，在游氏撰寫論文其間大致已完成，故對丁氏之理解，並未受到游氏探說之影響。本論著正可糾補游氏闕誤與不足，有關丁氏易學之研究，由斯而盡詳，蓋可綜觀周全。

---

15 本人發表之四篇論文，分別為：2011 年 11 月〈丁易東大衍數論述評〉（《2011年國際易學大會第 23 屆臺北年會大會論文集》，國際易學大會主辦，頁 87-114。）2013 年 8 月〈宋元時期易圖與數論的統合典範 —— 丁易東大衍數聯結圖書之學析論〉（「經學與中國文獻文化國際學術研討會」，南京大學中國文學與東亞文明研究協同創新中心主辦，頁 30-60。）2014 年 5月〈丁易東易學的卦爻象觀 —— 從取象方法、八卦用象與卦主進行開展〉（「第五屆東方人文思想兩岸學術研討會」，玄奘大學文學院主辦，頁 1-35。）2014 年 5 月〈丁易東大衍數說聯結圖書易學析論〉（《東吳中文學報》，第 27 期，頁 145-184。）通過 102 年度科技部專題研究〈宋元時期易圖與數論的統合典範 —— 丁易東大衍數說圖式結構化之易學觀〉（NSC 102-2410-H-004-176。）本論著即此專題研究之統合研究成果。
16 游經順《丁易東易學研究》主要從丁易東生平與學術概況、易學源流、易學特色、義理思想、取象十二法與卦爻象之象數思想、圖式述評等幾個方面進行申說。多數之觀點，大抵採取本人之說法，少數取用林忠軍之說。對丁易東易學思想，作全面性之梳理，多有發前人所未有之新見，可以視為歷來丁氏易學研究規模最為完整之成果。然而，亦有闕誤不足者，尤其在義理思想之陳述，稍見生疏冗贅，圖式之釋說，亦未及深刻與背後之可能思想。游經順《丁易東易學研究》，臺北：國立政治大學中國文學系在職碩士班碩士論文，2014 年 1 月。

第二節　宋《易》發展與丁易東圖說之聯繫[17]

　　王應麟（1223-1296 年）《困學紀聞》指出自從漢代經學以來，「談經者守訓故而不鑿」，[18]至宋代學風產生巨大變化，傳統的章句訓詁之法，以被道學思想詮釋所漸次取代，普遍的學術風尚，治經之態度取向，因經以明道，明道以知經，探究經義，發明經旨為要。這種學術風氣，主要受到科舉制度之影響；科舉取士，皆以創發新義，求為新奇，標新以別異於古，用以歆動試官，成為一時之好尚，所以王安石（1021-1086 年）著名《三經新義》，頒行天下，流風所被，恐有教人捐棄古說，以從新義之尚，故皮錫瑞（1850-1908 年）批評此狀，「名為明經取士，實為荒經蔑古之最」。[19]是宋學之大盛，為漢學之凋敝；雖在經學史上注入新的血脈，卻也阻斷了舊的氣息，漢、宋的鴻溝由此擴生焉。此舊恨一直發展到清代，特別是乾嘉時期，成為了新仇，此乃宋人所始料未及者。

　　學術風氣的改變，宋代所代表的純粹的漢《易》系統的易學論作，著實不易尋見，而那種不見得純粹，卻帶有強烈漢《易》風格的重要《易》著，南宋前期的朱震（1072-1138 年）與同時期的諸家《易》說，乃至宋末元初的丁易東，可以視為一脈相承

---

17 有關宋代易學之發展，參考拙著《義理、象數與圖書之兼綜 —— 朱震易學研究》（臺北：文史哲出版社，2011 年 9 月初版），頁 35-42。

18 見王應麟《困學紀聞·經說》，卷八（臺北：臺灣商務印書館景印文淵閣四庫全書，第 854 冊，1986 年 3 月初版），頁 323。

19 見皮錫瑞《經學歷史》（臺北：藝文印書館，1996 年 8 月初版 3 刷），頁 303。

的後繼者，可以視爲此一時期的典型代表。宋代易學的融舊新起，象數之學已從主流環境中邊緣化，而屬於未必主流的象數觀點上，易學家們特別以卦變爲好，又由於「河圖洛書」、「先後天」之學等學術論題的重視，帶引出易圖風尙的崛起，以及擅言數論，尤其具有傳統題材背景的大衍數說，形成一種新的象數觀與漸次蔓衍的圖書之學，丁易東融鑄與改造前人之說，成爲宋元時期象數與圖書之學的主要代表人物。

　　在易學的發展上，宋人不論在象數或義理之範疇上，大致不離「先天後天」、「河圖洛書」之說，在廣義的象數之學裡，大體脫離傳統漢《易》之說，而由陳摶（？-989 年）以降漸盛之圖說所取代，形成一種新的易學詮釋風格。陳摶一系以其道教之詮釋內涵，攝入《周易》之中，建立新的易學圖式，並發展出後來屬於宋代的重要易學特色，其核心內容不外乎由陳氏與其後傳包括劉牧（1011-1064 年）、邵雍（1011-1077 年）、周敦頤（1017-1073 年）等人之重要另類易學主張。有關之學說，不論是形式或內容，皆異於漢代象數之學，與傳統易學大異其趣，以今日的哲學觀點來看，可以視爲突破傳統界圍的創造性詮釋。丁易東的易學，也在此創造性學術環境下，開創出屬於他那既有繼承又有創新的易學思想。

　　在《河圖》與《洛書》方面，以劉牧爲首者，提出「圖九書十」之說，[20]以「洛書」體現天地之數中陽奇和陰偶相配合的法則，而《河圖》則闡發八卦的來源，以及一年之間陰陽二氣消長

---

20 「圖九書十」或「圖十書九」之說，歷來爭議不休，大抵朱震主張「圖九書十」，而朱熹主張「圖十書九」，形成兩種不同的說法。但從歷來文獻所考，尤其丹道術數所傳，大抵可以確定朱震所傳載方爲劉牧原始之說。丁易學根本於朱熹的「圖十書九」之說法，有關之內容，將於後面章節進行說明。

的過程；朱熹《易學啓蒙》與《周易本義》載錄二圖，使河洛之說傳佈與影響更爲久遠。「先天」、「後天」方面，則以邵雍易學爲代表，[21]認爲《周易》卦爻辭乃文王之《易》，屬於後天之學；而其一生重在建立先天易學，認爲伏羲氏之圖式，雖有卦無文，但盡備天地萬物之理，特別以《先天八卦圖》、《六十四卦次序圖》解釋八卦乃至六十四卦的形成，並結合曆法知識說明季節變化與陰陽消長的過程，進一步說明國家社會的興衰起滅與世界的終始轉化，具有世界觀與宇宙論的意義。在《太極圖》方面，則本諸於周敦頤，其圖說大致以道教的先天太極圖爲藍本，並參照陳摶的無極圖，以及禪宗思想的影響，[22]成爲一種新的易學論述內涵，視「無極」與「太極」爲宇宙萬物的本源，建立一套不同於以往的新穎之宇宙論體系，並對理學產生了深刻的影響。前述陳摶一系的圖式，皆爲丁易東易學所關注，結合大衍之說，以數值化的建構，發展出諸多創新的理解。

　　宋代《易》家以清新而別緻的圖式學說來闡釋《易》說，除了具備「象」的概念外，也重視「數」的運用，在相關易學圖式

---

21 邵雍主要易學著作有《皇極經世書》與《伊川擊壤集》，而《皇極經世書》又包括《觀物內篇》與《觀物外篇》，其實質內容已不全，當中諸多圖式，多爲邵伯溫、蔡元定、朱熹等人所補述。

22 黃宗炎《圖學辨惑・太極圖說辨》云：「《太極圖》者，創于河上公，傳自陳圖南名爲《无極圖》，乃方士修鍊之術也。與老莊之長生久視又其旁門岐路也。老莊以虛无爲宗，无事爲用，方士以逆成丹，多所造作，去致虛靜篤遠矣。周茂叔得之更爲《太極圖說》，則窮其本而反于老莊，可謂拾瓦礫而悟精薀。但綴說于圖，合二途爲一門，其病生矣。……茂叔得圖于方士，得偈于釋心，證于老。」（見黃宗炎《圖學辨惑》（臺北：新文豐出版公司大易類聚初集本第 15 冊，1983 年 10 月初版），頁 688。）明白指出周子之《太極圖》，是儒、釋、老與仙道冒昧淆亂的結果。此外，《宋元學案・濂溪學案》、朱彝尊《曝書亭集》（卷五十八），以及《二程遺書》游定夫記程子語等諸書中，皆記周子之圖學，是兼容此諸家之學而成的。

內容中，或以數示象，或以象寓數，或象數兼具，超脫出不同於兩漢易學那種強烈摻雜天文曆法知識所普遍倡論之卦氣說，以及互體等易例的象數易學之窠臼；同時把易學概念引申推展到傳統易學之外的哲學領域，揭示大自然或宇宙本體的生成規律，這樣的易學觀，與西漢注重占驗災變、講求實用之精神迥然相異。因此，宋代的圖書易學，在其建構的易學圖式中，常常包含著深弘豐厚的義理內蘊，這種義理的成分，也往往從屬於宋代理學之基本範疇，並不同於傳統易學所標幟的哲理，可以視為理學所表述的重要觀點。丁易東所建構的龐富圖式與數列符號，便可從中勾勒出可貴的哲理深義。

易學專主義理之闡發者，程頤（1032-1107 年）關注儒理思想的詮釋，其《伊川易傳》在當時的學術發展中，成就了某種學術的格局與勢力，樹立其因象明理、以理解《易》的方法與內容，其中心的哲學議題之一便在「天理」，將「天理」或「理」視為本體的認識，為宇宙天地萬物的本原和總則，並由朱熹進一步地開展，確立理學一脈的系譜；透過對儒家哲理的領悟與發揮，闡說《周易》的義理。程朱二家所標示的易學路線，代表宋代易學義理化之主要傾向，並對後世產生深遠的影響。丁易東肯定程朱以「理」論《易》之說，其論著中每有兼宗二家之言者，包括在「象」、「數」、「理」、「氣」關係上的認識，及至數值概念聯結圖式的道器、體用思想，在義理的闡發上，深受朱程之影響，存在著義理意蘊的程朱易學本色。丁易東以《易》肇端於氣，肯定自然氣化的存在事實，以陰陽變化作為一切存在的根本，藉由天地之數、大衍之數的數值推衍進行類推與表徵。然而陰陽之氣的變化，仍屬太極流行之結果，亦即以理馭氣，太極或理仍屬最高性之存在，太極與陰陽，或理與氣，在體用的關係下相即不離。

這種認識爲程朱思想的落實，並具體展現在其大衍數列圖式之中，不論是天地之數之十個數字，或五十五總數，乃至大衍五十與四十九數，甚至結合《河圖》、《洛書》與先後天圖說，都貫通在理學的思想範疇上。例如大衍五十之數，其「一」不用，而所用「四十九」數，不用之「一」數，即作爲最高主宰之太極或理，而「四十九」數便爲陰陽變化之用；道器關係上，「一」爲形上之道，而「四十九」爲形下之器；在體用關係上，理體氣用，「一」數爲爲體，「四十九」數爲變化之用。這種數字符號背後的概念，即程朱思想的映現。

　　宋代易學以義理爲盛的傾向，而在象數方面，則主要歸屬於圖書的範圍。宋代易學的主要特色，以及對後人造成深遠的影響者，即爲其圖書易學。這個綿延七八百年的宋人圖書之說，「其大部分易圖，對於闡釋《周易》原旨，並無重大價值」，[23]然對在中國哲學史上，卻建立起龐大的體系與豐富的多元面向，並延續與深深影響後世的易學發展。尤其元明兩代，學者論《易》，大抵不脫宋儒窠臼。元代的易學，大多數易學家在宋《易》的基礎上，發揮圖書，論述性理，在方法與內容上，基本上不出宋人的範圍。由於程朱理學地位的確立，取士用說皆主程朱，所以元代易學家也大都以程朱爲宗。丁易東處於宋末元初這個特殊的易學發展年代，其《易》說帶有強烈的象數易學內涵與豐富的數列符號之易學圖式，成爲宋元時期承先啓後的易學家中所不可忽視者。

　　宋代的經學，是中國學術思想的另一個鼎盛與再造時期，歷來學者概括爲「道學」或「理學」的學術稱號。這個年代的《周易》詮釋，以崇尚義理爲主流，而《周易》在儒家經典當中，也

23　見劉大鈞《周易概論》（成都：巴蜀書社，2004 年 5 月 1 版 1 刷），頁 133。

最具義理詮釋的優勢與氣質。《周易》作爲宋代經學的大宗，《宋史・藝文志》中所記載者就有二百一十三部一千七百四十卷，[24]而《四庫全書》所收錄的經學論著，《周易》就有五十幾種，比其它各經的總合還多。闡發議論《周易》，爲理學家所不能免者。於此，宋《易》的主流面貌，除了以朱程理學爲主的義理之學外，或又承繼陳搏一系的圖書之學，而著重以漢代象數之說作爲主體的易學論著則相對較少，南宋前期以朱震等人爲代表者，可以視爲宋代象數之學的發展高峰。一直到了宋末元初的丁易東，更可視爲集象數與圖書之學的大宗，一方面不棄程朱的義理之說，另一方面接受圖書之學的易學表述方式與內涵，又尤其特重由占筮推布出的大衍筮數的多元運用，標示著進入元代時期的易學發展之重要取向。

　　丁易東認爲歷來解《易》之義例，分爲十二類，包括以理論《易》、以象論《易》、以變論《易》、以占論《易》、以數論《易》、以律論《易》、以歷論《易》、以術論《易》、以事論《易》、以心論《易》、以老論《易》，以及以釋論《易》者，[25]而其《周易象義》與《大衍索隱》二著，高度反映出用象、論變、求占與構數的特質，並在當中不排除義理之陳述，這些特質內涵除了以文義方式呈現外，更慣用圖式符號結構的形式手法。其易學的主體內容，在象數方面，認爲《周易》取義之例有十二，包

---

24 王柏《讀易記》中也提出《宋史・藝文志》未著錄十九部，共一百八十六卷。同本文所引，皆見《宋史・藝文志》，卷二○二，頁 5042。

25 參見丁易東云：「《易》之爲書，由漢以來解者甚衆，各是其是，爲說紛然，以其所主不同故也。……大抵其義例十有二。一曰以理論《易》，二曰以象論《易》，三曰以變論《易》，四曰以占論《易》，五曰以數論《易》，六曰以律論《易》，七曰以歷論《易》，八曰以術論《易》，九曰以事論《易》，十曰以心論《易》，十一曰以老論《易》，十二曰以釋論《易》。」見丁易東《周易象義・易統論上》，頁 479。

括本體、互體、卦變、正應、動爻、變卦、占筮之法、伏卦、互
對、反對、原畫、納甲等法，[26]以茲爲釋說《易》義的主要方式。
象數之說，可以表徵丁易東易學的主要主張，而以圖式結構方式
的大衍數論思想，作爲其易學內容的主體代表，也難有能夠出其
右者。

　　易學數論結合時代性易學論題之養料，加上數理邏輯性、結
構性、完整性的高度發揮，強調「《易》肇于氣，成于數」，[27]「數」
作爲宇宙自然的世界圖式之建立、陰陽變化的多元性與規律性之
完構，將機械化符號訊息轉化成爲動態性的易學觀與圖式化的有
機體。以「數」作爲占筮推布之法，爲《周易》原來之主要本色，
「極數知來」，「極天地之數，成大衍而吉凶之兆可以前知」，[28]
「數」便爲探知未來吉凶休咎之元素。丁易東本於自身對於「數」
的專門認識，立基於易學的傳統與時代性認知，復加其構圖推數
之創新，再次將易學推向龐富多元與創新之高峰。

第三節　丁易東大衍圖說研究之主體視域

　　《周易》作爲卜筮活動的原始思維下所構築的產物，周朝時
期視爲官方大卜的「掌三易之法」之一，[29]《漢書・儒林傳》毫

---

26 見丁易東《周易象義・易統論中》，頁 481。有關象數諸法，後文章節將作
　　詳述。
27 見丁易東《周易象義・原序》，頁 475。
28 見丁易東《周易象義》，卷十四，頁 725。
29 見《周禮・春官宗伯・大卜》：「（大卜）掌三易之法，一曰《連山》，
　　二曰《歸藏》，三曰《周易》。其經卦皆八，其別皆六十有四。」（引自
　　臺北：藝文印書館十三經注疏本《周禮注疏》，卷二十四，頁 370。）

無疑問的視之「爲卜筮之書」。自從秦漢以前的《易傳》以來，包括晚近出土的有關文獻資料，如《二三子》、《易之義》、《要》、《繆和》、《昭力》等諸作，除了延續卜筮的原始性格外，也更具體的發展與建構宇宙源起與生化觀，肯定宇宙事物動運變化的普遍性概念，開闡出推天道以明人事、陰陽變易、陰尊陽卑、重視德義的種種哲理性思維，同時也在象數易學的路線上，運用更複雜與更具理性化的推演來闡發《易》道。象數與義理兩大體系，在《易傳》等有關代表先秦的文獻中，二者彼此難分親疏，但已從原始的卜筮性格中決然跳脫出來，開展出新的哲理性思維。卜筮推數爲本的操作行爲，文獻在時空限制上的不足徵，現存較早之典型數論概念，雖《繫辭傳》所見。

　　秦漢以來黃老的學術氛圍，提供易學的較大發展空間，至漢代武帝（前 156-前 87 年）時期，從思想文化方面的改革著手，以強化政權一統的局面，罷黜百家，獨尊儒術；董仲舒（前 179-前 104 年）「首推陰陽爲儒者宗」，[30]進一步將儒家帶入陰陽化的路線，當中對易學的影響尤遽。《春秋繁露》指出「《易》本天地，故長於數」，[31]以「數」言《易》，表明《易》的象數本色，對兩漢象數之學自然有一定的推動作用。兩漢的易學發展，從黃老之學的盛行，儒學的陰陽化，加上讖緯之學的漫延，以及天文、曆法、醫藥、數術等知識的發達，陰陽災異、吉凶休咎的觀念益加盛行，使易學走向象數之學獨領風潮的黃金時代，從孟喜（？-？年）、京房（前 77-前 37 年）、《易緯》、到鄭玄（127-200

30　見班固《漢書・五行志》云：「漢興，承秦滅學之後，景、武之世，董仲舒治《公羊春秋》始推陰陽爲儒者宗。」（揭前書，卷二十七上（北京：中華書局《二十四史》版本，1997 年 11 月 1 版 1 刷），頁 1317。）

31　見董仲舒《春秋繁露・玉杯》。引自清代蘇輿《春秋繁露義證》，卷一（北京：中華書局，1996 年 9 月 1 版北京 2 刷），頁 36。

年）、荀爽（128-190年）、虞翻（164-233年）等人，將象數易學帶入空前的壯盛階段。然而，兩漢象數之學，用象之繁雜瑣屈，「一失其原，巧愈彌甚」，多有附會，以致帶來王弼（226-249年）「存象忘意」[32]之詆，高度的義理詮釋，開啓了新的紀元，歷經隋唐而不衰。尤其孔穎達（574-648年）等人撰注《周易正義》，獨取王弼與韓康伯（332-380年）之學，象數之學難以再現風華。在「數」的認識範疇上，《周易》原始卜筮推衍的本身，即是一套數值運用的機制，除了《繫辭傳》保存推筮用數的數值認識外，但文獻的佚失闕漏，完整的知識理論體系的建立，卻是隱沒不全。「數」的運用，可以伴隨著象數之學的發展而形成可能的多元之衍生，但高度義理化之後，數論議題逐漸不被關注。宋代在陳摶一系的易學發展下，易學數論結合易圖，邁向新的理解視域。圖書之學的發展，也確定數字的高度運用，尤其是數字化的圖式結構，成爲一種無法抵擋之風潮。新興的圖書之學，不斷的漫延與茁壯成長，「數」的運用也在其間建立舉足輕重的地位；大衍之數與河洛圖數的糾合，產生更大的數字變化的化學效應，一直到了宋末元初的丁易東，可以視爲典型的主要代表。

　　「數」的論題，爲宋代易學發展的重要特色，不論是關注象數或圖書之學的學者，或是義理之學的易學家，皆重視「數」的闡釋，特別表現在大衍之數方面。丁易東統計大衍數說的學者，從《乾鑿度》以降共五十七家，其中宋代學者，包括陳摶、胡瑗（993-1059年）、劉牧、李之才（？-1045年）、邵雍、程頤、張載（1020-1077年）、司馬光（1019-1086年）、楊時（1053-1135年）、呂大臨（1044-1091年）、蘇軾（1037-1101年）、蘇轍（1039-1112

---

32 括弧引文見王弼《周易略例・明象》。引自樓宇烈《王弼集校釋》（北京：中華書局，1999年12月北京1版3刷），頁609。

年）、沈括（1031-1095年）、李覯（1009-1059年）、郭忠孝（？
-1128年）、鄭東卿（西元？年）、耿南仲（？-1129年）、楊繪
（1027-1088年）、陳可中（？-？年）、申孝友（？-？年）、潘
植（？-？年）、葉夢得（1077-1148年）、朱震、晁公武（1105-1180
年）、張行成（？-？年）、朱熹、袁樞（1131-1205年）、項安
世（1129-1208年）、易祓（1156-1240年）、羅泌（1131-1189
年）、劉澤（？-？年）、何萬（？-？年）、楊忠輔（？-？年）、
蔡淵（1156-1236年）、徐僑（？-？年）、徐直方（？-？年）、
呂大圭（1227-1275年）、馮大受（？-？年）、儲泳（？-？年）、
袁氏（？-？年）等四十家，佔所列家數的十分之七強，[33]可見大
衍之數的認識，爲宋代學者所普遍關心者，而丁氏鉅細考索，充
分掌握與認識此一議題在宋代易學發展上的重要性，除了進行詳
實之考證與論述外，也建立一套屬於自己所理解的大衍數論觀，
可以視爲此一數值主張的集大成與創新者。本論著關注圖式與
「數」的議題，在宋代易學發展歷時性的縱線上，認爲丁易東是
當中重要的集大成者，也代表著宋元時期的特殊易學家，所以試
圖深入丁易東的易學脈絡，找尋這方面的發展統緒，並將此機械
化的數字與圖式結構，尋得具有思想性的、生命力的探述，這也
正是本論著所期待開展之方向。

　　丁易東易學重視大衍之數的數值運用，以及與《河圖》、《洛
書》、先後天圖式等之聯結，配合圖式數值化之建構，成爲其易
學的主要特色。他以天地之數所構成的大衍筮數，成爲推布吉凶
之兆的推衍用數。其言數用數，龐富多元，除了《周易象義》可
見其用數釋義外，專著《大衍索隱》，立基於大衍之數，「萃五

---

33 參見丁易東《大衍索隱》，卷三（臺北：臺灣商務印書館文淵閣《四庫全
　書》本第806冊，1986年3月初版），頁355-370。

十七家之説爲〈稽衍〉，又自爲〈原衍〉、〈翼衍〉」。[34]廣摭諸家之言，進行批判與融合，把握數理的邏輯變化之認識而自創新說；專言大衍之數，立作〈原衍〉，制圖三十六幀，又以大衍之數聯結《河圖》與《洛書》，名爲〈翼衍〉，有二十九圖。[35]以

34　參見《四庫全書總目・大衍索隱提要》。引自丁易東《大衍索隱・提要》，頁313。

35　丁易東〈原衍〉圖式，專就大衍之數而言，包括《大衍之數五十其用四十九圖》、《大衍合數生四象圖》、《大衍合數得乘數圖》、《大衍乘數生爻復得合數之圖》、《大衍乘數生四象圖》、《大衍合數得乘數生四象圖》、《大衍掛一生二篇策數之圖》、《大衍用數得策本體數圖》、《大衍參天兩地得老陰老陽互變圖》、《大衍生成合卦數圖》、《大衍合數之圖》、《大衍生乘數平方圖》、《大衍生乘數圭方圖》、《大衍乘數開方總圖》、《大衍廉隅周數總圖》、《大衍乘數四方各得合數之圖》、《大衍天一生地二圖》、《大衍地二生天三圖》、《大衍天三生地四圖》、《大衍地四生天五圖》、《大衍天五生地六圖》、《大衍地六生天七圖》、《大衍天七生地八圖》、《大衍地八生天九圖》、《大衍天九生地十圖》、《大衍生老陽奇數圖》、《大衍生少陰奇數圖》、《大衍生少陽奇數圖》、《大衍生老陰奇數策數圖》、《大衍生少陽策數圖》、《大衍生少陰策數圖》、《大衍生老陽策數圖》、《大衍虛中得四象奇數圖》、《大衍虛中得四象策數圖》、《大衍一百八十一數得三百八十五數圖》、《大衍生章數圖》，合爲三十六。又〈翼衍〉以聯合《河圖》與《洛書》而言，包括《河圖五十數衍成五十位圖》、《洛書四十五數衍四十九用圖》、《洛書四十五數衍四十九位圖（上）》、《洛書四十五數衍四十九位圖（下）》、《洛書四十九位得大衍五十數圖》、《大衍用四十九合成五十數圖》、《大衍五十位數合用四十九圖》、《大衍除卦四十八著合成四十九圖》、《大衍四十九用數合分至黃赤道圖》、《大衍四十九用得五十數變圖（上）》、《大衍四十九用得五十數變圖（下）》、《河圖十位自乘之圖》、《河圖十位成大衍數用圖》、《洛書九位自乘之圖》、《洛書九位成大衍數用圖》、《河圖五位用生成相配圖》、《河圖五十五數乘爲四十九圖》、《洛書五位用天數圖》、《洛書天數二十五乘爲四十九圖》、《先天圖合大衍數五十用四十九圖》、《洪範合大衍數五十用四十九圖》、《大衍相得有合生閏數圖》、《大衍四十九著分奇掛策數圖》、《大衍四十九著均奇掛策數圖》、《大衍歸奇於扐以象閏圖》、《一章十九歲七閏辨一閏再閏圖》、《洛書九歲乘爲八十一圖》、《九宮八卦綜成七十二合洛書圖》、《陰陽變易成洛書圖》，合爲二十九圖。相關圖式參見丁易東《大衍索隱》，頁314-354。

大衍圖式，糾結天地之數、大衍之數，以及《河圖》與《洛書》之用數體系，建立其大衍數說的特有之易學觀，也標誌出結合大衍學與圖式結構的集大成者、具有創造性意義的新開展之易學思想。

　　本論著以丁易東《大衍索隱》的易學數論圖式作為研究的主軸，並參照《周易象義》之說法，將其六十五個圖式進行主題分類、數值符號結構之考索，以及圖式思想內容的探析。因此，專書研究之主要論述取向，希望能夠對其圖書與數論的聯結，作全面性、周延性的探討、釐清與詮釋。依主要範疇分為六個章目進行論述：一章為〈丁易東理學視域下的的義理思想〉，一章為〈丁易東易學的卦爻象觀 —— 從取象方法、八卦用象與卦主進行開展〉，一章為〈丁易東稽考歷代重要大衍數說之釋述〉，一章為〈丁易東大衍推筮之法與衍數之重要數列圖式〉，一章為〈陰陽的黑白數列結構與大衍變化之具體時空圖式〉，一章為〈大衍變化與圖書及先後天圖式之聯繫〉。統合各章之重要論題，包括：對丁易東所輯歷來大衍說進行分類述評；對其推筮之法與其易學圖式進行全面性的梳理與檢討；探討其大衍數說聯結易學圖式所展現的具體內涵；瞭解丁易東對「象」、「數」、「理」、「氣」等關係之認識，以及大衍筮法的數值衍化之結構意涵，與相關數值所呈現的體用哲學意蘊；探討丁易東大衍之數與天地之數的具體時空變化體系，以及陰陽相生與陰陽互根的實質面貌，確立其陰陽變化的重要意義；論釋其大衍之數與《河圖》、《洛書》、「洪範九疇」及先後天圖式聯結的重要意涵。考量一家研究之完整性，也特別針對其整體易學的義理與象數思想，進行精要之探討與述評。

　　本論著方法論採取之態度，主要掌握回歸文獻的原貌，回歸歷史當時的視角，從丁易東所處的當時歷史位置來著眼，掌握宋

代易學的發展概況，以及丁易東易學的源流，立基於宋代的歷史文化與易學思想流變的本質，參照丁易東論著所表現的宋《易》特色與文化特質，以及與主流易學歧異的象數之學的成因，期能對其大衍數論圖式結構化的內涵，得到最根本的認識。重視議題論述之系統性，以及研究對象（材料）的連結性與全面性的概念；丁易東的《易》著，除了《周易象義》針對經傳辭義進行闡釋外，其《大衍索隱》集中以衍數結合宋代的重要圖說元素作周延的建構，然而二著既有偏重又當兼綜，彼此間有密切的相關性與聯繫性，故在文本的認識與文獻的取用上，不單取於一著，使在考索其數論圖式化的易學觀之命題內涵，得到較全面而妥切的分析。面對丁易東所持的大衍學之各類易圖的考索，與其圖式背後的思想內涵，尤重於歸納、分析與考證的工夫。本論著爲凸顯丁易東的大衍學說，特別透過數論與圖式結構所呈現的重要內涵，分判其易圖的內容，在各個論題上，採取主題分類與討論的方式。藉由主題討論的研究方式，有助於凸顯丁易東數論與圖式結構所展現的易學觀之內容屬性與思想內涵，開闡出具體的見解。

第二章　丁易東理學視域下的
　　　　義理思想

　　丁易東（？-？年）易學之主要論著，以「《周易象義》」爲名，專主於「象」，立基於「象」，以象通義，仍由象以明《易》之大義；而其《大衍索隱》，雖以「數」著顯，以圖式昭見，亦在達義，不外乎傳述《易》道的宇宙自然之道；並會通前此時期的重要易學思想，特別本諸程頤（1033-1107 年）、朱熹（1130-1200年）乃至邵雍（1011-1077 年）、周敦頤（1017-1073 年）的學說主張，因此所關注的與開展的義理思想，包括萬物生成衍化的根源性議題，乃至陰陽變化思想，尤其圍繞在太極之內涵與陰陽變易之觀點上，爲理學認識視域下的理解。本章主要從太極即理的本體思想、萬物體統一太極而物物各具一太極、太極流行即陰陽變化之道、道器與體用觀、性命之理、理氣象數之相繫意涵等幾個方面進行探述。

第一節　繼承程朱太極即理的本體思想

　　《周易》古經反映在筮卜之書的原始性質上，其哲學性脈絡的宇宙觀思想，反映的極爲貧乏。發展到了《易傳》，以「太極

生兩儀」生次體系、「一陰一陽之謂道」與「形而上者謂之道，形而下者謂之器」的道論與道器觀等哲學性議題，開啓了《周易》思想體系下宇宙觀之新紀元；「太極」、「陰陽」等名詞，已成爲宇宙觀下的專有名詞，並不斷在之後易學的歷史軌跡中注入新的養料。兩漢時期融合了陰陽五行、天文歷法等知識，形成包括卦氣說爲主的易學主張，呈現出結合自然科學的易學特色，建立氣化的宇宙觀與世界圖式。這種氣化的實有概念，到了魏晉時期，以王弼（226-249 年）易學作爲標幟性的主流，邁向一種新的里程，氣化的宇宙觀消弱，融入老子道論的義蘊，以「無」爲本的認識從此屹立顯耀，不再以氣化爲第一性存在。

　　一直發展到了宋代，理學家競說「理」、「氣」，易學中的宇宙觀也隨之應合，特別是二程一派的主張，宇宙的本源概念，已非氣化的認識所能牢籠，「理」才是存在的主體，「理」除了爲根源性存在外，更具本體的意涵。這樣的思想，到了南宋時期的朱熹，奠定了理學發展的穩固基礎；太極作爲根源義的易學核心概念，其實質內涵，「氣」已不具專主的優先性意義，「理」才是主體，故太極的本質爲「理」而非「氣」。程朱以太極爲理，成爲理學思想的主流認識，直接影響了丁易東，丁易東繼承了程朱於此義理之理解，並落實在其《易》義的釋說之中。

一、太極即理而爲本體與主宰

　　二程以「自家體貼出來」的「天理」作爲宇宙的本體，[1]指出

1　參見朱熹編《程氏外書》云：「明道嘗曰：『吾學雖有所受，天理二字却是自家體貼出來。』」（引自程顥、程頤著，王孝魚點校《二程集·河南程氏外書·傳聞雜記》，卷十二（北京：中華書局，2004 年 2 月 1 版北京 3 刷），頁 424。）程顥以其學問思想根本於「天理」二字。

「天者，理也。神者妙萬物而為言者也，帝者以主宰事而名」，[2] 天理具主宰之性，為萬物的生成本源，亦為一切之本體，且此一天理「不為堯存，不為桀亡」，具永恆性之存在。[3]故「萬理歸於一理」[4]，「凡物之散」，「無復歸本原之理」，[5]以「理」作為生物之本源，是一切的根源，是第一性的存在。朱熹承二程以理為主宰為本源之義，成為其理學思想的核心概念，認為「天地生物，本乎一源，人與禽獸草木之生，莫不具有此理」。[6]天地萬物，同出一源，出於理而具足於理，人人物物存有一理。「人物所以萬古生生不息，不是各各自恁，都是此理在中為之主宰，便自然如此」。[7]萬物之所以能夠生生不息，皆因理之主宰，而理永恆性的存在，萬物得以生息不滅。

　　朱子以理為本體為根源義，並與太極進行聯結，認為「總天地萬物之理，便是太極」，[8]即「太極只是天地萬物之理。在天地言，則天地中有太極；在萬物言，則萬物中各有太極」。[9]天地萬

---

2 見程顥、程頤著，王孝魚點校《二程全書・河南程氏遺書・師訓》，卷十一，頁132。

3 參見朱熹編《程氏遺書》云：「天理云者，這一箇道理，更有甚窮已？不為堯存，不為桀亡，人得之者，故大行不加，窮居不損。」引自程顥、程頤著，王孝魚點校《二程集・河南程氏遺書》，卷二上，頁31。

4 見程顥、程頤，王孝魚點校《二程集・河南程氏遺書・劉元承手編》，卷十八，頁195。

5 見程顥、程頤，王孝魚點校《二程集・河南程氏遺書・入關語錄》，卷十五，頁163。

6 見朱熹《延平答問》（臺北：臺灣商務印書館文淵閣《四庫全書》本第698冊，1986年3月初版），頁664。

7 見陳淳《北溪字義・太極》，卷下（臺北：臺灣商務印書館文淵閣《四庫全書》本第709冊，1986年3月初版），頁36。

8 見朱熹撰，李光地等纂《御纂朱子全書・理氣一》，卷四十九（臺北：臺灣商務印書館文淵閣《四庫全書》本第721冊，1986年3月初版），頁370。

9 見黎靖德編《朱子語類・理氣上》，卷一（北京：中華書局，1999年6月1版北京4刷），頁1。

物之理即為太極，太極總合天地萬物之理；「太極之義，正謂理之極致耳」，[10]理之極致便為太極，在理之上有一個極至的東西，此便為太極，說明理之極至的至高之理，即為太極，太極與理同義。

丁易東接受程朱以理以太極作為本源本體的主張，以天地萬物運動變化之理即太極，云：

> 易之所以為易者，太極也。太極者，總天地萬物之理，而名之所謂極至之理也。有太極生兩儀，有兩儀則生四象，有四象則生八卦。此以揲著言之。分而為二，兩儀也；揲而得老陽、老陰、少陽、少陰四象也；既得四象，則乾、坤、震、巽、坎、離、艮、兌由此生焉。此以著策言之也。先儒以此為加一位法，以伏羲八卦言之，謂太極生一奇一耦為兩儀，兩儀之上各加一奇一耦成四象，四象之上加一奇一耦成八卦者，固同此理。[11]

「易」體現宇宙自然生成變化之本質，一切的存在皆在流行變化中確立，此流行變化者，即為「易」即為太極。變化生成者，皆有其變化之故、變化之則，有其存在與變化的規律，亦即皆有其變化生成之理。丁易東並指出「天人、鬼神，一理而已」，[12]天地自然、人人物物之變，人事之道，乃至鬼神情狀，皆在一理，以理合其德，以理合其吉凶，見之以理，本之以理。故「天下无理外之物」，[13]有是物必有是理，理確定存在之依據，萬物必有萬理。萬物有其萬理，而總理此天地萬物之理者，即「極至之理」，

---

10 見朱熹《晦庵集‧答程可久》，卷三十七（臺北：臺灣商務印書館文淵閣《四庫全書》本第1144冊，1986年3月初版），頁55。

11 見丁易東《周易象義》，卷十四（臺北：臺灣商務印書館文淵閣《四庫全書》本第21冊，1986年3月初版），頁738。

12 見丁易東《周易象義》，卷十三，頁714。

13 見丁易東《周易象義‧原序》，頁477。

名爲太極。因此，太極作爲宇宙自然一切生成衍化、一切存在的根源，亦爲一切的本體，總理之太極並爲根源與本體的存在。太極既是總天地萬物之理而存在，本質上已非僅爲傳統上的氣化概念，作爲本體或根源的太極，同朱熹所賦予的超越性之形上認識；既是最高性的，又是規律性的推布氣化流行的存在，若生成變化是因氣而生者，太極卻非氣所獨爲牢籠，本質上又先氣而生，較氣更具優先性者，爲眾理之理，理之至極。

以理寓氣，化生萬有，作爲理之至極的太極，其推生之次第，乃生兩儀、四象、八卦、以至生成萬物；太極運化，即衍氣化之流行，兩儀、四象、八卦，皆氣之所變。由推著言之，乃兩儀之陰陽，加一奇一耦而成生四象之老陽、老陰、少陽與少陰，再加一奇一耦，生成乾、坤、震、艮、坎、離、兌、巽等八卦，以一奇一耦之加一位法，反映陰陽變化流行之理，氣變之理的恆定規律，宇宙自然的存在，皆在此規律的運化下確立；放諸於各生次之中，爲一陰一陽之理，而歸本於太極之極至之理。理或太極的生成變化，由氣具顯，即形上之道，落實於形下之器，由氣顯其形、由氣見其象，而成其人人物物。

「易」作爲宇宙萬化之本質，其「所以爲易者，太極也」，而太極又總理天下之理，則「易」與太極，乃至至高之「理」，皆具本體與根源之義，即丁易東所不斷強調者，「易，一太極而已矣；太極，一理之極至而已」。[14]三者異名而同義，與朱熹之理解並無殊異，借用理學觀點，而著重於以「太極」名稱作爲論述之核心。

---

14 見丁易東《周易象義・易統論下》，頁483。

二、以理統氣

　　萬物皆因太極、因理而生，則物物皆有一太極，物物皆有一理，八卦即有八卦之太極，即八卦之理，六十四卦亦有六十四卦之太極、六十四卦之理。以乾卦而言，乾爲天，「乾爲天之性」，即健有動之性，即「健而无息」之理，以天爲形體之展現，「乾爲天之性」，此乃天理之健行不息的不變法則。因此，「凡物之健皆乾也」，物得其健，即具乾性乾理，則「以一物一太極言之，則物物皆有乾」，[15]物之有健性，乃得乾之理、得乾之太極；八卦或六十四卦中，大其健性者，即含乾之理、乾之太極。

　　不論八卦或是六十四卦，乾坤二卦代表著自然氣化的純陽純陰之性，也以天地之形體爲現，二者並概括爲陰陽之氣的氣化主體，本於其純陽純陰的尤具優先性的根源義傾向；傳統上《彖傳》即以「大哉乾元，萬物資始」，「至哉坤元，萬物資生」作爲名狀，代表太極推衍馭氣而氣化的主要元素，不論是乾元或坤元，皆爲太極推生之氣，因太極而生。丁易東本於以理馭氣的傳統理學觀，認爲「乾元，太極也；乾得太極之動，以健爲元」，以「大」爲名，「大无以加，即太極也」，則乾天爲大，即太極之落實，故以理與氣的關係言，「乾者，天之理，以理統氣也」，以乾爲理，統馭天之形氣，強調以理統氣的根本性意義，萬物之生成變化，在此乾天之理氣運化下形成。然而，氣不乾天陽氣而獨成，流行變化，陰氣固不能或缺，「坤元，亦太極也；坤得太極之靜，以順爲元」，以「至」爲名，「至无以加，太極也」，以坤地爲

---

15 括弧相關引文，見丁易東《周易象義》，卷一，頁 489-490。

至其「含弘光大」，得以「德厚載物」。因此，象徵萬物之數者，「萬有一[16]千五百二十之策，當萬物之數，皆從乾出」，此萬物資始於乾陽之氣，本於乾理、乾之太極；「萬物資生爲萬有一千五百二十之策」，爲「資生于坤之象」。[17]乾坤爲理爲太極，以其陰陽、天地爲氣形之現，陰陽之氣或天地之形體，皆本於自有其理自有其太極的乾坤；此「以理統氣」的思維，正是朱熹一系理學觀的透顯。

三、無極即太極之本色

「太極」、「陰陽」的概念，發展至宋明以降，進一步與理學思想融合會通。「無極」、「太極」與「陰陽」之關係，早期周敦頤（1017-1073 年）的說法受到普遍的關注，他提到：

無極而太極。太極動而生陽，動極而靜；靜而生陰，靜極復動。一動一靜，互爲其根；分陰分陽，兩儀立焉。陽變陰合，而生水、火、木、金、土。五氣順布，四時行焉。五行，一陰陽也。陰陽，一太極也。太極，本無極也。[18]

周子於「太極」前立「無極」一說，固爲後學議論紛紜，莫衷一是者，然其仍本於先「太極」後「陰陽」的易學傳統，陰陽由太極所生，且「太極」似乎可以解釋爲介乎氣與非氣之間的宇宙萬物生成的原始實體，也可以說是物質由無形狀態到有形狀態的聯結點，它是「無極」的「子體」（無極而太極），也是「陰

---

16 原文作「二」爲誤，以「一」爲正。見丁易東《周易象義》，卷九，頁 635。
17 括弧相關引文，見丁易東《周易象義》，卷九，頁 635-636。
18 見周敦頤《太極圖說》。引自周敦頤撰，梁紹輝、徐蓀銘等點校《周敦頤集》，卷之一（長沙：嶽麓書社，2007 年 12 月 1 版 1 刷），頁 5-6。

陽」的「母體」（太極動而陽，靜而陰）。[19]宋代以前除了漢代《易緯》於太極之前另立更根源的太易、太初、太始、太素之外，易學系統的普遍認識中，仍以太極作爲根源義，且爲氣化存在的實體，並無任何爭議，但周子之說提出後，太極之前是否有一無極，且太極的本質爲何，開啓了新的理解視域，引發新的學術論戰。受到理學的影響，無極已爲太極的另一種表述方式，反映的是太極爲無形而有理的超越性存在概念，在生次的初始關係上，仍屬太極與陰陽，或理與氣的核心認知。太極與陰陽的關係，在生化的歷程中，太極生陰陽，陰陽爲太極所生，當加入「理」與「氣」的觀念時，兩者的定位得以更加明朗，形成「太極」生「陰陽」的化生次第，即太極生陰陽同於「理」生「氣」，這樣的主張，一直成爲朱熹理論上的重要根據。

　　二程以太極同於無極，認爲「太極，無極也。萬物之生，負陰而抱陽，莫不有太極，莫不有兩儀，絪縕交感，變化不窮」。[20]認爲周子之說，無極同於太極，太極爲萬物生生之道，爲一切之本源，以其陰陽交感變化，成其具體之存在。朱熹依準於程子之說，視「無極是理而無形」，「周子所謂『無極而太極』，非謂太極之上別有無極也」，也「不是太極之外別有無極，無中自有此理。又不可將無極便做太極」；「無極而太極，只是說無形而有理」，且「太極只是個極好至善的道理」，[21]這是朱子因其與自己理學主張相近而採取的改造利用之說法。朱子以無極同於太極，即是一理，「所以明夫道之未始有物，而實爲萬物之根柢也」。

19 參見梁紹輝《周敦頤評傳》（南京：南京大學出版社，1994年初版1刷），頁32。
20 見程顥、程頤，王孝魚點校《二程集・河南程氏文集・遺文・易序》，頁667。
21 見黎靖德編《朱子語類・太極圖》，卷九十四，頁2367、2371。

[22]太極同於理，爲萬物生成變化初始而未有物的根柢。

　　丁易東肯定天地萬物之理，即太極之所顯，而理之極至即太極，作爲宇宙自然存在的本源，爲萬物生成衍化、一切變化流行的主體，主宰一切存在一切萬事萬物之理，不可以名狀，無以定其形象，故以「无極」爲稱，本質上仍是太極。所以他明白的指出，此一太極，即周子所說的「無極而太極」，亦即朱子所言的「萬物體統一太極」，此一太極，乃「是理之至，無聲無臭，不可以形迹求」，則周子於此太極之前，以「無極」作描述，[23]述明其無聲無聞之不可名狀者，以此無可名狀，不以有限爲定，方可作爲一切存在之依據。

　　丁易東論釋《繫辭傳》時，不斷重申「无極而太極」的具體認識，云：

> 《易》无思也，无爲也，寂然不動，感而遂通天下之故。无思无爲，即无極而太極也。寂然不動，太極之靜也；感而遂通天下之故，太極之動也。若以蓍卦言，則蓍卦之示人，未嘗有心也。所謂无思无爲也，寂然不動，蓍之未揲也；感而遂通，蓍之變化。若以人心言，則无思无爲者，吾心之无極而太極也；寂然者，感之體，感通者寂之用也，以人心之太極，自爲感、自爲應，而蓍之神即心之神也。[24]

又云：

> 夫《易》无思也，无爲也，寂然不動，感而遂通天下之故。无思无爲，无極而太極之本體也。寂然不動，太極之靜；

---

22 見朱熹《晦庵集‧邵州州學濂溪先生祠記》，卷八十（臺北：臺灣商務印書館文淵閣《四庫全書》本第 1145 冊，1986 年 3 月初版），頁 662。
23 見丁易東《周易象義‧易統論下》，頁 484。
24 見丁易東《周易象義》，卷十四，頁 736。

感而遂通天下之故，太極之動也。沖漠无朕之中，萬象森
然，已具物物之太極，固已具於吾心一太極之中矣。夫是
之謂《易》有太極，夫是之謂心為太極，是故聖人以此洗心，
退藏于密，非天下之至神，其孰能與于此哉，吁至矣。[25]

此二段引文，表達出幾個重要觀點：

（一）無極而太極，說明太極的本然樣態，是一種無思無爲、
無可名狀之實體，卻非物質存在所能形構，故以「無極」指稱「太
極」。

（二）無思無爲爲無極而太極之本體狀態，除了說明太極的
實然本質外，也說明太極的本體形象，太極作爲本體的存在，爲
宇宙自然生成變化的本源，亦爲一切的本體之超越性存在，含括
萬有，作爲一切之依據，故以無極說明太極的本體性格。

（三）太極有動靜之性，以靜自處則寂然不動，正爲太極無
思無爲的初始形象。然而，萬化之生成，一切存在之確立，則透
過太極之動得以有成；以其能動，入於流行變化，故能「遂通天
下之故」。

（四）太極由靜而動，由寂然而感通萬有，體用相資，由體
而入於用，由靜極之體，化生萬有以入於形構之器用。所以說，
寂然爲感通之體，感通爲寂然之用。此寂然之體，正爲「無極」
同於「太極」之原初狀態，感而遂通則入於陰陽氣化流行，感通
氣化以成其人人物物之用，就像揲蓍推變所表徵之氣化之實，則
由寂然之體入於陰陽通變之用，可以知天下之故。

（五）太極含動靜之性，其動以感通萬物，便是陰陽氣化流
行之交感通變，則太極生物，以其氣動而生，本於太極原初寂然

25　見丁易東《周易象義・易統論下》，頁485。

之性，動行流通，陰陽以變，故太極含動靜若含理之極至與陰陽
之氣，亦即太極含理氣，理氣相依，動靜相感。太極氣動感通，
如氣寓於理中，以理馭氣，相即而不相離。

（六）萬象森然繁富，變化紛紜，皆太極所能周全；「具物
物之太極」，即物物皆有一太極，落實於人事之中，人亦不外於
太極，則人人皆有一太極。人中太極之駐所即人之心，是以「心
爲太極」，[26]此便爲邵雍所強調的以心爲重之人道自覺。由本體、
本源之太極，落入於人「心」的「心爲太極」，即由本體之太極
落實於心性觀、修養工夫之中。這種以心與太極相攝之觀點，正
是周敦頤「人極」的理想，所謂「聖人定之以中正仁義而主靜，
立人極焉」，[27]以天道爲陰與陽，地道爲柔與剛，人道爲仁與義，
人極乃人道之所顯，本於天地自然之道，即太極即理之主體，人
因此而化生，得此自然之性爲人性之本質；人性中正仁義之本質，
具足於人心之中，透過主靜之法，回歸太極寂然之性，體現與通
澈太極的自然之道，作爲人倫道德準則規範與以之證成人心之正
不同於其他物種的優越性。以心爲太極，則心具主宰之性，除了
主宰一身之外，更主宰統攝一切事物。如何主宰一身，如何統攝
事物，則爲寂然不動之心，入於感而遂通的工夫，此亦心統性情
的工夫，更是「聖人以此洗心」之法門。

上述的觀點，爲朱子學說的延續。雖然丁易東著重於象數體
系的論述，無意於重構具有系統性的義理思想，但在諸多義理的
闡發當中，精要而明確的反映出兩宋以來程朱理學的認識，具體

---

26 詳見邵雍《皇極經世書》，卷十四（臺北：臺灣商務印書館文淵閣《四庫
全書》本第 803 冊，1983 年 3 月初版），頁 1075。
27 參見周敦頤《太極圖說》。引自周敦頤撰，梁紹輝、徐蓀銘等點校《周敦
頤集》，卷之一，頁 7。

的展現出理學的核心主張，對無極即太極所形塑出的太極樣態，便是承繼程朱一脈的理解。

第二節　萬物體統一太極而物物各具一太極

　　朱熹以「人人有一太極，物物有一太極」，[28]從個別而言，天地萬物皆具一理，皆具一太極，但總合或總體而言，此人人物物之萬理、之各個太極，終歸於本體的、總體的理或太極，即分爲萬理、個別之太極，而歸本於一理或總體的總合的太極。

　　朱熹指出「太極非是別爲一物，即陰陽而在陰陽，即五行而在五行，即萬物而在萬物，只是一箇理而已。因其極至，故名曰太極」。[29]陰陽、五行，乃至萬物之中，皆有一理，此理非別爲一物，而是最高本源之理落實在物物之中，此最高性之理，即理之極至，亦即太極；而此理之極至或太極，在萬物當中體現，則物物皆有一太極。

　　丁易東對太極與理的認識，根本上依循程朱之說，對二者指涉關係之闡釋，準於程朱之說，指出：

> 易，一太極而已矣。太極，一理之極至而已。易，變易也；以其變易而無窮，故謂之「易」。然其所變者，孰主張是有理焉，以其至極無以復加，故尊之曰「太極」。雙峰饒氏所謂「太極者，天理之尊號」是也。[30]

　　丁易東接受程朱以降的觀點，以理或天理作爲最高之本體，

28　見黎靖德編《朱子語類・太極圖》，卷九十四，2371。
29　見黎靖德編《朱子語類・太極圖》，卷九十四，2371。
30　見丁易東《周易象義・易統論下》，頁 483-484。

亦爲一切之根源，萬物因理因天理而生，理或天理固存於萬物之中；理或天理同於太極，則太極亦存於萬物之中，萬物因天理而固存，則太極爲天理之尊號，此正爲理學家之普遍理解。

一、體統太極便在物物太極之中

太極爲萬物生成之必然天理，太極覆載萬物，因太極而生，則體統於一太極，萬物因其必然而生，則萬物皆具一太極，故丁易東於此觀點，又融通於朱熹之說。

丁易東釋說朱熹何以說「萬物體統一太極」，又說「一物各具一太極」，其詳云：

> 是理也，雖不可以形迹求，而上下四方之宇，古往今來之宙，萬形之生化，萬變之推移，莫不於焉而總攝，故曰「萬物體統一太極」也。然太極生兩儀，有兩儀則太極便在兩儀之中，而兩儀各一太極也。兩儀生四象，有四象則太極便在四象之中，而四象各一太極也。四象生八卦，有八卦則太極便在八卦之中，而八卦各一太極也。八卦之上復生八卦，爲六十四卦，有六十四卦則太極便在六十四卦之中，而六十四卦各一太極也。分爲三百八十四爻，太極便在三百八十四爻之中，而三百八十四爻各一太極也。六十四卦變而各具六十四卦，爲四千九十六，太極便在四千九十六卦之中，而四千九十六卦各一太極焉，故曰「一物各具一太極」也。[31]

無可形迹之理或太極，統攝上下四方、古往今來之宇宙自然

---

31 見丁易東《周易象義・易統論下》，頁484。

的時空衍化與存在，一切的形象與變化，皆歸統於理或太極，故
萬物統體包攝於一理或一太極，也就是在易學的系統中，萬物由
太極所生，以太極共構宇宙的存在。此太極生化之歷程，由太極
生陰陽，而四象而八卦，是以太極統攝陰陽、四象與八卦，太極
便在陰陽、四象與八卦之中。且八卦復生六十四卦，八卦因太極
而生，六十四卦亦因太極而生，則太極在六十四卦之中。六十四
卦分為三百八十四爻，諸爻為陰陽之所顯，陰陽為太極所生，六
十四卦也因太極而生，則太極亦在三百八十四爻之中。又六十四
卦又推變六十四卦而為四千零九十六卦，則太極又在四千零九十
六卦之中，也就是四千零九十六卦之中各有一太極。不管如何的
推變，一切皆因理皆因太極而生，一切的生成皆固存一理或一太
極之中，此便為朱熹理學中的物物皆有一理，一物各具一太極的
認識。

　　丁易東又進一步指出：

> 統體之一太極，全具於一物之中，而一物之太極，即統體
> 之太極，故全易之太極，具於一卦之中，而一卦之太極，
> 即全易之太極也。統體之太極，全具於物物之中，而物物
> 之太極，即統體之太極；故全易之太極，具於六十四卦之
> 中，而六十四卦各一太極，即全易之太極也。然而一物之
> 理，偏在萬物之中，而萬物之理，具在一物之中。是故一
> 物各具一太極，即物物各具一太極，故一卦偏在六十四卦
> 之中，而一卦所具之太極，即六十四卦各具之太極也。物
> 物各具之太極，即一物各具之太極，故六十四卦具在一卦
> 之中，而六十四卦各具之太極，即一卦所具之太極也。[32]

---

32 見丁易東《周易象義‧易統論下》，頁484。

一物之中具有統體之太極，即「統體之太極，全具於一物之中」，乃就統體之太極具本源第一性存在的概念而言，以一物之中全具有統體之太極，強調此最高根源的統體之太極，作爲一切存在的依據，萬物因茲而生，故具足於萬物之中，也因爲能夠具足於萬物之中，方可視之爲萬物之本，故此「一物之太極，即統體之太極」。萬物皆由太極而生，則萬物皆有一太極，此乃就因太極而生萬物的萬物生成之後而言；萬物生成之後，太極落實於萬物之中，成爲萬物所以生成之來由，故此一物之太極，皆爲同一生成根源之太極，便是統體之太極。從本於太極爲根源所建構的《易》筮系統或易學化生體系而言，「全《易》之太極，具於一卦之中，而一卦之太極，即全《易》之太極」，卦因太極而生，卦中便存有一太極，從根源性的主體而言，全《易》太極具存於六十四卦之中，六十四卦之太極皆全《易》之太極。在太極產生六十四卦之後，六十四卦之中則皆具有一太極，而此一太極即全《易》之太極所落實者，亦即全《易》之太極的本身，故此各一太極即全《易》之太極。

丁易東重複申說「統體之太極，全具於物物之中，而物物之太極，即統體之太極」；同樣地，「全《易》之太極，具於六十四卦之中，而六十四卦各一太極，即全《易》之太極」。他又將太極與理進行聯繫，再次強調「一物之理，徧在萬物之中，而萬物之理，具在一物之中」，萬物同於一理，此乃就本體或根源之理而言，此一理徧於物物之中，物物生成便各存一理，此一理即同一本體或根源之理。

理同於太極，以太極言之，太極創生萬物，萬物生成之後，必各存有一太極，一物所具之太極，同於萬物之太極，一卦所具之太極，同於六十四卦之太極；不管一物之太極，或萬物之太極，

一卦之太極，或六十四卦之太極，皆同為本體的或根源的太極，每一物或每一卦，皆有其共性或共同存在的根源，即太極即統體之太極，此一不變的存在之依據，為物物或卦卦存在所必須固存或固有者，無此一太極或未因源於統體之太極，此物物或卦卦皆不具存在之意義，無存在之可能。

二、太極在變與不變中固存

卦因太極而生，太極徧在六十四卦之中，丁易東進一步從變與不變的觀點述明太極與卦的關係，他說：

> 蓋自其不變而言之，一卦止為一卦，六十四卦止為六十四卦；自其變通而言之，會萬於一，則六十四卦具在一卦焉；散一於萬，則一卦徧在六十四卦焉。夫惟六十四卦具于一卦，而一卦徧在六十四卦，則六十四卦各具六十四卦，而六十四卦各徧六十四卦，為四千九十六卦焉；四千九十六雖各一太極，而未嘗不同一統體之太極也。所謂推之於前，不見其始之合，而引之於後，不見其終之離歟？曰：若然，則一卦之與六十四卦，混融而無間矣。何必以某象屬之某卦，某象屬之某爻哉！曰：前不云乎？[33]

太極因陰陽之流行而化生萬物，萬物因太極的變化而確立其固有之屬性，形塑其不變之本質，也成為太極賦予萬物自屬的不變質性，此乃物物各屬的不變之太極，所以就《易》卦而言，從自其根源所生成的不變本質觀之，「一卦止為一卦，六十四卦止為六十四卦」，六十四卦皆有其共同不變的屬性，亦即有其共同

---

33 見丁易東《周易象義・易統論下》，頁484-485。

存在的依據，即各有一太極，此一太極確立一卦、六十四卦，律定其各自的不變屬性，成爲各自之一卦，因太極而使各卦各自成其殊性，成爲獨立而不同於他卦的自主之卦，使每一卦皆含融於太極而各遂其性各顯其質。太極化生萬有，展現其變通的能動與特質，是以變化萬物皆會合於一，此「一」即一太極，則「六十四卦具在一卦」，變化的六十四卦同於一卦皆本有太極之性，此一卦亦因太極的變化可以復生六十四卦，故「一卦徧在六十四卦」。

一卦本於太極而能變化成生六十四卦，故一卦可以徧在六十四卦之中，此徧於六十四卦者即太極，如此不斷的衍生變化，「六十四卦各具六十四卦，而六十四卦各徧六十四卦」，進一步推生出四千零九十六卦。

不管一卦、六十四卦或四千零九十六卦，皆因太極而生，皆具太極之性，故「未嘗不同一統體之太極」。萬物變化殊分，因太極的陰陽氣化流行所致，賦予萬物在太極的共性下建立其個別殊性的個體，使物物各有別異，但是萬物之所以存在的共同根源或本質即太極，因爲太極才有存在的意義；太極成爲存在的共同主體，一卦如此，六十四卦如此，四千零九十六也是如此。雖因變化而異，也因使之變化的共因爲不變之性，故不管如何的變化，皆同體於一太極。

第三節　太極流行即陰陽變化之道

《易》在闡發變易之道，「變易無窮，故謂之『易』」，以「易」爲名，即陰陽變易之道，故丁易東云「易者，陰陽之變也」。

[34]陰陽之變化，正是「易」道之本質。此陰陽變易之道，其變化流行之最高本體或主宰，即爲太極，所以丁易東強調「『易』，一太極而已矣」。[35]太極作爲本體的存在，亦是宇宙創生之根源，萬物的生成，藉由陰陽之作用變化以形成，即形上的太極之道，落實在形下的陰陽變化之器用之中。

朱子解釋動靜之理時，指出「有這動之理，便能動而生陽；有這靜之理，便能靜而生陰。既動，則理又在動之中；既靜，則理又在靜之中」。又認爲「太極理也，動靜氣也；氣行則理亦行，二者常相依而未嘗相離也。太極猶人，動靜猶馬，馬所以載人，人所以乘馬，馬之一出人，人亦與之一出人。蓋一動一靜，而太極之妙未嘗不在焉，此所謂所乘之機」。[36]朱子人馬之說，認爲動靜之理不可見，須建築在陰陽之氣上才能實現。理氣未嘗相離，太極流行使爲陰陽變化，有其動靜之氣行，正爲太極爲理之自爲所致。丁易東也接受了此類之認識。

一、陰陽盈虛而天道自顯

在理與氣方面，其「氣」即陰陽二氣，以理馭氣，形器之生，皆因氣變而成，一切的存在，爲理下之氣的對待流行所形成；六十四卦的生成，也在此氣化流行、陰陽對待關係下確立。丁易東指出，「天地交而萬物通者，泰也。乾道成男，坤道成女，二氣交感，化生萬物也」。[37]自然氣化流行，根本的元素即陰陽二氣，

---

34 見丁易東《周易象義》，卷十四，頁 726。
35 見丁易東《周易象義‧易統論下》，頁 484-485。
36 見黎靖德編《朱子語類‧太極圖》，卷九十四，頁 2373。
37 見丁易東《周易象義》，卷十，頁 656。

在自然空間以天地爲名，在八卦或六十四卦，以乾坤爲名，在人道世界，以男女爲名，此皆言氣化流行，交感變化，萬物由是而化生。因此，自然之變，即氣化之流行，亦即「天地盈虛，與時消長」者，盈虛消息，即氣化之變，其氣變自有其盈虛消息之理，「盈者必虛，息者必消」，其理固在，爲太極固在之理，氣化流行便在此理下與時消息，若神鬼者，「伸者必屈」，若人者，「盛極必衰」，此皆天地變化的不變之理。

　　陰陽的流行對待關係，爲陰陽運動變化之理，陰陽之並在，成其變化之道，太極之化成才能入於人人物物之中。是以陰陽共生缺一不可，「蓋天地、萬物、晝夜皆有方有體者也。我能範圍，則超乎範圍之表；曲成則出乎萬物之上；通乎晝夜，則知陰陽互根之妙」。[38]陰陽動靜變化之「互根」，本於已如前述周敦頤《太極圖說》之用語，強調陰陽升降變化、盈虛消長，相成互根，方可盡其神妙之性，此天命本性之所在，「理之必然，非人所能」，[39]則天道之循環，「陽消矣，有息之理，陰盈矣，有虛之理」，[40]陰陽的消息盈虛，正是天道彌常、天理自顯之所由。

二、乾坤闔闢見其變化的神妙之性

　　太極之理，太極生成運化之所在，「因其陰陽之化而裁制，則謂之變」，[41]陰陽變化作爲存在之來由，也爲太極之理的具體落實。陰陽變化，萬物無所不生，無所不成，以其變化之無窮而

38　見丁易東《周易象義》，卷十四，頁724。
39　見丁易東《周易象義》，卷六，頁587。
40　見丁易東《周易象義》，卷九，頁644。
41　見丁易東《周易象義》，卷十四，頁740。

爲神妙之用，故釋說《說卦傳》「神也者，妙萬物而爲言者也」時，認爲此「神以其妙用言」，「妙萬物之神」，即陰陽變化的器用爲神。乾坤爲純陽純陰之卦，又以其父母之卦統攝六子卦，乾坤又以天地爲象，定其位以含括萬有，此所以《易傳》所謂「大哉乾元，萬物資始；至哉坤元，萬物資生」者，則流行變化之神，固爲陰陽之所顯，亦乾坤之用，「故知『神』之一字包乾坤也」。[42]自然生成的神妙之性，爲乾坤所牢籠，亦即陰陽的運動變化，萬物得以資始資生。

丁易東釋說《繫辭傳》乾坤的「一闔一闢」之變，正爲陰陽的動靜變化，云：

> 闔戶之謂坤，闢戶之謂乾。闔戶即所謂寂然不動也，闢戶即所謂感而遂通也。一闔一闢謂之變，闔而闢，闢而闔，靜復動，動復靜，易之變也。往來不窮，闔則往，闢則來，往而來，來而往，此易之通也。見乃謂之象，象即此易之見于外者；形乃謂之器，器即此易之形而下者。[43]

乾元坤元爲陰陽的動靜變化，陰性爲靜，陽性爲動，一闔一闢，動靜相依，反復不息，往來不已，展現其陰陽變化之質，變化以通顯形器成物之實然，以象爲見，爲陰陽成物之所在。陰陽的開闔動靜，反映宇宙自然的變化特性，也爲成象成形之所由，以象以形爲見，開顯形下之範疇。

「易」以其寂然不動，無形而無以名狀，乃見其廣大深邃而無可名形，即《繫辭傳》所謂「《易》廣矣大矣」之性。丁易東認爲：

> 廣以量言，坤之陰也，取其有容而厚載也；大以質言，乾

42　見丁易東《周易象義》，卷十六，頁 766、768。

43　見丁易東《周易象義》，卷十四，頁 738。

之陽也，取其本體之甚大也。以言其遠則不可禦，自乾言
之，極其所至，放之而準也。以言其邇則靜而正，自坤言
之，以其至靜而寂然不動，不偏不倚者也。以言乎天地之
間，則无所不備，又合乾坤言之，所謂无一物之不體者也，
此歎易之廣大也。……蓋乾坤者，易之門也。夫乾其靜也
專，其動也直；先儒所謂不專一不能直遂也，此以大而能
生者也。夫坤其靜也翕，其動也闢，先儒所謂不翕聚不能
發散也，此以廣而能生者也。[44]

　　陰陽之變化，其主要之性質，以純陽純陰之乾坤作為代稱，
已如上述闔闢動靜之性，其性已見，其形象則既顯，坤陰之形象，
厚廣容載萬物，乾陽則弘遠體大，二者遠邇無不有之，變化而無
不形之，是以物無不以陰陽成其體；源於太極之體而為萬物之體，
作用於萬物而為一切生成變化之生發來由。是以在《易》之生成
變化體系中，代表陰陽的資始資生下的太極，作為萬有的門鑰。
乾陽靜專而動直，動行有常，恆一不墜，故「大而能生」；坤陰
靜翕而動闢，聚散隱顯有度，則「廣而能生」。陰陽動靜之變，
廣大而能生成萬物，生生不已而行乎萬有之中，作為太極之體的
流行作用者，以其動靜作用作為能動性之展開，行其變通之可能。

三、太極之流行便為陰陽之變化

　　陰陽變通推衍，一卦而六十四卦而四千零九十六卦，丁易東
進一步以諸象數《易》例展現其變易之道，云：

　　自其變通而言之，則一卦有六十四卦，而六十四卦各有六

---

44 見丁易東《周易象義》，卷十四，頁726。

十四卦，自其不變而言之，一卦止為一卦，而六十四卦亦
各為六十四卦焉；故自其合者言之，則萬象森然而不必分，
自其分者言之，則卦各有象而不可亂，自其分者言之，有
正中之本體，正中之互體，正中之伏體；自其合者言之，
有變中之本體，變中之互體，變中之伏體。隨時變易以從
道焉，非假借非牽合，而太極之理無不在也。六十四卦尚
可旁通，況八體乎？此《易》道所以變易不窮，而夫子一
言以蔽之，曰：《易》有太極歟！或曰：《易》以變易言，
曰：有變中之本體，變中之互體，變中之伏體可也。今有
所謂正中之本體，正中之互體，正中之伏體焉。是三者皆
不變之體也，然則先儒謂《易》有不易之義者然乎？曰：
若以變言，則變固變也，不變亦變也，而易之一字正以變
易為言耳。蓋能變而不能不變，未足以為變。惟能不變，
益所以見其變也。況夫太極流行，有動有靜，不變其靜而
變其動也；陰而變靜中之動，陽而變動中之動也；陽而不
變動中之靜，陰而不變靜中之靜也。或動或靜，或變或不
變，一太極之流行耳。[45]

　　強調《易》道尚變，此變即太極貫通陰陽之變化，因變化而
物之有生。變化生成，有其變與不變者，不論變或不變，皆為陰
陽的變化結果。一卦有六十四卦，六十四卦各生六十四卦，而為
四千零九十六卦，以太極為本的陰陽變化下之成卦，變化之中有
其一卦僅為一卦、六十四卦僅為六十四卦者，乃就陰陽變化下的
不變結果而言。陰陽變化生成，自其合者而言，則萬象森然不必
分，變化共性未可殊別，此即就陰陽變化之不變者而言。自其分

45　見丁易東《周易象義・易統論下》，頁 485。

者而言，則陰陽清濁不同，成卦成象殊性，雖變化萬殊，卻有序不亂。卦體變化成象，自其分者而言，有正中之本體、互體與伏體，亦即一卦以象分，可見其本顯之本體、互體與伏體之象。自其合者而言，則有變中之本體、互體與伏體，變化合見，亦可顯其三體之象。陰陽隨時變易，從其太極變易之本性，亦爲自然的陰陽變化之道。《易》卦象體多見，便在彰明變易之道，即太極或理的本來體性，故變易多方，太極或理無所不在。不論正中之三體，或是變中之三體，皆展現《易》道變易之結果，不管我們認定爲變者或不變者，仍屬陰陽運動變化之結果，仍以變爲見，以變爲實。

　　萬象因變而存在，一卦如此，六十四卦如此，以陰陽變化者，本於太極之動，即太極之流行，其本質動能有動有靜之不同屬性，靜以其不變而動以其變，則動靜有常，有陰變其靜中之動、陽變其動中之動、陽不變其動中之靜，以及陰不變其靜中之靜等四種方式，猶如老陽、老陰、少陽、少陰之屬性，此即太極之流行，也是陰陽之運動變化。

四、先後天八卦確立流行與對待的相因關係

　　太極所落實的陰陽運動之性，丁易東認爲有流行有對待者，他說：

　　　　愚按陰陽有流行有對待，以其陰陽流行者言之，雖若先後之有序，以其陰陽對待者言之，未嘗不相爲用也。後天八卦言其流行之用，先天八卦言其對待之體也。夫子恐學者以先後天卦位不同，而疑聖人有兩《易》，故于此貫通之，

知此則知隨時變易之道矣。[46]

　　宇宙的存在，一切現象之生成，皆爲太極推衍下之陰陽運動變化的結果，陰陽運動變化有其流行與對待之基本律則。從流行的觀點言之，陰陽之變化有其先後之次序；從陰陽的相互對待之關係言之，則彼此又相互依持，相互爲用。確立先天八卦與後天八卦的體用關係，先天八卦主要反映陰陽運動變化的主體結構，由陰陽變化所形成的八卦布列體系，作爲陰陽相互對待關係的主體；後天八卦則爲陰陽流行變化之用，落入具體器用範疇。

　　先後天體用相因，共爲萬物生成變化的相互資生系統，亦即同爲「一易」，非爲「兩易」；藉此先後天之體用相資的變化，開展陰陽「隨時變易」之道，此正爲太極下貫陰陽變化之能動本質，一切存在方可周全而不忒，彌綸天地之道而不遺。

第四節　道器與體用觀

　　文獻中明確表達形上之道與形下之器的對待關係者，最早出於《繫辭上傳》所謂「形而上者謂之道，形而下者謂之器」，此道器之對待與分別，即太極與陰陽。朱熹於《太極圖說解》中明白指出，「太極是理，形而上者；陰陽是氣，形而下者」。[47]太極與陰陽的道器之別，同於理與氣之異。以太極爲形上之理，因陰陽而生物者，爲形下之氣。「形而上者，無形無影是此理；形

46　見丁易東《周易象義》，卷十六，頁769。
47　見朱熹《太極圖說解》。引自周敦頤撰，梁紹輝、徐蓀銘等點校《周敦頤集・晦庵文集並語錄答問》，卷之二，頁26。

而下者，有情有狀是此器」。[48]此形上之理、形上之太極，如老子之「道」之「無」的無形、無影、不可名狀者，是超乎一般感知的，無法以具體形象來確立的。此形上之太極或理，作爲宇宙自然之本體，而形下之陰陽氣化，則爲器用之作用。形上形下的道器觀，爲理學家普遍用以概括理與氣的基本概念，此一概念即同體用的觀點，這種以體用論述理與氣或太極與陰陽的思想，爲北宋程頤到南宋朱熹一系所稱說的主張，並爲丁易東所繼承。

一、開顯變易思想而落實於象數之用

對於形上形下的道器觀，丁易東根據《易傳》所述，延續朱熹之主張進行闡釋，云：

> 陰陽，形而下者也，太極，形而上者也，有太極而後有陰陽。形而上者謂之道，太極也；形而下者謂之器，陰陽也。即此太極之理，因其陰陽之化而裁制，則謂之變；推此太極之理而行之，則謂之通；舉此理而措之天下之民，謂之事業，事業无非太極也。乾坤可毀，太極不可毀也。兩兩對立者，執方之器也。生生不窮者，變通之道也。……蓋變通事業者，易之道；象與爻者，易之器也。……極天下之賾存乎卦，即所謂見天下之賾，謂之象者也。鼓天下之動存乎辭，即所謂見天下之動，謂之爻者也。[49]

在形上與形下的道器關係上，丁易東提出幾個重要的觀點：

（一）太極與陰陽作爲形上與形下之分判，又以道器之別律定主宰與流行的關係。

---

48 見黎靖德編《朱子語類・程子之書一》，卷九十五，頁 2421。
49 見丁易東《周易象義》，卷十四，頁 740-741。

（二）確立太極與陰陽的先後之別，先有太極而後有陰陽，有了第一性存在的太極，方有變化流行之陰陽。

（三）太極以其自有之理，主導陰陽之流行變化，由形上落實於形下，強調變化之性，宇宙自然的一切器用，一切存在，皆因陰陽之變化而形成，依太極之理而行，則人人物物無所不通，無所不成。宇宙自然的存在，所以能夠生生不息，乃理推布氣的變通之道，亦即一陰一陽的變化之道；因其變化，則宇宙自然之存在得以永恆。

（四）於《易》道而言，能夠「變通事業」者，乃《易》道之所致其功，根本於太極，以其至極之理，主宰陰陽之氣化流行，此氣化流行，具體展現在《易》道體系中的象與爻之推布；象與爻的布列，爲陰陽流行變化之形象反應，亦即《易》道所落實的形下之器。不論是象或爻，皆爲陰陽變化之結果，故本質上尙變，以變爲其器用之性。

（五）認爲「乾坤可毀，太極不可毀」，說明器用之乾坤，本爲不斷變化而成毀迭遞，但作爲本體、本源之太極，其永恆性無可更替；因其永恆存在，一切形器方有存在之必然性，形器變動而生滅消長，但主宰之太極無可替代。形下的「執方之器」，本於陰陽變動之性，正爲陰陽對立轉變之結果，此陰陽對立轉化，反映出自然的消長、形下之器的實然現況。

（六）爻與象之進一步組構爲卦，以卦探賾天下之故，著顯天下形器必在於陰陽變化下之「象」，由象而明一切理，由象而開顯其變化之實貌，則陰陽之變化，非「象」之器用無以知其自然之理、自然之道。以其自然存在必在不斷變化中生生不已，應之以變化，方可生發時刻下之形下實況，故《易》道尙變以動，以其尙變尙動，則由爻以明其變動之性。此即丁易東易學重視象

數之所由義理觀，強調本體、互體、卦變，應爻、動爻、變卦、伏卦、互對、反對、比爻諸說，[50]皆爲因變動以明象、爻之說的具體落實之用例；由形上之道，入於形下之器，因其變化之性而得以顯發，思想的意涵寓於用象諸法之中。

二、以道制器而相即不離

聖人體察天地自然之道、自然之理，以總理之太極確立宇宙自然存在之主體，一切之存在皆周延於此一本體之中。作爲形上之本體，其生成萬有必以陰陽氣化變動以成之，故「《易》者，象也」，「聖人取象於卦以制器」，[51]透過卦爻象以立其器，卦爻象之所顯，乃陰陽之變，是以陰陽之變，立其象、制其器。

陰陽氣化之變，根植於太極以立其象，自有其變化之理以立其象而制其器，「則一器之各具一理」；[52]總理之太極，下落於各器用之中，器用之理，歸本於太極之理而無有凌越失序。

從象從器的角度言，道或理在象器之中，道或理惟有藉由象器才能顯現，才能得以安頓，道或理才有意義；以道或理爲主體言，道或理之外無象無器，象器不離乎道或理，亦即不離乎太極。是以形上之道與形下之器，太極與陰陽，與由陰陽推變的象，乃至理與氣，彼此相即不離、相互包含，人人物物方可得以真實。

三、形上之道合同於太極與理

從本體或根源義而言，太極爲形上之道，落實在形下的器用

---

50 見丁易東《周易象義·易統論中》，頁481。
51 見丁易東《周易象義》，卷十五，頁747。
52 見丁易東《周易象義》，卷十五，頁746。

之中，器用皆因道而生，則器用之中皆有其道。此道同於太極、同於理，爲推布陰陽變化的主宰性意義，故他在釋說《繫辭傳》「一陰一陽之謂道」時，指出「道，太極也」，「一陰一陽之謂道，此指太極而言也」。太極爲道，爲陰陽的變化之道，此陰陽的變化之道，「一陰矣而又一陽，一陽矣而又一陰，陰不可无陽，陽不可无陰，所以然者，道也」。[53]道或太極，管籥天地陰陽之變化，合陰陽爲道，獨陰獨陽不可成其道，亦即不可成其變化之性，不可確立存在的意義，惟有二者並生並行，方可生成萬有。

　　太極或道，主宰陰陽的變化流行，從創生源而言，一切的存在皆爲此主宰之太極之道，進行陰陽變化所致；落入於人人物物之中，人人物物皆爲陰陽所變，而陰陽又爲太極或道所主宰，故人人物物皆有其陰陽變化之道。

四、形上天道的誠善自性

　　此一陰一陽者，即道之動行所顯，流行之所用，代表著創生源的兩個氣形重要元素，此道下之陰陽，即同於《彖辭傳》所說的「乾元」與「坤元」，以乾坤二者類比於變化生成的最根源之氣形元素，故丁易東明白地的認爲，「以《易》釋之，則一陰一陽之謂道，即乾元坤元也」；二者因太極而固存，有其自成之理，也成其自成之性，因本於太極或道，決然超越而永恆者，故此一陰一陽或乾元坤元者，亦以善性化成萬物，此「即乾坤元亨利貞也」，元亨利貞爲太極爲道之所顯，亦誠性之所見，在天爲天道，在人爲人道，其根源皆爲仁善之性，故「誠者，天之道故也」，

53　見丁易東《周易象義》，卷十四，頁724。

於人道便以聖人君子為表。[54]

丁易東於此道論，除了述明道同於太極為本源為主宰之義外，也說明天道自性的本質上的誠善之性；變化自有其理自有其道，不外於太極下貫流行變化之陰陽之道。

五、道器相生冥契於三極之道

本體的太極或道，通遍於天地自然而無所不包無所不在，故丁易東釋說《道德真經》時，也不斷強調「道為物之所出，為物之祖宗也」；「天地自我出，則道為帝之先矣」；道「不但為萬物之祖宗，又為天地之祖宗」。[55]一切的存在，皆宗之以道，以道為宗主，因道而生，因道而成。道貫所有，一切皆含攝在道之下，天道、地道、人道皆然。

道貫三才，是以《繫辭傳下》所言「三極之道」者，乃「天此太極也，地此太極也，人此太極也，三才之道，亦太極而已矣。極者，至也。太極即道也」。[56]天地人之道，即太極之道，天地的陰陽柔剛、流行變化之規律，乃至仁義倫常的人道規範，皆源於太極，準之以本體之太極，通變於萬有之中，則三才之道，正為太極之自顯，太極落實於三才之中，故《繫辭傳》以「三極之道」稱之。太極作為形上之本體，天地人因太極而存在，此形下之器用、形下之有，皆因形上之太極、形上之道而存在，故形上之太極徧存於形下之中，太極徧存於天地人之中。

---

54 括弧引文與有關論述，見丁易東《周易象義》，卷十四，頁 724-725。
55 見丁易東校正《道德真經集義》，卷九（臺北：新文豐出版公司《正統道藏》第 23 冊，1988 年 12 月再版），頁 777-778。
56 見丁易東《周易象義》，卷十四，頁 721。

六、太極與陰陽的體用關係

程朱理學標榜著以「理」作為宇宙之最高本體,肯定與視「理」為存在的一種實體,這種作為實體的存在,卻又不具純粹物質實體的存在觀念,所以又將「氣」作為「理」的作用或物質表現。因此,「理」作為宇宙的最高主宰者,轉諸於個別事物時,事物的規律就是理,事物因「理」而存在,是一種絕對觀念的表現,它有其最高的主體,而又離散於萬物之中,通過事物表現出他的主體,但歸根究柢仍是先於事物而存在,在事物之上支配與主宰著事物。這樣的主張,從程氏開始,即定位在體用的觀點上,則理是體,氣是用,且理在先,而氣在後。

丁易東根本朱熹之說,以太極為理,為無思無為的寂然不動之寂靜之狀,太極本體以寂靜之性為「體」,陰陽交感而動,而能「通天下之故」,「感而遂通」,若「蓍之變化」,陰陽衍化而能感通萬有,此陰陽之變,即太極之「用」。所以丁易東說「寂然者,感之體,感通者,寂之用也」。太極以寂然之靜為其性為其體,以感通為其變化之動能為其用,體用相資,「自為感,自為應」,故能「通天下之志」,「成天下之務」。[57]

《易》以太極為體,寂靜而能通其變,即太極之流行,以陰陽為用,以乾坤代其名,則乾坤「取其變也」,「以時運變遷而器用之」。[58]丁易東不斷強調太極以靜為體,取乾坤(陰陽)為變,而盡其器用之功。太極(理)與陰陽(氣)的體用認識,為丁易東承繼程朱思想的普遍理解,並落實在其大衍圖式的建構之

---

57 相關引文與論述,見丁易東《周周易象義》,卷十四,頁736。
58 見丁易東《周周易象義》,卷十五,頁745-476。

中，如《大衍之數五十其用四十九圖》中，明白指出「五十，大
衍之體數也」，「四十九，大衍之用數也」。以五十爲體，以四
十九爲用，本其體用之性，「體而用動也」。[59]

釋說《大衍用數得策本體數圖》時，也強調五十爲體，四十
九爲用，所謂「四十九之用顯諸仁，而五十之體藏諸用也」。此
四十九用中能夠展現出太極仁性之體，而五十體中也藏其感通之
用，體用相資，由是著顯。四十九之用數，所得奇策之數，皆具於
五十之體數當中，故云「是四象之策，實具於五十之體數也」。[60]

丁易東論述大衍之數與《河圖》、《洛書》之關係，《河圖》、
《洛書》皆爲天地之數貫通大衍之數所聯繫出的陰陽作用下之宇
宙圖式，則天地五十五數或大衍五十之數，皆屬原初之體，而《河
圖》與《洛書》則爲此體下之用。若從《河圖》與《洛書》二者
之關係言，「則《河圖》又爲《洛書》之體，《洛書》又爲《河
圖》之用」，以《河圖》爲體，以《洛書》爲用，此乃因二者用
數之不同論；《河圖》「衍成五十位」，《洛書》「衍成四十九
用」，此「大衍之數所以合夫《河圖》，而大衍之用所以合諸《洛
書》也」。[61]由大衍五十與四十九數的體用概念，類比《河圖》
與《洛書》用數的體用關係。

大衍五十又專取虛其一，以象徵太極而爲體，丁易東指出「所
虛之一是爲太極，實兩儀、四象、八卦之所由生也」。[62]即兩儀、

---

59 參見丁易東《大衍索隱・原衍》，卷一（臺北：臺灣商務印書館景印文淵
　閣四庫全書本 806 冊），頁 320。
60 見丁易東《大衍索隱・原衍》，卷一，頁 327。
61 參見丁易東所制《河圖五十五數衍成五十位圖》、《洛書四十五數衍成四十
　九用圖》，及二圖之文字說明。見丁易東《大衍索隱・翼衍》，卷二，頁
　338-339。
62 見丁易東《大衍索隱・翼衍》，卷二，頁 350。

四象、八卦皆爲四十九用數的變化生成結果。

因此，從這些衍數運用的觀點，可以看出丁易東本於太極與陰陽的體用關係，落實於其大衍用數之中。而且，用數與其體用的思想，建立起高度的聯結性與邏輯性，藉由用數彰顯太極與陰陽體用的相即相依關係。

第五節　性命之理

《中庸》有所謂「天命之謂性」，天命與性同言，合天命之性而爲道，即天道自然之理，則「命」、「性」、「理」與「道」等諸命題，爲宋明理學家所普遍關注的論題。早期的易學系統中，涉言於此者，《說卦傳》所謂「窮理盡性以至於命」與「昔者聖人之作《易》也，將以順性命之理」，以及《彖辭傳》云「乾道變化，各正性命」者，天道自然之規律，體現於人事之人人物物之中；人人物物皆有盡其源於天道之本然正理，合其本質之性與賦予之個屬本命。這種性命之理與太極動靜變化的聯繫關係下之哲學命題，爲程朱理學思想的重要內涵，亦爲丁易東易學所延續。

一、性命之理與太極動靜聯繫之重要意涵

朱熹《周易本義》針對有關之論述，作簡略之釋說，指出「理，謂隨事得其條理」，「窮天下之理，盡人物之性，而合於天道，此聖人作《易》之極功也」。[63]天理落入人物之中即人之性，人

---

63 見朱熹《周易本義》，卷四（臺北：大安出版社，2013 年 2 月 1 版 7 刷），頁 267。

性本諸天理,人物得之於理,而成人物之性;《易》道之功,便在於窮此天理,而盡人人物物之性。

程頤主張「性無不善」,「性即是理」,[64]而朱熹肯定此性即理之說,認為「自孔孟後,無人見得到此」。[65]以性即是理成為朱熹理學思想乃至心性觀的核心主張。性既是理,而理又為太極,則性又為太極。他說「『唯人也得其秀而最靈』,所謂最靈,純粹至善之性也,是所謂太極也」。[66]性即理即太極,太極與理乃天道之最高主宰,純粹而自顯之本然之道,人人物物皆稟受此最高之本體,則人人物物亦皆有其理有其太極,此理此太極落於人之中,則為人性之所然者,所以他認為「性者,人物之所以稟受乎天也」,稟受於天者為性,稟受之天即天道、天理或太極。至於理與性及命的關係,朱熹進一步指出「自其理而言之,則天以是理命乎人物,謂之命,而人物受是理於天,謂之性」。[67]天本乎其理而受之於人人物物,人人物物皆得此天理,此得之於天之理者,稱之為命,則命為受天之理於人者。因此,「理也,性也,命也,初非二物」,本為同一概念或範疇,彼此相合而相同,「則天即理也,命即性也,性即理也」。但是,仍有其差異,「天則就其自然者言之,命則就其流行而賦於物者言之,性則就其全體而萬物所得以為生者言之,理則就其事事物物各有其則者言之」。[68]天道自然,以「理」而名。天理流行,清濁輕重有別,

---

64 見程顥、程頤著,王孝魚點校《二程全書・河南程氏遺書・劉元承手編》,卷十八,頁204。
65 見黎靖德編《朱子語類・孟子九》,卷五十九,頁1387。
66 見黎靖德編《朱子語類・周子之書》,卷九十四,頁2386。
67 見朱熹《晦庵集・答鄭子上》,卷五十六(臺北:臺灣商務印書館文淵閣《四庫全書》本第1144冊,1986年3月初版),頁708。
68 見黎靖德編《朱子語類・性理二》,卷五,頁82。

有賦生於物者，則稱之爲命。性爲天理之全體，爲萬物得之以爲生者，而落實於萬物之中的理，爲萬物各有其依天理之則而言。故理、命、性，雖各別其名，在本質上同準於天理之實然，只是概括之對象不同罷了。

丁易東本於程朱理學的主體思想，以性、命、理近同爲一物，無意於明白的區分三者的差異，但確定性命之理，爲太極之動靜，他說：

> 性命之理，太極之動靜也。天之陰陽，地之柔剛，人之仁義是也。聖人作《易》，順此性命之理而已。故立兩畫于上以象天，立兩畫于下以象地，立兩畫于中以象人，所謂兼三才而兩之。故《易》六畫而成卦者也。分陰分陽，謂六位也；初、三、五爲陽位，二[69]、四、六爲陰位也。迭用柔剛，謂六爻或用九之剛、或用六之柔也。剛柔迭用，此六位之所以成章也。以畫言則謂之六畫，以位言則謂之六位，以爻言則謂之六爻。上言兼三才而兩之，則天地與人，各以二畫分，今言分陰陽迭用柔剛，則六位皆爲陰陽，六畫皆爲柔剛也。不言仁義者，仁義即陰陽柔剛之理也。或曰迭用柔剛，但指六位言，如初剛二柔，三剛四柔，五剛上柔，陰陽相間爲迭用柔剛亦通。[70]

此段話藉由一卦六爻之性質，述說性命之理及太極之動靜的關係，表達出有幾個重要的觀念：

（一）以性命之理同於太極之動靜，太極的動靜變化，正爲其性命之理的展現。以性命之理言太極，除了肯定太極作爲生成本源的存在外，也始終確立太極作爲一切的本體地位。

---

69 「二」原作「三」，「三」爲誤，故改作「二」。
70 見丁易東《周易象義》，卷十六，頁764。

（二）陰陽、柔剛與仁義，即性命之理，亦是太極之動靜。太極之動靜，反映出天地之陰陽柔剛之本質，也就是陰陽柔剛為太極動靜變化的結果，使天地得以有陰陽柔剛的性命之理。

（三）太極之動靜，於人則為仁義之性命之理，人道的性命之理，正為一種道德之範式，亦為本善之質。所以，丁易東釋說乾卦四德，指出「乾之四德，即人之四端也。元為仁，亨為禮，利為義，貞為智。元者，生理之始，即乾之仁，為善之長也；亨者，生理之通，即乾之禮，有嘉之所會也；利者，生理之遂，即乾之義，各得其宜而和者也；貞者，生理之固，即乾之智，萬事以之而為幹也」。「乾元、亨、利、貞，猶言性，仁、義、禮、智也」。[71]元亨利貞猶如仁、義、禮、智等人之四端，此四者，又猶言人之性；人之性即天理落實於人之仁、義、禮、智。

（四）太極含天地人三極之道，以陰陽、柔剛與仁義為顯，三者同具純善的性命之理的本質。於此，丁易東無意於分判性、命、理與太極的差異，但可以確定的是，性命之理，正為太極動靜的另一種呈現。

（五）太極動靜下的性命之理，透過卦爻進行表述，六爻兩兩立三極之位，表現出太極動靜「兼三才而兩之」的具體樣態。六爻列位，也反映出太極的陰陽、柔剛、仁義之性命之理。於陰陽者，初、三、五為陽位，二、四、上為陰位；於柔剛者，乃用九之剛與用六之柔者，或即初剛二柔、三剛四柔、五剛上柔者。至於仁義者，丁易東僅言為陰陽柔剛之理，即陰陽柔剛落入人倫日用之道。

---

71 見丁易東《周易象義》，卷十三，頁 708-709。

二、卦爻透顯性命理之概念

　　丁易東透過爻位爻象之性質，說明太極動靜變化之實況，概括爲自然之道的性命之理之展現，並無刻意分判性、命、理與太極之關係，以及存在的差異。丁易東追隨程朱理學的基本主張，但對於理學思想的細節，則非其易學所關注者。

　　雖然丁易東無意於性、命、理之分判，但已如上述，程朱以降之有關命題，普遍成爲理學思想所普遍述及者，所以丁易東釋說《說卦傳》「窮理盡性以至于命」時，引乾卦六爻辭義說明，並提到程頤的主張，云：

　　　　窮一卦六爻之理，盡一卦六爻之性，乃至于命。初至上，自潛至亢，消息盈虛，天命存焉。程子嘗指柱而言曰：此木可以爲柱，理也；其曲直者，性也；其所以曲直者，命也。[72]

　　一卦六爻有其爲某卦或自屬其各爻之理，爲太極之動靜變化所見者，自顯其成爻成卦之性，以一卦而言，即乾天之剛健之性，自其六爻而言，即自潛而至亢之性；以其爲健、爲潛至亢之所以然者，乃此卦爻之命。丁易東引程頤之說，分判理、性與命之不同，程氏之說，源於其〈時氏本拾遺〉中，針對理、性、命三者的關係，作概括的說明，指出「窮理，盡性，至命，一事也。纔窮理便盡性，盡性便至命。因指柱曰：『此木可以爲柱，理也；其曲直者，性也；其所以曲直者，命也。理，性，命，一而已』」。[73]窮理、盡性與至命，本同爲一事，皆起諸於太極陰陽變化之道，

72 見丁易東《周易象義》，卷十六，頁 764。

73 見程顥、程頤著，朱熹編《二程集・河南程氏外書・時氏本拾遺》，卷十一，頁 410。

能夠窮理便可盡性，能夠盡其性，便能夠至其命，三者所指固為同一物。舉一木而言，一木皆可見其理、性、命，也就是一木有其自顯的理、性、命，理、性、命同指一物同就一木而言，而其分判者：此木可以為柱者，即此木之理，因其可以為柱之理，無其物之理，不足以為木；此木可見其曲直者，則為此木之性；此木又本見其曲直者，乃此木之本命，為天命之自然狀況，亦即陰陽變化所賦予的特質，以其陰陽變化而使之為曲直者，乃此木之命。

　　另外，丁易東對性的分判，他就乾卦而言，認為「天為乾之體，乾為天之性」，乾天乃太極或理的陰陽變化結果，其所以為天者，乃因其變化之理所致，故天為其一太極或一理的外在形式表現，而天之性則為乾，也就是「健而又健」之健性，即「健而无息」之性。丁易東又說，「以一物一太極言之，則物物皆有乾」，[74]物物皆有一太極或一理，以生乾天，使物物有乾天之性，即具有健行之性。乾天固為陰陽變化所成，此陰陽變化之乾天，則具有一太極或一理以成其形，以天為名，其性為乾為健。「乾」為一理為一太極，亦為此一理一太極之所成之性；為一理為一太極而言，「乾」則為天、為所以為天者；為此一理一太極所成者之性而言，則「乾」具剛健之性。因此，由陰陽之變而形成之「乾」，此「乾」本質上同具一太極、一理，以及因其太極或理而所成之性。由乾卦之理解，可以明瞭，太極與理本為一物，而性為其一太極或一理之性，則就其同者而言，太極與理，以及與性又本為一物；就其有別者而言，從此物之本身云，此性乃此一太極或一理而具顯，一太極或一理下的乾天，其性為健，健性稟受於乾天，亦即性稟受於一太極或一理（亦即陰陽變化下的一太極或一理）；

---

74 見丁易東《周易象義》，卷一，頁 490。

他物之所以爲他物，亦因他物之一太極或一理所顯者，此他物亦有其自屬之性，故坤卦有坤卦之性，每一個卦都有每一個卦之性，其性皆源於每一太極或一理所成之一卦。順此推之，性源於太極源於理，因太極因理而見其性，此正爲性與太極或理之差異所在。

　　丁易東於此太極、理與性的認識上，同於朱熹之主張，朱熹所謂「性與氣皆出於天。性只是理」，[75]以天爲太極爲理，則性出於太極與理，性根源於太極與理，因其太極其理而有其性，性的存在本於太極與理。雖然丁易東沒有進行詳細的申論，卻可見其所執殊異之別便在於此。

第六節　理氣象數之相繫意涵

　　極天地萬物之理，即作爲宇宙根源的太極，化生陰陽，亦即以理寓氣；太極先而陰陽在後，太極爲理而不偏以氣爲先，則理先而氣後，朱熹則明白指出「理與氣，此決是二物」，[76]「理自理，氣自氣」，理與氣二者不相夾雜。二者雖不相夾雜，但「氣行則理亦行，二者常相依而未嘗相離也」，[77]理與氣相依而不相離，雖有分判爲二之別，卻又必須相依而成其變化之萬物。丁易東於其《易》說中，罕言理與氣之關係，又非決然未言；專在太極與陰陽的脈絡下闡明其易學思想，其間包括陰陽氣化流行以「數」爲名，乃至變化成象的氣化形象之認識，丁易東於此多有

75　見黎靖德編《朱子語類・孟子九》，卷九十四，頁 1386。
76　見朱熹《晦庵集・答劉叔文》，卷四十五（臺北：臺灣商務印書館文淵閣《四庫全書》本第 1144 冊，1986 年 3 月初版），頁 374。
77　見黎靖德編《朱子語類・孟子九》，卷九十四，頁 2376。

發明與論述。

一、理與象之關係

　　象乃氣化之外在實體，丁易東循《易傳》之說，認爲「聖人有以見天下之賾，而擬諸形容，象其物宜，故謂之象」。[78]自然之象，本於理之氣化流行，天下之賾，人人物物之形容，以象器所見，皆因理氣之變。氣化之象，自有其理，因其理而有是象，因其象而知其理，這樣的理與象之認識，本於程朱之理解，尤其程頤於《伊川易傳‧序》中指出，「至微者理也，至著者象也；體用一源，顯微无間」。[79]理至微無形，而象爲至顯著明，理爲象存在之依據，而無形之理則因顯著之象得以體現，以理爲體，以象爲用，二者同源於以理爲主體之本體，隱微顯著相即無間。因此，「有理而後有象」，理先而象後，而「理無形也，故因象以明理」。[80]丁易東根據這樣的理解，在理與象的關係上，提出類似的具體看法，他概括認爲「有理而後有象，理如此則象如此，象未形而理已具」。[81]精要的提出理與象的關係，與程氏之說並無判別。又進一步云：

> 天下无理外之物，《河圖》未出，此理在太極；六爻既畫，此理在《易》象。以象觀象，則《易》无非象；以理觀象，則象无非理，舍象以求《易》，不可也；舍理以求象，可

78　見丁易東《周易象義‧原序》，頁 476。

79　見程頤《伊川易傳‧序》（臺北：新文豐出版公司大易類聚初集第 1 冊，1983 年 10 月初版），頁 795

80　見程顥、程頤著，朱熹編《二程集‧河南程氏遺書‧師說》，卷二十一上，頁 271。

81　見丁易東《大衍索隱‧翼衍》，卷二，頁 344。

乎哉？[82]

又云：

> 每即象以明理焉，不得於象，則不得於理，不得於理，則
> 亦不得於象。[83]

　　二段話雖然著重於面對聖人《易》著此一「窮理盡性以至命
之書」時，看待理與象的關係，應有之正確態度，卻也同時表達
出理與象在自然之生成變化的關係下，理與象的相依相即之性，
以及理的優先性意義。此理與象的關係，有幾個重要的意義：

　　（一）如同前面所言，理的根源性地位，強調固存於事物之
中，事物因理而在，無理外之物。

　　（二）認爲理有其超越與根源義，此理在易學的系統中，於
天地之數所構築的《河圖》或《洛書》之宇宙圖式中，有其圖式
背後的理之存在，圖式的結構性變化，有其根源的理存在；也就
是天地之數建構的圖式，有其總理之理存在，也便在表彰太極的
宇宙系統。此理或此太極，不因任何之變化而有所改變，它恆常
固存，因此，《河圖》之未出，或《洛書》之未現，此自然之理
仍在，從根源的角度言，此總天地萬物之理即太極。

　　（三）太極原初之理，推布陰陽之氣化，形成六十四個變化
之時態，也反映出六十四個不同之理，此氣化之實然，由六爻律
定，六爻氣化成象，故各時態之理，落實在《易》象之中，變化
成象，而爲形下之器，從此《易》象之中，以存其理，即太極存
在於萬物之中。

　　（四）象與理的關係與認同，以及氣化以「爻」作爲表述，
六爻成象，一切自然之理，皆由《易》象所顯，《易》象終在表

82　見丁易東《周易象義・原序》，頁 477。
83　見丁易東《周易象義・易統論中》，頁 481。

彰自然之理，以理爲基，以象得其理，有是象必有是理，因爲象
因理而生，象在申理，理因象而具。

　　因此，體察《易》道，理爲最高之範疇，象所以體現《易》
道《易》理客觀形象之表現，自然之道自然之理，也必有象以顯
其至理。理與象之關係，尋象以求理，因象而理著；陰陽運化之
象，本在傳理，其理固存，若僅執著於象，則不達象之本。故以
象觀象，僅在《易》象，無益於存在之理，無益於象背後之本然
大義，但捨象求理，亦不得真理，因爲象本爲理之外顯，外顯不
明，求理亦難。理象並建，猶理氣之相即，有是理方有是象，無
象則不見其理。

二、數貫理氣

　　太極或理作爲本體或根源性的存在，然而推布萬有，化生形
下器用者，皆在氣化流行、陰陽之氣的作用，所以丁易東指出「易
肇于氣，成于數」，[84]「易」言一切的變化與存在，爲氣化之作
用；氣行變化，聖人著成《易》之宇宙認識體系，以數表氣，藉
由天地之數表徵陰陽之氣，構築出大衍推數之法，丁易東所謂「聖
人作萬物覩萬物，謂萬有一千五百二十策」，[85]即陽策二十八與
三十六，陰策二十四與三十二，六十四卦陽策一百九十二策，陰
策一百九十二，合陰陽之總策數，老陽與老陰合爲：（192×36）
+（192×24）=11520，少陰與少陽之合爲：（192×28）+（192×32）
=11520，均爲一萬一千五百二十策數，以此爲萬物之總策數，萬
物之變化，總理於此數。大衍之數乃「聖人作《易》，取此四十

---

84 見丁易東《周易象義・原序》，頁 475。
85 見丁易東《周易象義》，卷十三，頁 711。

九、五十之數以神，蓍卦之用，而天地人物之理，無所能逃」；[86]
以大衍的用數，使天地自然之理通得畢顯，諸此數用得以現其自
然之理。

　　天地之數推衍變化，律定大衍五十之法，以四十九爲用，「率
不過歸之虛一而已」，「所虛之一，是爲太極」，[87]虛一之數爲
太極，亦即爲理。丁易東明白的指出，「四十有九而一之本未嘗
亡，一者衆之主也。總之則一，而散則四十九，非一之外爲四十
九，而四十九之外有一也」。[88]反對以一爲無極，進而推出四十
九爲太極，無極與太極同爲一，分而爲四十九，四十九總合爲一，
非一之外別有四十九。另外，丁易東透過大衍推數建構諸多推衍
變化體系的圖式，如《大衍用四十九合成五十數圖》、《大衍五
十位數合用四十九圖》、《大衍除掛四十八蓍合成四十九圖》等
圖式，肯定「一」數的特殊重要地位，以「一」數爲體，函於四
十八或四十九等衆數之中，必先有不易的「一」數之存在，才有
衆數之變易體系的形成。[89]

　　大衍的推筮用數，採取成數以爲氣之流行而爲物者，「所得
七、八、九、六，爲陰陽老少之分」，再而以一卦生爲六十四卦，
「又以六十四卦各變爲六十四，而成四千九十六也，以九、六爲
變，故謂之易」。[90]由天地之數的大衍推變，強調陰陽之氣的變
化之性，反映出宇宙自然的一切生成與規律，皆在不斷的變化中
形成，陰陽的變化，正是自然的恆常屬性，此一自然之理，透過

86　見丁易東《大衍索隱・原衍》，卷一，頁 319。
87　見丁易東《大衍索隱・原衍》，卷一，頁 319。
88　見丁易東《大衍索隱・稽衍》，卷三，頁 367。
89　有關圖式與論述，參見丁易東《大衍索隱・翼衍》，卷二，頁 341-343。後
　　面之章節，將針對諸圖式內容再進行詳細之釋說。
90　見丁易東《周易象義》，卷一，頁 488。

結構性、系統化的「數」之推衍以形成。丁易東重視此一衍數的觀點，於其《大衍索隱》一書中，特別關照數的運用與建構，而爲其宇宙圖式與變化之道的創造性理解。[91]

　　天地之數表徵陰陽之衍化，《河圖》、《洛書》皆代表陰陽衍化下的符號概念的數列結構，本於朱熹「河十洛九」之說，構築出與《河圖》、《洛書》相關的二十九個圖式。天地之數布列下的《河圖》五十五數與《洛書》四十五數，以「五」數之數值布列出《河圖五十五數衍成五十位圖》與《洛書四十五數衍四十九用圖》，形成《河圖》衍得五十與《洛書》衍得四十九數的不同型態。[92]同時，藉由自相乘除的方式，也確立出《河圖》、《洛書》與大衍之數在數值變化上的緊密聯繫關係。[93]丁易東強調《河圖》十數與《洛書》九數，皆反映出陰陽變化的自然之道，亦即天理運化之本然。天地之數的布列運用，《洛書》之用數，「一於自內，一於自外」，即「以一對九，以三對七之餘意耳」。其「一、二、三、四先於五者也，故由外而內，所以斂而歸五也；六、七、八、九後於五者也，故由內而外，蓋由五散之也。此皆天理之自然，非人之所能爲也」。[94]數列內外有序，本於天道自然之所顯。同樣的，《河圖》十數之五行方正布局，亦天理之常規律則，非人力所能規矩所能移易。

　　丁易東取《乾鑿度》之說，以具體數值表述《繫辭傳》所言「一陰一陽之謂道」的概念，認爲「陽以七、陰以八爲象，一陰一陽合而爲十五之謂道。陽變七之九，陰變八之六，亦合於十五。

91　有關大衍圖式的內容，正爲本論著之核心論題，將於後面章節進行詳細闡釋。
92　參見丁易東《大衍索隱・翼衍》，卷二，頁337。
93　有關圖式與論述，將於後面之章節，再作詳細之說明。
94　見丁易東《大衍索隱・翼衍》，卷二，頁340。

太一取其數，以行九宮，四正四維皆合於十五」。[95]七與八、九與六，皆爲陰陽之所見，以成其自然變化之道，並結合《易》筮之法，則一陰一陽合爲十五的變化之道，乃七與八合爲十五，九與六亦合爲十五，十五之合數，即陰陽變化之道。《洛書》取此合數之道，以太一行於九宮，四正四維亦皆本此十五合數。「十五」代表陰陽變化的天地之理，代表陰陽變化作爲宇宙生成的必然動能，亦即大衍用數之所指，乃至《洛書》九數布列的合數之歸趨。

第七節　小　結

　　丁易東易學雖以象數見長，但義理思想仍多有可觀之處。義理思想的闡發，主要依循程朱理學之脈絡，以太極爲理，不但爲宇宙本源的概念，更爲本體之意識，不論在理氣的關係、太極同於理、無極同於太極、道與器、體與用、理與性命的關係等等，皆根本於程朱一系之主張。所論雖片斷支離，無意建立完整的體系，但能夠掌握其觀念上的一致性，並能夠具體貫通於其象數主張與數論圖式之中。因此，其易學思想，可以視爲程朱理學的繼承者。

　　太極與陰陽、或理氣的關係，雖然太極同理具本體的第一性存在的地位，其《周易象義》與《大衍索隱》特別著重於「象」之運用與「數」之建構，凸顯陰陽變易與氣化流行的自然生成觀。

　　丁易東肯定「凡物以一該眾」[96]的以少領多、以寡馭眾之思

95　見丁易東《大衍索隱・稽衍》，卷三，頁355。
96　見丁易東《周易象義》，卷九，頁635。

想，太極為「一」，為統萬物之根源之本體，除了藉由太極與統體太極的概念，說明宇宙存在的根本與主體外，也說明易學系統的變化之性，並聯繫出一卦可以推衍六十四卦、四千零九十六卦的變化關係；重視從卦爻的推衍變化說明太極實存的概念，也就是將「統體一太極」與「一物一太極」的生成論，確立在其卦爻釋說與數列圖式之建構當中。

第三章　丁易東易學象數觀

　　原始卜筮思維下的《周易》，仰觀俯察，體驗天地自然，近取諸身於眼耳四肢之象，遠取諸物於山川原隰、鳥獸草木，取象繫辭以確立占筮之吉凶休咎。卜筮系統下的《周易》，卦爻的呈現，是陰陽概念的展現，本身就是一種「象」的符號系統；卦畫的符號訊息，本身就是一種「象」，而卦爻辭的文字內容，也必多有以「象」的成份與姿態展現，聯結諸多「象」的內涵，以表徵和詮解所占得之結果。

　　《周易》長於用象釋義的易學理解，從《易傳》就已確立其合理定勢的論述內容。《左傳》與《國語》之筮例，亦必採象釋說占斷之結果；漢代以象數見長，從孟喜（？-？年）、京房（前77-前37年）、虞翻（164-233年）、荀爽（128-190年）等人以來，莫不衍象推義，推衍用象，不遺餘力，成爲這個時代的易學特色。魏晉以降，自從王弼（226-249年）關注卦爻之義的哲學性義涵，強調《周易》卦爻辭的文字符號與所呈現的「象」，皆僅工具化的意義，重點在於這些「言」與「象」背後的「意」，才是《周易》這部典籍的價值所在，在「象」、「義」之間找到更高的主體價值，並對易學的理解與內容的接受，產生革命性的影響，屬於長於用象的象數之學，逐漸隱沒式微，尤其在理學發展的時代，象數之學更不容易找到依恃的學術空間。丁易東（？-？年）正爲這一發展的系譜中，一位具有承先啓後的重要易學家。

　　《周易》既以「象」思維，作爲其體系形成的必要認識與方法，則不論在卦象歸類與類推衍象之運用，或是取象方法的建立，皆無法全然避免。因此，卦爻象運用的觀念，歷代《易》家不論運用之多寡，不敢決然否定它作爲經傳釋義的必要性。易學家不斷在找尋卦爻辭與「象」的關係，以及可以推類適用的合理性，試圖建構一套取象方法與運用的適當而有效之規則。

　　丁易東以有鑒於歷代用象的龐雜，試圖重整與總結前人之說，確立可以形成一致的認同與釐清分判的求象之方法，並從這些方法中，會通歸納出最重要而有效的取象方式。因此，本章探討丁易東之象數主張，主要從求象十二義例與宗會於三體正變、八卦卦象取用之內容與傾向，關注主體用象之實質內涵。同時，理解歷來易學家聯繫卦爻象而確立卦主釋義之主張，而此亦丁易東象數之學的重要思想，故兼言此一論題，探討其象數易學於此方面之具體內容與所傳達的重要意義。

第一節　求象十二義例與宗會於三體正變

　　丁易東肯定《易》爲「聖人窮理盡性以至命之書」，[1]此通體天命、窮理盡性之書，乃聖人仰觀俯察天地自然之象，有系統的構繫而成之著，與其他一般之經典的認識思維判然有別，故云：

> 然非若他經之言理也，每即象以明理焉。不得於象則不得於理，不得於理則亦不得於象，故尤不可不以象求也。[2]

1　見丁易東《周易象義・易統論中》（臺北：臺灣商務印書館文淵閣《四庫全書》本第 21 冊，1986 年 3 月初版），頁 481。
2　見丁易東《周易象義・易統論中》，頁 481。

　　強調《易經》之理解不同於他經，重在「即象以明理」，得
其天道自性之理，必由之於象，因象明理，無象則理不可彰，以
象求理，理方可著全。因此，捨象求理，理固不可得，《易》道
之明，不可不推求《易》象。「聖人作《易》，先因卦畫而得其
義，然後因義而求其象焉」；[3]卦畫本爲象之符號表徵，卦畫顯則
卦之辭義著，因陰陽之畫而著顯其義於卦爻辭之中，因其辭義而
求其象，求得其象而聖人之意明，並能體察天地萬物之理，貫通
天地之道，得天地之道而明於人事，則盡性至命，覺然而澄清，
了然而自在。

　　因義明理以致其象，取象求象之法，丁易東進一步指出：

　　　　夫聖人立象所以盡意，先儒之求象，亦未嘗以一例拘，大
　　　　率論之，其義例亦十有二：一曰本體，二曰互體，三曰卦
　　　　變，四曰應爻，五曰動爻，六曰變卦，七曰伏卦，八曰互
　　　　對，九曰反對，十曰比爻，十一曰原畫，十二曰納甲。[4]

　　立象所以盡聖人之意，亦所以明天道義理，其立象之例法，
統覽歷代學者之說，大抵包括本體、互體、卦變、應爻、動爻、
變卦、伏卦、互對、反對、比爻、原畫、納甲等十二法，而歷來
儒者取象窮理，非取一例可以具足；取用一例，不足以盡《易》
之全義，則「當取本體則遺互體，當取互體則遺本體」。往往取
此而遺彼，取其一而遺其二，故「當取卦變則取卦變，當取應爻
則取應爻，當取動爻則取動爻，當取變卦則取卦變，當取伏卦則
取伏卦，當取旁通則取旁通，當取反對則取反對，以至當取納甲
則取納甲」。取法之用，不可拘於一例，即無法以單一體例而可
周顯全象，亦即建立一法之用，無法取得全般之象，無法盡其辭

3　見丁易東《周易象義・易統論中》，頁483。
4　見丁易東《周易象義・易統論中》，頁481。

義。因此，用象之法，即如《易傳》所謂「惟變所適，不可以爲
典要」。[5]應變其所用象法，不可固定其單一之用或不變之法要；
因準其「變」，正合《易》道變化之本質。

以下將其十二法分類簡析，並申明其宗會於三體正變之主要
內涵。

一、本體與互體之說

本體與互體之用，正爲一卦可以顯見之主體卦象，也是最能
展現此卦之核心象義。

（一）本　體

對於本體之定義，丁易東云：

> 何謂本體，如乾爲天，坤爲地。凡《說卦》所取之象，各
> 以其本卦上下二體得之者是也。[6]

本體爲六十四別卦每一卦的上下二卦，即八經卦所組成的上
下二卦之卦象，特別專指《說卦》所取的象，成爲上下二卦的用
象來源。此上下二卦作爲別卦之本體，爲此一卦的主體結構，且
此主體的二個卦象，成爲此別卦的主要卦象。這種取象的方式，
爲歷來用象的最普遍之依據，也是一卦的主體面貌。

例如，隨機以剝䷖卦爲例，丁易東指出「坤順艮止，柔順而
長，上止乎剛，剛消落矣」。以上下二體坤艮之象，說明陽剛消
落，「有小人盛而剝君子」的「不利有攸往」之象。初六亦取上
下之本體，「坤載于下，而艮背止于上」，說明「剝牀」之象。

5　諸括弧引文，見丁易東《周易象義・易統論中》，頁481。
6　見丁易東《周易象義・易統論中》，頁481。

六五取上艮「門闕」得「宮」象。上九取「艮爲果蓏」得「碩果」
之象；又爲「門闕」得「廬」象。又取下坤爲「輿」之象，說明
「君子得輿」之義。[7]以本卦上下二體的本體之象，廣泛運用於闡
釋卦義，成爲丁易東取象的主要來源，並以之作爲論釋六爻爻義
的用象。

（二）互　體

互體爲漢代易學家釋《易》取象的重要體例，《左傳》所載
已可見其端倪，故王應麟（1223-1296 年）輯鄭玄（127-200 年）
之說，指出鄭玄學《費氏易》，多以互體論說，而「以互體求《易》，
左氏以來已有之」。[8]歷來學者討論《易傳》、《子夏易傳》，以
及焦延壽（？-？年）之易學，已存有互體之觀念主張，而今存文
獻所見，京房已廣泛使用互體之法，之後馬融（79-166 年）、鄭
玄、荀爽、虞翻等人，也皆以互體爲取象之主要方式，互體取象
成爲歷代釋說卦爻義之重要體例。魏晉時期王弼提出附會氾濫用
象的批判，互體之法首當其衝，儼然爲論難之頭號對象，至此以
降，互體之法成爲具有爭議之用象成例，到了宋代仍爲學者所不
斷討論者。然而，肯定因象求義的大多數學者，始終接受互體爲
取象之重要法門。

丁易東廣納象數，可以視爲宋代繼朱震（1072-1138 年）之
後的重要典範，好以互體爲用，成爲取象之主要來源。對於互體
之定義，云：

　　何謂互體，《繫辭傳》曰「若其雜物撰德，辯是與非，則

---

7 相關引文與論述，參見丁易東《周易象義》，卷四，頁 542-544。
8 見王應麟《輯周易鄭注》。引自朱彝尊《經義考》，卷三十五，北京：中華
　書局，1998 年 11 月 1 版北京 1 刷，頁 194。

　　非其中爻不備」。先儒於上下二體之外，以二至四為一卦，三至五又為一卦是也。然互體亦有二，有自本體而互者，有因爻變而互者。此又不可一例拘也。[9]

　　以《繫辭傳》之說，說明理其物宜，徧包萬物之道，辨別是非行止，非中爻無以能備。此中爻即互體，歷來有兼雜之爲名者。中爻或互體，即針對二至五爻合二卦，二至四爻爲一卦，三至五爻又爲一卦。一別卦之基本取象，除了可以從本體得其二卦象外，又可從互體得到本卦之二卦象。然而，丁易東又指出，互體取象之方式有二：其一爲有自本體而互體得象者，即本卦所得互體之象；其二爲透過爻變後之卦爻互體而取得卦象者。此二種方式，不拘於一法，無有定勢而用。

　　隨機以復䷗卦爲例，釋說卦辭時，以兌卦有「朋」象，指出「自臨至夬皆有兌體，故以朋言」。臨、泰、大壯、夬等卦皆有兌體，臨卦與夬卦取本體之兌象，而泰卦與大壯卦則取二至四、三至五之互體兌象，二卦即藉互體得「朋」象，故四卦皆有此象。釋說六二爻義，認爲「六二動亦互震，亦有陽復之象」，此乃因爻變而互者，即六二陰爻動而爲陽，則二至四亦互震爲陽復之象。釋說六三爻義，亦採爻變互體得象之法，指出「以象變言之，六三動亦互震」，「三動又互震，三復也」。三爻變而爲陽，則三至五互震爲復陽之象。又，「三變而剛，則互坎在坎險中，危厲之道也」。三變爲陽，則二至四互坎爲險象。釋說六五爻義，亦指出「六五動則互艮，艮有篤實之義，亦敦也。坤本厚，變艮尤敦厚也」。六五動而爲陽，則三至五互艮，有敦厚之象。[10]由此卦例可以看出，丁易東除了取用本體之互體卦象外，尤其頻於取

9　見丁易東《周易象義・易統論中》，頁481。

10　相關引文與論述，參見丁易東《周易象義》，卷四，頁545-546。

用爻變或卦變後之互體卦象來論釋辭義。

互體之用，丁易東特別強調互體僅就三爻成象而言，並無互體爲別卦大象之說，云：

> 一《易》中互體謂二至四、三至五又成兩卦，指三畫而言也。頤中有物曰噬嗑，此乃以六畫之卦比並而論，非所論互體也。若以噬嗑互體言，則二以上又互艮，三以上則互坎，非互頤也。朱子發非不知之，乃以頤爲互體誤矣。[11]

互體專指三爻所成之卦象而言，歷來有以別卦成象者，包括四爻或五爻成別卦之象，皆不宜以互體爲名，例如噬嗑☲☳卦以「頤中有物」爲義，乃以頤☶☳卦比之言，非因互體成象者。以互體而言，噬嗑卦的互體得卦者，爲二至四互艮與三至五互坎者，非互有頤卦之象；故朱震以互體得頤卦爲舛誤之說，此互體之用所當釐清者。

二、卦變與變卦

卦變與變卦，二然判然殊別，但易爲人所淆亂混用，丁易東特分立異說，並以之爲歷來易學家所慣用之取象用例。

（一）卦　變

卦變的思想，確立卦與卦的聯結關係，從文獻所見，西漢京房建立八宮卦次之說，有系統的聯繫出六十四卦的關係體系，到了東漢虞翻以陰陽消息的辟卦爲骨架，開展出六十四卦的卦變之說，卦變的主張，爲歷來學者所關注的議題。尤其進入宋代，學

11　見丁易東《周易象義‧凡例》，頁 487。

者每每增衍其說，成為此一時期易學主張的重要論題，如李挺之（？-1045 年）、邵雍（1011-1077 年）、朱震、朱熹諸家之說，皆循虞翻所立而繼出者。丁易東重視此一《易》例，云：

> 何謂卦變，如隨自否來，賁自泰來之類。然亦有二：有自
> 一爻變者，如隨賁之類是也；有自兩爻變者，如睽升之類
> 是也。朱子發止以一爻取義，故於小過、中孚有所不通。
> 若知其或自一爻變，或自兩爻變，各隨其象辭而消息之，
> 則無疑矣。[12]

以十二消息卦中乾坤兩卦之外的十卦為主體，餘五十二雜卦皆因之而來，大抵源自虞翻，並綜取北宋以來李挺之等諸家之說，而無意於建立屬於自己的完整體系。但是，丁易東仍確立卦變的基本原則，明白指出卦變之法有二：

其一、為自一爻變者，即本卦一爻變所成者，一爻之變，則必以兩爻互易，方可同於本卦。如三陽三陰之卦自泰卦與否卦而來者，隨☳☱卦由否☷☰卦所變，否上之初為隨，其上九一爻之變，實必上與初二爻之互易方可回歸否卦。又如賁☶☲卦由泰☷☰卦所變，泰卦「二上相易」[13]為賁卦，雖一爻變，實二爻相易。

其二、為自兩爻變者，即由本卦二爻變所成者，其二爻之變，實必以四爻為兩組之互易，方可同於本卦。如睽☲☱卦為四陽二陰之卦由大壯☳☰卦與遯☶☰卦而來，丁易東言「睽者四陽之卦自大壯來，三上相易者也。又為二陰之卦自遯來，初二易三五也」。[14]睽卦若以四陽觀之，可由大壯三上相易而來，若從二陰觀之，則由遯卦初二易三五而來；此初二易三五，即兩爻變的兩組爻相易而

12 見丁易東《周易象義・易統論中》，頁 481-482。
13 見丁易東《周易象義》，卷四，頁 540。
14 見丁易東《周易象義》，卷五，頁 571。

變成者。又如升☷卦爲二陽四陰之卦由臨☷卦與觀☷卦而來，丁易東指出「升者二陽之卦自臨來，初三相易者也。又爲四陰之卦自觀來，二三易五上也」。[15]升卦從二陽觀之則由臨初三相易而來，從四陰觀之則由觀卦二三易五上而來；此二三易五上者，即爲本卦四爻的兩組相易所演變而來。故睽卦由遯卦所變、升卦由觀卦所變者，即其所說的自爻兩變者。

　　丁易東指出朱震僅以一爻變的卦變取義，至於二爻變者不取，此一方式則面對小過卦與中孚卦則有所不通，故認爲朱震之主張爲非。至於一爻變或二爻變的抉選，目的在於釋說卦義，故主要以卦辭作爲判斷的依據。

　　一卦之卦變，皆有可能來自此卦陽爻或陰爻屬性的十二消息卦，也就是一卦有可能來自兩個消息卦，例如屯卦、蒙卦、頤卦、坎卦、升卦、困卦、小過卦等諸卦，皆有來自臨卦與觀卦，大過卦及離卦皆有來自大壯卦與遯卦，小畜卦有來自復卦與剝卦等等，其他各卦亦同。選擇怎樣的卦變關係作爲釋說的主要對象，如二陽四陰之卦由臨、觀而來，某二陽四陰之卦當選臨卦或觀卦爲對象，甚或臨卦與觀卦並用，亦專視卦辭所顯而定，並無一定的先設之不變原則。丁易東以十二消息卦爲準，參照與改變虞翻乃至歷來同此系統的用法之既定規範，在上述的觀點主張下，確立其卦變之說，成爲其特有的卦變觀。

（二）變　卦

　　變卦乃占筮本卦得其老陽、老陰變而成新卦的「變卦」或「之卦」者，即筮得一卦變爲另一卦者，丁易東具體說明云：

15　見丁易東《周易象義》，卷六，頁589。

何謂變卦，如《左氏傳》筮《易》所謂乾之姤、乾之同人
之類是也。然有以三畫卦變取義者，如乾變為巽之類；有
以六畫卦變取義者，如乾變為姤之類是也。至若蒙之有困，
需之有恒，則又以諸爻迭變而取焉，此又不可一例拘也。[16]

變卦之說即如《左傳》所言「乾之姤」、「乾之同人」一類；
乾卦初九老陽變陰，則由乾☰卦變得姤䷫卦；乾卦九二老陽變陰，
則由乾卦變得同人䷌卦。此乃由筮得一別卦，變爻而成另一六爻
之卦，變占結果則非以本卦為限，變卦（之卦）亦為吉凶判定之
主要依據。除了別卦之外，丁易東認為亦有透過變爻而取其三畫
之經卦為變卦者，如乾☰卦初變為巽☴卦即是。

丁易東並指出，變卦之變爻，不以一爻變為限，有以諸爻迭
變者，即所占得六爻成卦，當中或有多爻為老陽或老陰者，如「蒙
之有困」，蒙䷃卦變而有困䷮卦，即蒙卦上三爻皆變，上艮則變
為兌澤，合坎水為困卦，此蒙卦六四爻辭有所謂「困蒙」之象。
又如「需之有恒」，需䷄卦變而為恆䷟卦，即需卦初九、六四、
九五等三爻皆變，「初、四、五變則為恒」，以「恒言需之久」，
「以見其需之久也」，故需卦初九云「需于郊，利用恒」，變需
為恆，以變卦求恆義。此丁易東所謂「以恒言需之用恒，所以發
變卦之例」。變卦不以一爻之變為足，可以多爻俱變，此即其所
云「凡一卦皆可通六十四卦也」。[17]

卦變與變卦二者不同，歷來《易》家常混為誤說，丁易東於
《周易象義·凡例》中特別指出，「按某卦自某卦來之類，皆以
陰陽多寡為類相易，此卦變也」；以陰陽多寡區分為消息卦所屬
者，而進行某卦自某卦所變者，已如前述，此為卦變之法。至於

---

16 見丁易東《周易象義·易統論中》，頁482。
17 括弧諸引文與論述，參見丁易東《周易象義》，卷二，頁506。

「彖辭言其本體所自來也，如九六之變，此變卦也」；以卦爻辭
所言，因老陽老陰之變而爲者，爲變卦之法。故「一卦可變六十
三卦也，占筮之事也」。變占之用，一卦可以另變六十三卦，視
變爻多寡而定。丁氏並駁斥朱震之誤，認爲「朱子發非不知之，
及其論屯臨之變，而引《春秋》某卦之某卦爲言，是以卦變爲變
卦也」。[18]朱震知二者之別，但論及屯臨二卦的變化關係，卻以
變卦的某卦之某卦論定，此即以卦變誤作變卦之說，此一用說爲
不當。

　　變卦之說，原本用於占筮變占以斷其吉凶辭義之用，丁易東
卻以之用於釋說卦爻辭義，其所變之爻，端視卦爻辭所見而定，
如上述所言，蒙卦有「困蒙」，則變其三爻得其困卦，需卦有「利
用恆」，則變其三爻得其恆卦。故本卦當變者何？並無先定的標
準，僅準於卦爻辭所顯而定。變卦作爲占斷之行爲，不宜用於卦
爻取象釋義之用。

三、正應、比爻與動爻之爻位用例

　　一卦展現一時態，而爻位正是此一時態下的變化情形，也爲
《易》變之重要精神之所在。丁易東取與爻有關之用例，主要爲
正應、比爻與動爻之求象之法。

（一）正　應

　　爻位「應」的概念，文獻所見《易傳》中主要出現於《彖辭
傳》，述及「應」說至少有二十餘處，而明確的對「應」作定義

---

18 括弧諸引文與論述，參見丁易東《周易象義・凡例》，頁487。

者，早期的文獻，則爲《易緯乾鑿度》，指出「初以四，二以五，三以上，此之謂應」，[19]這種相應之說，以陰陽相値而有應，反映出陰陽交感和諧之狀，在漢代已成定型化的釋《易》上之共同認識，並成爲歷代《易》家不可或缺的爻位主張。

丁易東對此爻位的「應」說，稱作「正應」，指出：

> 何謂正應，如初與四應，二與五應，三與上應之類是也。以陰應陽、以陽應陰，謂之正應；以陰應陰、以陽應陽，謂之無應，或亦謂之敵應。故各卦取象，或有自所應之爻而得之者，但求於本爻，則不見其象矣，此應爻不可不求也。至若晁氏以道，但欲以世應論爻，而謂他爻不可以言應者，則是京房卜筮之學也。[20]

別卦上下二體，兩兩對應存在著相互感應的關係，即初與四爻相應，二與五爻相應，三與上爻相應。對應之兩爻爲一陰一陽，不論是以陰應陽，或是以陽應陰，皆稱爲「正應」；對應的兩爻同爲陰爻或陽爻，即以陰應陰，或是以陽應陽，稱爲「無應」，或是「敵應」。丁易東特別強調透過應爻的關係，可以取得本爻所不足之卦象，藉彼此應的關係，得到所需之象。另外，駁斥晁說之（1059-1129 年）的謬誤，晁氏以世應論爻，除了世應之爻外，他爻不能稱應的主張，不合傳統爻位之應說，而是京房八宮卦世的卜筮之學的說法，二者不可混說。

---

19 《易緯乾鑿度》詳云：「乾坤相並俱生，物有陰陽，因而重之，故六畫而成卦。三畫已下爲地，四畫已上爲天。物感以動，類相應也。易氣從下生，動於地之下，則應於天之下，動於地之中，則應於天之中，動於地之上，則應於天之上。初以四，二以五，三以上，此之謂應。」見《易緯乾鑿度》，卷上。引自《易緯八種》，日本：京都市，1998 年影印自武英殿聚珍版本《古經解彙函‧易緯八種》，頁 481-482。
20 見丁易東《周易象義‧易統論中》，頁 482。

　　正應與敵應的爻位觀，往往作爲歷代學者論釋卦爻辭與判定吉凶的依據；一般而言，正應則吉，敵應則凶，丁易東在疏解辭義、判定吉凶上，也每每以之爲據。例如隨機取比䷇卦爲例，此卦六爻，即有四爻採取應說。釋說初六爻辭，指出「初與四非正應，五亦非正應，能與四同德比五，雖非正應而比上則同，故吉也」。原本非正應不宜爲吉，但「此爻言同心比上，雖非正應而亦吉也」。又因爲是非正應，故云「有它」。稱說六二爻辭，以「六二居正，而其正應在五，爲比之主；不失所比，故貞吉」。二正應於五，不失其所比，故得其「貞吉」。釋說六三爻辭，指出「三與上應，上六位不當，而後夫非六三之正應也」。三與上非正應，則「比之匪人」，爲「小人之朋比者」。釋說九五爻辭，以二五正應，五應於二，二位在坤，故云「坤在下爲邑，謂六二也。二爲正應，不待告誡而吉也」。[21]取其正應而得坤邑之象，並因正應而得其爲吉。從此一卦例可以看出，丁易東重視爻位的應爻關係，除了確立正應或敵應的吉凶認識外，並藉應爻取得本爻之外對應爻所聯結的卦象，以闡明爻義，由應爻的關係取得所需之卦象，應爻成爲取象的來源之一。

（二）比　爻

　　爻位的關係，一直爲《易傳》與漢代以來易學家所關注的問題。相鄰的爻位關係，歷來學者尤重於「承」、「乘」與「比」的爻位體例，三者皆在體現相鄰的爻位與陰陽性質所聯結的關係，但所關注者有所不同；「承」與「乘」著重於陰陽爻的尊卑關係，「承」主要展現相鄰兩爻合於陽尊陰卑的陽上陰下之爻位

21　見丁易東《周易象義》，卷二，頁513-514。

布列，「乘」則重於說明不合陽尊陰卑的陽下陰上之爻位格局，至於「比」則關注相鄰爻位間的親比情形。漢代以降，包括荀爽、虞翻、崔憬（？-？年）、何妥（？-589？年）、王弼等人，即普遍的使用，宋明時期易學家亦延續此爻例之說，丁易東特重此爻位觀，云：

> 何謂比爻，謂初與二比，二與三比，三與四比，四與五比，五與上比之類是也。故或此爻動而連彼爻之動以取象，或彼爻動而連此爻之動以取象焉。如乾之初九連九二之動而取諸遯，離之上九與六五相易而四為乾首是也。[22]

比爻乃相鄰之兩爻，即初與二比，二與三比，三與四比，四與五比，五與上比，相鄰兩爻彼此建立密切的聯繫關係，並藉此聯繫關係的確立，進一步取得所需之卦象。丁易東認為有關的聯繫關係主要表現在相鄰兩爻的彼此連動，即此爻動而連接著彼爻之動，彼爻動亦連接著此爻之動，說明事物的變化，除了其自身之外，也會牽動著其鄰近事物或環境的改變，同樣的，自身的變化，也必然受到鄰近周遭的影響。舉例言之，「乾之初九連九二之動」，乾䷀卦初九動，相連著九二亦動，初、二皆陽動為陰，故「取諸遯」成遯䷠卦。又，「離之上九與六五相易」，離䷝卦上九與六五此相鄰兩爻的互易，則由離卦變為革䷰卦；此革三至五互體為乾，而四為上卦之初，故「四為乾首」。因此，透過「比」的關係，確立爻位變化的可能。

另外，丁易東特別針對《繫辭傳》所謂「《易》之情近而不相得則凶，或害之悔且吝」之說，認為「此以比爻言之也」；[23]爻位的變化，變化而相近者，即相鄰之爻位，若彼此不相得，則必

---

22 見丁易東《周易象義・易統論中》，頁 482-483。
23 見丁易東《周易象義》，卷十五，頁 761。

造成凶險或相害或悔吝之結果，此「情近」之說，即就「比爻」關係而言。由此處之說，亦可得知丁易東以「情」論爻，爻位之變，正是時態之「情」的表現；同時，相鄰爻位的變化關係，其情近之狀，亦正爲吉凶休咎賦予可能之結果。此爻位情近的比爻關係，每每成爲丁易東釋說卦爻吉凶、論定卦爻義的重要依據。

（三）動　爻

動爻，顧名思義即爻位之變動，即原本陰爻使之變爲陽爻，原本陽爻使之變爲陰爻，丁易東作了明確的定義：

> 何謂動爻，夫爻象動乎內，功業見乎外。又爻也者，效天下之動者也。故此爻本陽也，以老陽而變爲陰，此爻本陰也，以老陰而變爲陽。則又自其動者取象焉，然有以本爻之動取象者，有以與應爻相易取象者，此又不可以例拘也。[24]

丁易東以《繫辭傳》所述爻象的變動之性，正是宇宙自然動行變化的本質，一切外在的功業，一切的吉凶休咎，可由一卦內在六爻的變動以外顯，爻以變動爲性，反映出自然變動的常態，事物在不斷的生息變動中以自顯，此變動正爲《易》道之展現。爻的變動，有本爲陽爻變而爲陰，亦有本陰爻變而爲陽者，並無必然之定勢。漢儒虞翻、荀爽等人，運用「之正」的方式，使不正之爻，變而使之爲正，即陰爻處陽位，或陰爻處陰位者，變而使之爲正位；此變而爲正之法，有其固定之爻位變化模式，亦類似虞翻「成既濟定」之說一樣，不正之爻，變而爲正，使六爻正位爲成既濟定之象，爲運化萬物中庸之道。丁易東不強調之正的爻位變動之法，不以虞翻之正說爲動爻之定法，動爻的基本概念

---

24 見丁易東《周易象義‧易統論中》，頁482。

爲陽變陰、陰變陽的爻位變動之情形，故有可能某爻本處正位，因爲變動而成爲不正之位者。動爻重於取象，藉陰陽爻性之變動，以此變動之爻取得卦象者；又有本爻與應爻相易，以取得變動後之本爻或應爻的卦象。此變動取象之法，不拘於一固定之體例，應其卦爻辭之所需而用者。

　　隨機取家人☲☴卦爲例，丁易東釋說初九爻義，指出「初九變則有艮，艮爲門闕」；初變則下卦爲艮，爲門闕之象，合「家人有閑」之義。九三之爻義，「九三變則爲震，震爲聲，嗃嗃之象」。九三陽動爲陰，下卦爲震，合爻辭「嗃嗃」之義。又，「六二之變則互兌，兌爲口爲說，嘻嘻之象」。二爻由陰變陽，得兌口、兌說的「嘻嘻」之象，亦合爻辭之義。釋說六四爻義，以「六四動則助上體成乾，乾爲富，能富夫家者，以巽成乾，妻能成其夫家也」。上卦本爲巽女，六四動而爲陽，則上體成乾夫、乾富之象，合「富家，大吉」之義。[25]此卦六爻，有三爻採取動爻之法，得其所需之卦象以論釋爻義；此三爻本皆爲正位之爻，動而非正，與虞翻「之正」之法迥然相異。丁氏目的在取得合宜之象，所變動者不以之正爲限。此種漫無標準的因求象之需要，而可隨意進行陰陽爻性之變動者，氾濫求象，恐有穿鑿附會之嫌。

四、伏卦、互對與反對之法

　　伏卦與互對雖義有所近，但決然有別；反對爲一卦聯繫另一相覆者。三者有性質上之類似者，故將此三例並言。

25　括弧諸引文與論述，參見丁易東《周易象義》，卷五，頁570。

（一）伏　卦

伏卦之說，文獻早見源於京房之說，京房重視陰陽氣化之關係，肯定陰中有陽、陽中有陰的陰陽共生思想，與陽極則陰生、陰極則陽生的陰陽運動轉化的主張，所以提出「飛伏」的說法。其中「伏」的概念，即世爻隱伏未顯之伏爻（爻象）或此伏爻所處隱伏未見之伏卦（卦象），這種卦爻皆有其相對隱伏未見者的概念，成為漢代易學家所關注的觀點，也影響後來虞翻的旁通之說。

丁易東肯定歷來學者以伏卦取象之用，對伏卦一例之定義極為明確，云：

> 何謂伏卦，如天地定位，山澤通氣，雷風相薄，水火不相射。此伏卦例也。謂乾伏坤，坤伏乾，艮伏兌，兌伏艮，震伏巽，巽伏震，坎伏離，離伏坎是也。然有就本卦伏者，乾之伏坤是也。有就動爻伏者，若乾之初九變巽而伏震之類是也。若晁氏以道每卦專以一爻飛伏取納甲者，則又惑于《火珠林》矣。[26]

又云：

> 伏卦謂乾坤相伏，震巽相伏，皆以其對待言。如乾初伏震，乃因變巽而伏震。朱子發非不知。至其釋乾乃曰「初九變坤，下有伏震」，誤矣。若三畫變可為坤，又無伏震矣。九二之變則為離，於坤亦無與，子發乃云九二坤變為離，三畫變可為坤，又無離矣。坤變為離，乃是坤之初與三變也，於乾九二何與焉。[27]

丁易東以《說卦》「天地定位，山澤通氣，雷風相薄，水火

---

26 見丁易東《周易象義・易統論中》，頁 482。
27 見丁易東《周易象義・凡例》，頁 487。

不相射」，說明伏卦之意涵。乾☰坤☷相伏，猶天地之對應；艮☶與兌☱相互伏隱，如山澤彼此通氣一般；震☳與巽☴相互伏隱，若雷風相薄互存一般；坎☵與離☲相互伏隱，亦如水與火的對應隱現。伏卦有從本卦取其伏象者，如本卦爲乾☰，上乾☰下乾☰，各伏有坤☷卦。又有取動爻後的之卦得其伏卦者，如其所謂乾☰之初九變而爲巽☴，則巽☴伏震☳卦即是。丁易東並特別指正晁說之之說，以其專用一爻飛伏而得其納甲者，乃《火珠林》一系，非伏卦本然之所用。伏卦本爲卦與卦的對待關係，如前引《說卦》所述者。伏卦往往以爻變而取其卦之伏者爲用，並每舉朱震之誤說進行述明。

　　丁易東慣以伏卦取象，藉以釋說卦爻義。隨機取履☲卦爲例，卦辭「履虎尾」，以「伏艮爲尾」，下兌伏艮得「尾」象。九二「幽人貞吉」，取二至四「互體爲離而伏坎，坎爲隱伏，伏幽也」；互體離卦，得伏坎幽象。六三「跛能履」，三至五互巽爲股，下卦兌折爲跛，而巽卦伏震爲足，「則能行」，合爻辭之義。九四「愬愬終吉」，三至五互巽而伏有震卦，即其所云「五巽伏震而動」，震動有震懼之義，故合「愬愬」之言。[28]一卦六爻，即有三爻採伏卦取象，知其用法之頻繁。

（二）互　對

　　京房的飛伏主張，表現陰陽的顯隱問題，陽中隱伏有陰，陰中隱伏有陽，於卦於爻皆如此。飛伏的陰陽伏隱原理，與旁通的概念相近，成爲虞翻旁通說的另一種表現。以旁通訓義者，文獻所見以虞翻爲先，成爲虞翻《易》說之重要特色。[29]旁通之用，

28　括弧諸引文與論述，參見丁易東《周易象義》，卷二，頁517-518。

29　文存虞翻《易》說文獻，明確以旁通論釋《易》義者，大概有二十一卦，

爲歷來易學家運用象數之說的重要觀點，此一「旁通」，丁易東
稱作「互對」，他說：

> 何謂互對，漢儒謂之旁通。《易》曰「六爻發揮，旁通情
> 也」。以旁通論象，即前所謂伏卦，但伏卦止以本爻論，
> 旁通則以全體論。如復有姤，泰有否之類是也。此在先天
> 圖中互對是也。[30]

互對，漢儒以旁通爲名，源於《文言》「六爻發揮，旁通情
也」，然而《文言》之文義與漢儒此一用象之法不能等同齊觀；
《文言》乃言乾卦六爻俱爲純陽剛健之性，發越揮散，無量無邊，
可以旁通萬物之情，並無指涉對應坤卦六陰之概念。《文言》「旁
通」二字成爲漢儒取象之法的定名，歷代學者每有用此《易》
例，丁易東亦以之爲用，確立旁通與前述伏卦的差異，認爲二者形成
新卦的本質相同，但取象上，伏卦僅以本爻論，而旁通則以卦之
全體而論。特別舉例如復☷☳卦旁通姤☰☴卦，泰☷☰卦旁通否☰☷卦，這
種卦與卦彼此的旁通關係，即邵雍先天圖中六十四卦的互對關係。

丁易東釋說卦爻義，亦採互對取象之法，如同人☰☲卦九三「伏
戎于莽，升其高陵」，指出「九三動則成无妄，无妄與升爲互對，

包括：比卦云「與大有旁通」；小畜卦云「與豫旁通」；履卦云「與謙旁
通」；同人卦云「旁通師卦」；大有卦云「與比旁通」；謙卦云「與履旁
通」；豫卦云「與小畜旁通」；蠱卦云「與隨旁通」；臨卦云「與姤旁通」；
剝卦云「與遯旁通」；復卦云「與夬旁通」；大畜卦云「與萃旁通」；頤
卦云「與大過旁通」；坎卦云「與離旁通」；離卦云「與坎旁通」；恆卦
云「與益旁通」；夬卦云「與剝旁通」；姤卦云「與復旁通」；革卦云「與
蒙旁通」；鼎卦云「與屯旁通」。除了此明言的二十一卦例外，亦有未明
說「旁通」，但在釋義的過程中，卻引用旁通之卦義作爲論述的內容者，
如論述乾卦九二爻時，以坤卦九二辭象爲訓；類似之釋例亦繁，不再贅舉。
（有關虞翻之文獻，見李鼎祚《周易集解》，臺北：臺灣商務印書館，1996
年12月臺1版2刷。）旁通之主張，爲虞翻聯結卦與卦間的關係與闡明卦
義上的龐大系統。
30 見丁易東《周易象義‧易統論中》，頁482。

故以升言」；[31]透過九三動而爲陰，則同人卦變成无妄☷☰卦，而无妄卦又與升☷☴卦爲互對之關係，藉此取其「升」象。又如鼎☲☴卦九二「我仇有疾」，鼎上爲離，「四有伏坎，坎爲盜，有仇象。四不正不中，坎又爲疾，故曰『我仇有疾』」。取上卦伏坎☵得「盜」、「仇」、「疾」諸象，正合爻辭之義。同時指出「此卦與屯爲互對，屯之六二以四爲寇，此之九二以四爲仇，其義亦同」。[32]以鼎卦與屯☵☳卦爲互對關係言，屯卦六二以四爲「寇」，而鼎卦九二亦以四爲「仇」，二者之義皆同。其他又如釋說渙☴☵卦六四爻義，指出「四動亦明夷之互對也」，[33]四動爲陽，則互對爲明夷☷☲卦。丁易東好以動爻、伏卦等諸法與互對之結合，得其新的別卦，以進行卦爻義之闡述。

（三）反　對

反對即《序卦》的卦序結構中，孔穎達（？-？年）《周易正義》所謂「兩兩相耦，非覆即變」的覆卦關係，亦爲明代來知德（1526-1604年）所名「錯綜」的綜卦關係。丁易東以反對爲名，云：

> 何謂反對，即損與益、夬與姤、既濟與未濟之類。反而觀之，則此之初即彼之上，此之二即彼之五，此之三即彼之四。卦中亦有其辭同者，故損之五、益之二，皆言「十朋之龜」；夬之四、姤之三，皆言「臀无膚」；既濟之三、未濟之四，皆言「伐鬼方」是也。然特間有之不可拘泥，林黃中以一卦包八卦，正取反對、正體互體兼言之，必欲

31　見丁易東《周易象義》，卷三，頁 526。
32　諸括弧引文，見丁易東《周易象義》，卷七，頁 599。
33　見丁易東《周易象義》，卷八，頁 621。

卦卦如此推求則泥矣。[34]

　　六十四卦依《序卦》與今傳卦序系統，成兩兩相繫的三十二組卦，彼此形成變卦與覆卦的關係，並以覆卦關係居多。此覆卦關係即反對關係，丁易東列舉如損與益、夬與姤、既濟與未濟等，此初同於彼上，此二同於彼五，此三同於彼四，形成反對相同的爻性。在此關係下的二卦，其對應的反對爻位，往往有相似的質性或意涵，故爻辭多有相似者；丁易東具體指出損之五與益之二皆言「十朋之龜」，夬之四與姤之三皆言「臀无膚」，既濟之三與未濟之四皆言「伐鬼方」，說明彼此反對的相同爻性，或有辭義相同者。但丁易東強調，反對互成新卦，不可拘泥於必然之定則，就如林栗（1120-1190 年）制作一卦包八卦，取其正體與反對各四個互體卦象，此泥於固定之法，未必合於固定卦爻義之合宜法則。林栗《周易經傳集解》以象釋義之法，特別建構一套以二卦互為反對的取象之法，確立用象的一致化之應用規則，使論釋卦爻義能夠得到充分的卦象可用，[35]丁易東卻以之固著為泥；然而丁氏隨機取法，未建立使用之法則，何時用何法取象，未立其標準，故與「泥」之偏失，又當如何計重？

　　丁易東以反對釋義者，如需☰卦卦辭有「利涉大川」，於釋說訟☰卦卦義時指出，「以剛乘險，不利涉大川，需之反對也」。[36]訟卦與需卦為反對之關係，故訟卦為「不利涉大川」。又如釋說復☷卦卦義時，指出「剝與復為反對」；[37]剝☷卦與復卦為反對之關係，故剝卦卦辭云「不利有攸往」，復卦則云「利有攸往」。

────────────

34 見丁易東《周易象義・易統論中》，頁 482。
35 參見陳睿宏〈林栗《周易經傳集解》的易學特色 —— 以儒學本色進行展開〉，《周易研究》，2014 年第 2 期，頁 61-72。
36 見丁易東《周易象義》，卷二，頁 507。
37 見丁易東《周易象義》，卷四，頁 545。

又如釋說明夷☷☳卦上六「不明晦，初登于天，後入于地」，指出「以反對而言，在晉爲初登于天，在明夷爲後入于地」；[38]認爲晉☲☷卦與明夷卦互爲反對之關係，則爻辭所言「初登于天」，專就與晉卦的關係而言，而「後入于地」則本於明夷本卦之卦性。丁氏透過卦爻辭，推定某卦的可能反對之關係，也就是兩卦間的反對關係之確立，本於卦爻辭而進行具體的聯繫，在此情形下，並非每一卦皆能尋得可以進行反對關係的可用之卦爻辭，以反對取義並不適用於每一卦。

五、原　畫

爻位屬性常常有以表述八卦之卦象，主要從八卦的形成與其陰陽爻的結構進行分判，丁易東以「原畫」爲名，指出：

> 何謂原畫，謂推原此畫本屬何卦也，若陽畫屬乾，陰畫屬坤，初九、九四屬震，初六、六四屬巽，九二、九五屬坎，六二、六五屬離，九三、上九屬艮，六三、上六屬兌，是皆推原卦畫所自來也。如訟之六三以坤取象，觀之六二以離取象，頤之初九以乾取象之類是也。[39]

不論是八卦或六十四卦，皆由卦畫所表徵的陰陽所組成，以「爻」爲名，則爻各有其陰陽之屬性，也確立其基本的八卦組合，六十四卦也爲此八卦的重合所形成。八卦由陰陽的演化所形成，《繫辭傳》有所謂的「太極生兩儀，兩儀生四象，四象生八卦」的生次系統，此八卦之形成，乾坤爲純陽純陰之卦，作爲《易》之門鑰，以天地爲象，並爲八卦與六十四卦之父母，其他六卦則

38　見丁易東《周易象義》，卷五，頁569。
39　見丁易東《周易象義・易統論中》，頁483。

為乾坤所含括下的從屬，為乾坤的陰陽摩盪所生成的六子卦，故
《說卦》述明「震一索而得男，故謂之長男。巽一索而得女，故
謂之長女。坎再索而得男，故謂之中男。離再索而得女，故謂之
中女。艮三索而得男，故謂之少男。兌三索而得女，故謂之少女」。
[40]此陰陽三索成卦正為丁易東「原畫」成卦的基礎觀念。丁氏指
出「原畫」為「推原此畫本屬何卦」，「此畫」即代表陰陽的符
號，在三爻成卦的位置上，代表乾坤陰陽的一索、二索與三索，
確立其陽卦或陰卦的身份，並以之視為八卦中的某卦，即八卦可
以一爻代立其身份，以某一爻指稱某一卦，取得此某卦之卦象。
丁氏本《易傳》八卦生成之說，立定陰陽屬爻的八卦屬性。一卦
六爻之陽畫屬乾，六爻之陰畫屬坤，即陽爻代乾☰，陰爻代坤☷；
初九與九四為乾一索之位，代表震☳卦；初六與六四為坤一索之
位，代表巽☴卦；九二與九五為乾二索之位，代表坎☵卦；六二
與六五為坤二索之位，代表離☲卦；九三與上九為乾三索之位，
代表艮☶卦；六三與上六為坤三索之位，代表兌☱卦。原畫以爻
立卦，目的仍在於取象釋義，特別舉訟☵卦六三即以坤取象；三
為陰爻可代坤，故「六三之舊德則坤也」，其「或從王事，无成
之象，與坤同義者」。同時，進一步強調「三百八十四爻，皆乾
坤之變也」，[41]六十四卦三百八十四爻，即陰陽爻皆為乾坤之變。
其他又舉觀☴卦六二釋云「六二本離，坤之中女也」。[42]此坤二索
得中女之位，即以離卦取象。頤☶卦初九釋云「震為動」，[43]此乾
一索得長之位，即以震卦取象。原畫定爻位以取得卦象，成為丁

---

40 括弧所見《繫辭傳》與《說卦》之言，見丁易東《周易象義》，卷十四，
   頁 736；卷十六，頁 771。
41 括弧引文，見丁易東《周易象義》，卷二，頁 509。
42 見丁易東《周易象義》，卷三，頁 536。
43 見丁易東《周易象義》，卷四，頁 549。

易東取象釋義之重要來源。

　　原畫爲陰陽摩盪所確立的八卦屬性，乾坤純陽純陰，爲陽卦與陰卦之首的父母卦，而其他六卦亦以陽卦與陰卦作區分，「陽卦謂震、坎、艮也，陰卦謂巽、離、兌也。然陽卦則一陽爻而二陰爻，陰卦則一陰爻而二陽爻，所謂陽卦多陰，陰卦多陽也」。陰陽爻的不同分配，陽卦與陰卦判然有別。「陽卦以奇爲主，陰卦以耦爲主」，正是原畫代表其屬卦之實然。此陰陽若以象類比，則「陽爲君，陰爲民。陽卦以一君而統二民，則君子之道也；陰卦以一民而奉二君，則小人之道。陽爲君，蓋陽卦自乾來，乾爲君故也。陰爲民，蓋陰卦自坤來，坤爲民故也」。[44]陽卦以一陽統二陰，代表君子之道；陰卦以一陰奉二陽，正是表徵小人之道。

　　原畫以陰陽變化立位定八卦之實，以奇耦爲名，卦象亦由是而生，丁易東藉論釋《說卦》，作了明確的表述，所謂「雷以動之，初畫之奇也。風以散之，初畫之耦也。雨以潤之，中畫之奇也。日以晅之，中畫之耦也。艮以止之，上畫之奇也。兌以說之，上畫之耦也。乾以君之，三畫之奇也。坤以藏之，三畫之耦也」。[45]初、四之奇正爲雷動之震，初、四之耦正爲風散之巽，下中、上中之奇正爲雨潤之坎，下中、上中之耦正爲日晅之離，三、上之奇正爲艮止之象，三、上之耦正爲兌說之象，上下二卦之奇皆乾君之象，上下二卦之耦皆坤藏之象。又，「乾三陽故健，坤三陰故順，震一陽動于二陰之下，巽一陰入于二陽之下，坎一陽陷于二陰之中，離一陰麗于二陽之中，艮一陽止于二陰之上，兌一陰說乎二陽之上。動陷止皆主乎健，陽之類也；入麗說皆主乎順，

---

44 括弧相關引文，見丁易東《周易象義》，卷十五，頁750。

45 見丁易東《周易象義》，卷十六，頁766。

陰之類也」。[46]原畫立卦，健、順、動、入、陷、麗、止、說等八卦之象生焉，各分屬於陽健與陰順之類。因此，以原畫推得卦象，自有合宜之理。

六、納　甲

干支與五行之配屬由來甚早，從甲骨卜辭到《左傳》、《管子》、《呂氏春秋》、《禮記》等代表先秦文化意識的文獻典籍中，皆有以之與四時相配的知識觀點與思想。代表戰國時期的文獻之清華大學所整理的出土竹簡《筮法》，亦有系統的將八卦及卦爻之數與干支進行配屬，建立特殊而複雜的占筮體系，於干支配用上已在漢代易學家之前，表現出一定的成熟程度。[47]兩漢時期更高度發展而廣泛運用於易學系統之中，以京房的八卦納甲與魏伯陽（？-？年）、虞翻的月體納甲之說最具代表性，成為象數

---

46 見丁易東《周易象義》，卷十六，頁 769。

47 2008 年 7 月，北京清華大學收入一批流散在外的竹簡，確定為戰國時期的文獻。大約 2500 枚（含殘片）的簡片，以經、史一類的文獻為主，多數為現存文獻與已出土之先秦簡帛所未見者，故其學術價值廣為學者所關注。在清華大學以李學勤先生所帶領的出土文獻研究團隊，多年來的努力之下，陸續完成當中二十餘篇文獻之釋讀與整理，並由中西書局自 2010 年起出版《清華大學藏戰國竹簡》的第一、二、三、四輯。其中第四輯於 2013年底出版，主要包括《筮法》、《別卦》與《算表》等三種文獻，為與《易》筮及數學有關的前所未見之新出土材料。《筮法》竹簡大致保存良好，無明顯之缺損。簡長三十五釐米，共六十三支，原無篇題，而每支竹簡之尾部正面有簡序編號。背面尚有用絲帶粘貼加固之痕跡。（參見李學勤主編《清華大學藏戰國竹簡（肆）》，上海：中西書局，2013 年 12 月 1 版 1刷，頁 75。）天干與地支配卦，並聯結方位、時間（四時、歲、月、日）、五行之運用，確定卦屬干支所表徵之意義。有關認識之成熟，可以預推其系譜，已當在《筮法》之前早當萌生；尤其干支配合卦爻之運用，更非焦氏、京房等輩所能獨籠。（參見拙著〈清華大學藏戰國竹簡《筮法》論譚〉，臺北：國立政治大學主辦「近現代出土文獻研究視野與方法國際學術研討會」，2014 年 5 月 17 日，頁 1-34。）

易學的重要範疇，並影響歷代易學家的易學詮釋。丁易東列舉此法作爲歷來取象釋義的主要方法之一，指出：

> 何謂納甲，如乾納甲壬，坤納乙癸之類。亦有兩說，有本卦納者，有因卦變、伏卦而納者。今卜筮家乾初爻納甲子，坤初爻納乙未之類是也。卦變、伏卦納者，如蠱之先甲後甲，巽之先庚後庚。又自卦變及伏卦而納也，若用占筮家之說推之則不通矣。[48]

所謂納甲，即如京房納甲以乾納甲壬，坤納乙癸，震納庚，巽納辛，坎納戊，離納己，艮納丙，兌納丁；魏伯陽與虞翻的天干配卦之法亦同。丁易東認爲納甲有兩說，一爲從本卦而納，一爲由卦變與伏卦等變動後的之卦而納者。納甲同於前述諸法，不必拘於本卦之用，因爻或卦的變動所成之卦，亦可取用。

以本卦納說者，如當時卜筮家所言「乾初爻納甲子，坤初爻納乙未」之類，此卜筮家所言者，即源自京房的八卦六位與干支相配之說，清代惠棟（1697-1758 年）並引唐代占星家李淳風（602-670 年）所述，制爲「八卦六位圖」：乾卦六爻由初而上，分別納甲子、甲寅、甲辰、壬午、壬申、壬戌；坤卦由初而上，納乙未、乙巳、乙卯、癸丑、癸亥、癸酉；震卦納庚子、庚寅、庚辰、庚午、庚申、庚戌；巽卦納辛丑、辛亥、辛酉、辛未、辛巳、辛卯；坎卦納戊寅、戊辰、戊午、戊申、戊戌、戊子；離卦納己卯、己丑、己亥、己酉、己未、己巳；艮卦納丙辰、丙午、丙申、丙戌、丙子、丙寅；兌卦納丁巳、丁卯、丁丑、丁亥、丁酉、丁未。[49]京房此法爲歷代卜筮之術家所沿用，如當時世傳占

---

48 見丁易東《周易象義・易統論中》，頁 483。

49 參見惠棟《易漢學》卷四，臺北：廣文書局《惠氏易學》本，1981 年 8 月再版，頁 1137-1139。

卦之書《火珠林》所用即與之相近。[50]事實上，京房所用之法，在京房之前已然成熟，先秦舊籍《玉策記》、《開名經》，已明確的使用，[51]而清華簡《筮法》所見的占筮之用，也正是此一配說在先秦時期運用上，可以確證之重要文獻。[52]丁易東納甲之說，正是此一相承系譜的延續。

　　至於以卦變、伏卦而納者，即合蠱䷑卦卦辭「先甲三日，後甲三日」，以及巽䷸卦九五爻辭「先庚三日，後庚三日」之用。蠱卦卦辭所言，丁易東從卦變的觀點認爲，「蠱自泰來，乾體在下，下三爻納甲子、甲寅、甲辰，先甲三日也。又自否來，乾體在上，上三爻納甲午、甲申、甲戌，後甲三日也。上乾雖納壬，而包甲于其中也」。[53]以蠱卦自泰否而來，則下卦三爻納「甲」，上卦三爻原本納壬，但丁氏以「壬」包「甲」於其中，故亦可以「甲」言。巽卦九五所言，丁易東則以伏卦釋之，指出「巽伏震者也，震納庚，互離爲日，下卦之震，先庚三日也。上卦之震，

50 陳振孫《直齋書錄解題》認爲「《火珠林》一卷，無名氏。今賣者擲錢占卦，盡用此書」。宋宋易學家張行成《元包數義》指出「《火珠林》之用，祖於京房」。《朱子語類》也認爲「《火珠林》猶是漢人遺法」。歷來學者多數以《火珠林》本於京納甲之法。

51 參見《抱朴子・內篇・仙藥》云：「按《玉策記》及《開名經》皆以五音六屬知人年命之所在。子午屬庚，卯酉屬己，寅申屬戊，丑未屬辛，辰戌屬丙，巳亥屬丁。」（見葛洪《抱朴子・內篇・仙藥》，卷八，北京：中華書局《諸子集成》本第 8 冊，1996 年 12 月 1 版北京 9 刷，頁 51。）惠棟認爲「《玉策記》、《開名經》，皆周秦時書，京氏之說，本之焦氏，焦氏又得之周秦以來先師之所傳，不始于漢也」。（見惠棟《易漢學・京君明易上》，卷四，臺北：廣文書局《惠氏易學》本，1981 年 8 月再版，頁 1140。）惠棟認爲京房等漢儒之法，與《玉策記》、《開名經》之說，皆屬同源一系的周秦所原有的故說。

52 有關內容，參見拙著〈清華大學藏戰國竹簡《筮法》論譚〉，臺北：國立政治大學主辦「近現代出土文獻研究視野與方法國際學術研討會」，2014年 5 月 17 日，頁 1-34。）

53 見丁易東《周易象義》，卷三，頁 532。

後庚三日也。先庚三日，庚子、庚寅、庚辰也。後庚三日，庚午、庚申、庚戌也」。[54]巽卦伏震卦，震納庚，故有此先後庚三日之說。從二卦所釋，可以看出丁氏所述，所納干支皆同於京房之說，而採取卦變與伏卦之法，則與漢儒普遍用說不同，尤其與代表漢儒主流說法的虞翻藉「之正」取納甲之法相異，南宋朱震即採虞翻立說，並作〈乾甲圖〉、〈虞氏義圖〉、〈震庚圖〉；[55]丁氏雖主象數，尤重於漢儒諸法，但釋說卦爻辭義，仍有其自主創制之說，不以承漢爲不悖之用。

七、十二法宗會於三體正變

丁易東統說歷來取象有十二法，不拘一式，因辭而立說，惟十二法可以統其宗、會其源而折衷爲「三體正變」，此「三體正變」正是其取象方法之主體，亦爲其取象之核心法則，指出：

> 大抵《易》之取象雖多，不過三體，所謂本體、互體、伏體是也。然其爲體也，有正有變，故有正中之本體，有正中之互體，有正中之伏體焉；有變中之本體，有變中之互體，有變中之伏體焉。其餘凡例固非一途，要所從來皆由此三體推之耳。[56]

在十二種取象《易》例之中，大抵可以歸納爲本體、互體與伏體等三體，成爲論釋卦爻辭之主要方法。此三體又有正體與變體之分，即有本體、互體與伏體之正體，又因《易》之變易之性，

54　見丁易東《周易象義》，卷八，頁 617。
55　參見朱震《漢上卦圖》，卷下，頁 343-344。又朱震《漢上易傳》，卷二，頁 70；揭前書，卷六，頁 200。
56　見丁易東《周易象義・自序》，頁 478。

故又有本體、互體與伏體之變體。宇宙自然的一切存在，本爲不斷變化之歷程，以變化確立其存在的本質與可能，故三體之正體，作爲存在之事實，而三體之變體，更爲運動變化下之另一演化之真實存在之可能。論《易》取象，不可捨三體以求義，三體爲取象求義所不可缺者，「故善言《易》者，必錯之以三體，而綜之以正變，則統之有宗，會之有元，《易》之象可得而觀矣」。[57]錯綜三體正變，以之爲統宗會元之法，則《易》象由是而得，《易》義由是而彰。

丁易東重視三體在《易》義取象運用上的重要性，一卦卦爻之義，透過此三體之用，即可取得所需之卦象；六十四卦當中，「本體、互體、伏體備八卦之象者，惟四卦小畜、履、謙、豫是也」。小畜☰卦、履☲卦、謙☷卦、豫☷卦等四卦，可以藉由本體、互體、伏體三法得到全部八卦的卦象。四卦得象之內容爲，「小畜本體乾、巽，而互離、兌，伏坤、艮、坎、震者也。履本體坤、兌，而互巽、離，伏坤、震、坎、艮者也；謙本體坤、艮，而互坎、震，伏乾、兌、離、巽者也；豫本體坤、震，而互坎、艮，伏乾、巽、離、兌者也」。[58]三體未變，八卦之象已具足，若三體再以變法取象，則用象之眾更勝於此。可見，透過三體正變之法，取索有恃而無恐，用象需求已然不虞匱乏。

正變之義，與其吉凶之別，丁易東云：

> 蓋以正體取象者，不待變而其象本具者也；以變體取象者，必待變而其象始形者也。故自其以正體示人者觀之，正而吉而无咎者，變則凶則悔吝也；正而凶而悔吝者，變則吉則无咎也。自其以變體示人者觀之，變而吉而无咎者，不

57 見丁易東《周易象義・自序》，頁478。
58 二括弧引文，見丁易東《周易象義》，卷三，頁530。

變則凶則悔吝也；變而凶而悔吝者，不變則吉則无咎也。[59]

三體之正體，為六十四卦本體已具之象，不須變化而固存者，至於變體之象，則必以卦爻之變而象形始俱。《易》義之所顯，當錯綜本體與變體之象，擇其固存與變化所現之象，方可周全其義。正變立象，吉凶休咎因之別異，丁易東確立其基本原則：當正體示人之象為吉為无咎者，則其變體為凶為悔吝；反之，正體為凶為悔吝者，則其變體為吉為无咎。當以變體示人之象為吉為无咎者，回歸其不變之正體則為凶為悔吝；變體為凶為悔吝者，則其不變之正體則為吉為无咎。正體與變體取象，其吉凶殊別，正體為吉則變體為凶，變體為凶則正體為吉。

丁易東又進一步強調因時以正變，而不拘一法之思想，云：

> 兼正變而取象者，可以變可以无變，惟時義所在也。是可但論其正，不論其變乎？夫《易》變易也，先儒言理者皆知之矣，至于言象，乃止許以正體言，不許以變體言；凡以變言象，率疑其鑿。是以「易」為不易之易，不知其為變易之易也。既不通之以變易之易，則毋怪以象為可忘之筌蹄也。既以象為可忘之筌蹄，毋怪以象變之說，率歸于鑿也。[60]

兼正變之用，即可採不變之正體，亦可用既變之變體，適其時而變，即本諸於卦爻辭取象之需而定，毋當拘守一定勢。取象主以三體為法，而三體又言正變，執其正變二用，然先儒多有僅偏取正體，否定變體取象之合宜性，以之為穿鑿附會，泥於用象，殊不知「易」本變易之質，而變體正此變易之具體展現。丁易東似乎意之所指駁斥王弼的用象認識，不能理解與不知通曉正變之

---

59 見丁易東《周易象義・自序》，頁478。
60 見丁易東《周易象義・自序》，頁478。

用，正是變易之具顯，難怪以象爲可以忘卻之筌蹄，而象既爲可忘之筌蹄，也難怪變體取象之法被視爲穿鑿之說。丁易東既不否定正體取象之重要，又視重變體正爲表現《易》的陰陽變易之精神，置之不用則《易》道無實。

《易》道「因象以推義，即義以明象」，象與義互因互顯，推明《易》義，無象無以彰之，此象義之所由，則因本於三體之正變，而三體及其正與變，又有主賓之分，即其所謂「固錯之以三體，綜之以正變，而必以正中之本體爲先，而其餘諸體則標子其後，又以示主賓之分也」[61]。本體之正體爲主，爲取象用法之先，而互體與伏體之正體，乃至本體、互體與伏體之變體，則因時制宜而用，此用象之賓，與主互補齊用，不拘一法，無可偏廢。

第二節　八卦卦象之用

天地自然之道，訴諸於自然之「象」，以窮極自然之理，並隱括於《周易》易學系統之中，從卦爻的既成與變化關係，確立八卦之卦象於卦爻辭的文字血脈裡。理解卦爻辭義，回歸於卦象之運用，透過卦象的敷陳，開闡《周易》之本義，此正爲丁易東所努力經營的易學認識，也是其易學的主要特色之所在。藉由取象方法不拘於一式的多元而有效的運用，產生豐富而足資釋義之卦象，則龐大的卦象增衍形成，也爲丁易東易學的重要內涵。

---

61 見丁易東：《周易象義・自序》，頁478。

一、八卦用象之彙輯

　　《易》以象生，《易傳》肯定八卦成象，乃聖人仰觀俯察之所得，因象明天道以推人事，此卦爻辭顯其義理之所由，故丁易東著書名作「象義」，即重在以象取義；象寓於卦爻辭之中，卦爻辭中推求八卦之象，可以知《易》卦之理。

　　透過前述十二《易》例與三體正變諸推象之法的運用，取象用象方法具足，取得充裕的八卦之象。卦爻辭從象而生，以辭推衍八卦之象，則八卦所用之象，必然繁富多元，至於八卦所類推表徵出的卦象，也就是八卦的用象內容若何，大致根據丁氏的經傳釋說之所見，歸納統計如下：

表 3-2-1　丁易東八卦用象彙輯表

卦名	八　卦　卦　象
乾☰卦	天、天則、天命、天際、剛、健、剛健、至健、不息、无息、陽、陽物、陽金、龍、蒼龍、馬、良馬、瘠馬、虎、君、君父、王、帝、后、君子、賢人、聖賢、父、夫、夫道、老夫、人、大人、大、赤、大赤、富、盈、圜、金、玉、金玉、始、首、德、進德、嘉、善、大善、行、動直、動也直、天下治、上治、幹事、甲、壬、盈甲、亥、亥之月、立多、寒冰、西北、正南、知險、闔戶、言、庸言、尾、野、郊、遠、信、則、奇、旋、木果、百、衣、褥
坤☷卦	地、田、土、陰土、土城、城、邑、國、大國、萬國、萬民、邦、萬邦、野、直、中直、方、平、陸、敦、厚、敦厚、无疆、腹、牝、牝馬、牛、母、妻、妻道、諸侯、臣、臣子、民、宜、宜民、朋、囊、黃、裳、黃裳、順、陰、柔、柔順、靜翕、冥昧、陰物、眾、師、輿、大輿、載、帛、終、有終、有慶、含弘（亦作含宏）、光大、包、均、迷、喪、喪亡、亂、吝、吝嗇、儉德、閉、閉關、闔戶、關、生、資生、利貞、育、成、慶、翕、裕、庶政、事、積、業、知阻、重、重門、偶、尸、正北、西南方、西南、乙、喪乙、癸、多、立秋、亥之月、十

震☳卦	雷、龍、蒼龍、馬、鶴、鵠、作足之馬、足、作足、足趾、帝、王、侯、諸侯、兄、長子、男、長男、元夫、竹、木、竹木、竹簀、筐、竹筐、竹葦、陽木、草木、木果、稼、稼穡、桓、草、草屨、左、筮、大塗、懼、萑葦、器、皿、動、生、行、行人、履、往、出、出生、躍、決躁、躁動、鼓、振、變、更、逐、蕃鮮、反生、藩、作、夬、甘、功、匕鬯、庚、出庚、賢、寒冰、元亨大通、鳴、善鳴、聲、言、笑言、春、春分、仲春、東、東北、東鄰、天、玄黃
巽☴卦	風、入、順、順事、股、腓、木、不果、乘木、陰木、草、草木、蒺藜、叢棘、根、薪、莽、棟、杌、白茅、繩、繩直、引、繫、牽、維、係、或、行事、多白眼、泣、長、長女、婦、婦道、老婦、史祝、史巫、巫覡、素、目、白、白目、白眼、反目、眼、見、高、事、號、號令、命、申命、臭、地戶、屋、家、禽、雞、鴻、蛇、魚、牿、疑、辭遜、動之、躁、振民、教化、修業、商旅、工、立、德、化民善俗、辛、伏辛、隱、伏、隱伏、進退、磐桓、紛若、錯然、高陵、墉、近利、近利市三倍、立夏、東南、西北
坎☵卦	水、雨、淵、川、大川、溝瀆、泉、池、險、險難、穴、陷、窞、隱伏、幽、惕、惻、憂、加憂、眚、多眚、輿多眚、災、害、難、毒、愁、疾、病、心病、血、傷、膏、盜、寇、盜寇、思、情、志、孚、心孚、存誠、信以發志、忠信與誠、心、堅多心、多心之木、堅木、堅多心之木、豕、馬、美脊馬、美脊之馬匹、狐、鴻、筮、月、光、月光、月盈、通、亨、勞、勞卦、田獵、輿、輪、光明、清明、蒺藜、叢棘、桎梏、弧、戎、輗輟、弓、弓輪、缶、樽缶、耳、酒食、樽酒、匕、臀、臂、宮、赤、井、仇、腰、脊、雲、曳、敗、獄、律、法、權、謀、則、稱物、徽纆、至平、施之平、律法、用獄、自藏、暴客、黑、不寧、顯、校、聲、中饋、子（中子）、中男、子（十一月）、流戊、玄武、西、北、寒、秋分、冬、冬至
離☲卦	日、火、明、文明、麗、目、見、視、光、光大、熏灼、電、文、章、含章、成章、牛、龜、十朋之龜、翰如、飛、飛鳥、牝、牝牛、朱雀、雉、鴻、燕、雀、朱鳥、蠃、貝、網罟、罔罟、佃、佃漁、田獵、狩、征、出征、兵、戈兵、甲兵、甲冑、侵伐、攻爭、戎、矢、兵戈、出師、腹、大腹、乾卦、黃、女、中女、婦、苦、翟茀、鬼方、辨物、辨明、知之、己、就己、旁、乾肺、南、東、夏、夏至、暑
艮☶卦	山、丘、山丘、土、陽土、石、磐、陵、徑路、止、止而不施、處、碩、篤實、育德、居賢德、閑邪、成、終、手、執、拔、掇、擊、缶、器、宗廟、宮室、城、門、門闕、門庭、戶庭、庭、宅、鬼門、稼穡、甘、毒、身、指、膚、趾、脊肉、背、尾、黔喙、虎、狗、鼠、狐、鼻、握、革、皮革、多節、星、童僕、限、鬼方、果、木果、草果、果蓏、剛果、光、光明、躬、恭、敦、敦厚、賢、燕安、筮、童蒙、寅、消丙、立春、小、少、少男、子、小子、弟、弟子、童、次、堅多節、東北、西北

兌☱卦	澤、澤流、大川、河、淵、瀆、水、雲、雨、膏、井、穴、浸、潛、漏、沙、口、口舌、曰、言、前言、小有言、修辭、聲、告、鳴、問、允、議、齎咨、號、號召、號咷、嗟、泣、說（悅）、笑、笑言啞啞、喜、樂、譽、勸、食、含、金、剛鹵、刑、教、育、設教、講習、戒、飲食、辨、无悶、右、祐、禳、陰金、毀、毀折、折毀、窞、傷、殺、刑殺、敝、武人、女、少女、須女、妹、朋、友、朋友、妻、妾、秋、秋分、正秋、丁、出丁、見丁、酉、西、西方、西鄰、東南、白、虎、白虎、羊、巫、草

由上表所計，乾象有 80，坤象有 99，震象有 83，巽象有 92，坎象有 126，離象有 72，艮象有 90，兌象有 94，合八卦之象粗計 735 個。今存宋代以前易學文獻所見，虞翻之用象，難有出其右者，其於《說卦》之外的八卦用象，以逸象為名，惠棟所輯共 324 個，張惠言又增輯約 150 個左右。[62]取其數之多者，合虞氏所用《說卦》之象，亦不及丁易東之用。南宋朱震可以視為宋代象數之學之主要代表，其八卦用象，約計 604 象，[63]又不及丁易東之數量。可見，丁氏以「《周易象義》」為名，並非浪得虛名。

---

62 惠棟所輯虞翻之逸象，乾象 60，坤象 82，震象 50，坎象 46，艮象 38，巽象 20，離象 19，兌象 9，合數 324。張惠言繼惠棟之後，詳作考索增補，其整理之逸象數目，歷來學者所言各異，如清代學者方申《虞氏逸象彙編・自序》中述明整理張惠言之逸象共 456 個，則二家相差約 130 個左右。晚近學者林忠軍《象數易學發展史》指出張惠言較惠棟多出 125 個。又，王宏仁《張惠言易學研究》中認為張惠言輯 482 個，較惠棟增補 151 個。各家取捨略異，所計別有出入。有關內容參見拙著《惠棟易學研究》，臺北：花木蘭文化出版社，2009 年 9 月初版，頁 276-279。

63 朱震之八卦用象，乾象 51，坤象 91，震象 77，巽象 59，坎象 88，離象 78，艮象 76，兌象 84，合為 604。本人原計八卦用象共 621，其中乾卦金象，坤卦方、年、厚三象，巽卦工、魚二象，坎卦豚、酒、赤、勞四象，離卦見、龜、甲胄三象，艮卦庭象，兌卦決、告、問三象，等上述諸象重複列計，故減去當為 604 象。參見拙著《義理、象數與圖書之兼綜－朱震易學研究》，臺北：文史哲出版社，2011 年 9 月初版，頁 212-214。

二、根本《說卦》與《繫辭傳》而推衍創說

　　丁易東的八卦用象，主要根本於《說卦》之用象，並進一步擴增類推成象；其用同於《說卦》之象者：

　　乾☰卦之象有天、健、馬、良馬、瘠馬、君、父、圜、金、玉、首、寒冰、木果。坤☷卦之象有地、牛、母、順、腹、大輿、眾、均、吝嗇。震☳卦之象有雷、龍、動、足、作足、長男、長子、大塗、決躁、反生、萑葦、蕃鮮、善鳴、玄黃。巽☴卦之象有風、入、股、木、不果、長、長女、高、繩直、白、多白眼、工、雞、進退、臭、近利市三倍。坎☵卦之象有水、月、中男、隱伏、加憂、輿多眚、心病、堅多心、赤、血卦、陷、通、耳、豕、溝瀆、盜、弓輪、美脊馬、曳。離☲卦之象有日、火、麗、電、中女、雉、蠃、龜、目、戈兵、甲冑、大腹、乾卦。艮☶卦之象有山、小石、徑路、門闕、少男、狗、鼠、黔喙之屬、止、指、手、果蓏、其于木堅多節。兌☱卦之象有澤、口、口舌、說、少女、妾、巫、羊、毀折、剛鹵。

　　《說卦》既有之象，而未引用者：

　　乾☰卦方面為老馬與駁馬 2 卦象。坤☷卦為子母牛、文、布、釜、柄、其于地為黑等 6 卦象。震☳卦為旉足、的顙、其究為健、勇、蒼筤竹等 5 卦象。巽☴卦為廣顙、寡髮、躁卦等 3 卦象。坎☵卦為亟心、耳痛、下首、矯輮、薄蹄等 5 卦象。離☲卦為鱉、蟹、蚌、科上槁等 4 卦象。艮☶卦為閽寺 1 卦象。兌☱卦為附決 1 卦象。

　　粗計丁易東取《說卦》之象論釋卦爻義者共 107 個，所未用者 27 個。其取用《說卦》之象，成為其用象釋義之重要來源與相對最為頻繁者。隨機取小畜☴卦為例，所用八卦之象：乾象有天、

郊、夫道、甲等象；坤象有輿象；震象有東象；巽象有風、繩、婦、婦道、多白眼、股等象；坎象有輿多眚、孚、血、加憂、惕、雨、輪、月等象；離象有日、目等象；艮象有手、止、處等象；兌象有澤、西、毀折、說、丁等象。[64]八卦之象皆有取用，而同於《說卦》之象者，包括天、風、多白眼、股、輿多眚、血、加憂、輪、月、日、目、手、止、澤、毀折、說等 16 象。由此可見丁易東慣於大量取象以論釋《易》義，並以《說卦》之象爲主體，並由之推衍成象。

　　丁易東論釋經傳之義，善於用象成爲其最重要之特色。所用之卦象，根柢《說卦》而比類推定，自有衍說運用之主張，雖或與前人如漢儒虞翻、荀爽，宋儒如朱震等人相近者，然非爲仿用之作，而爲自立創說，故八卦之象多有與諸人相異者。

　　丁易東又本於《繫辭傳》之說，確立八卦用象之理論來源。例如，丁氏用八卦配干之象，結合魏伯陽、虞翻的月體納甲之說，以日月之變取其《繫辭傳》所言「在天成象」之說，指出「乾索于坤而成坎爲月，坤索于乾而成離爲日」，乾、坤、坎、離成爲成象之主體，構築成象，「震象出庚，兌象出丁，乾象盈甲，巽象伏辛，艮象消丙，坤象喪乙，坎象流戊，離象就己」；「盈甲」、「喪乙」、「出庚」、「伏辛」、「流戊」、「就己」、「消丙」與「出丁」的納甲觀點，往往成爲其八卦用象之來源。[65]而《繫辭傳》言「在地成形」者，即八卦合五行之說，所謂「在地成形

64　見丁易東《周易象義》，卷二，頁 515-517。

65　括弧引文，參見丁易東《周易象義》，卷十四，頁 718。丁易東言乾象「盈甲」者約見三次，坤象「喪乙」者約見二次，震象「出庚」者二次，巽象「伏辛」者一次，坎象「流戊」者一次，離象「就己」者一次，艮象「消丙」者一次，兌象「出丁」者一次。八卦結合天干的用象，即在此觀點形成，所用天干之象，成爲普遍之現象。

以氣質言之，則乾兌金，坤艮土，震巽木，坎水離火也」；[66]八卦合五行取象，又爲丁氏所好用者。尤其又合陰陽立象，乾兌雖取金象，又強調乾象爲「陽金」，兌象爲「陰金」；坤艮取土象，坤象爲「陰土」，艮象爲「陽土」；震巽取木象，震象爲「陽木」，巽象爲「陰木」。此便爲陰陽五行合卦用象之具體展現。又，成象物類之群分，「以鳥獸言之，則乾馬坤牛，震龍巽雞，坎豕離雉，艮狗兌羊也」，此八卦之基本物象，又爲丁易之善用者。《繫辭傳》又言「鼓之以雷霆，潤之以風雨，日月運行，一寒一暑」之說，此又爲丁氏用象之來源，以震艮爲雷霆之象，巽兌爲風雨之象，坎離具日月與寒暑之象。[67]又，八卦之相盪，使之「乾道成男，坤道成女」，得其震、坎、艮的長男、中男、少男之象，以及巽、離、兌的長女、中女、少女之象，此亦丁氏常用之卦象。

　　空間爲存在的重要元素，故八卦結合方位之用，亦丁易東所重視者，丁易東接受《易傳》的八卦方位，也吸納宋儒之說。漢儒於八卦與方位結合的用象，僅取傳統的說法，即宋儒普遍稱說的後天（文王）八卦之說，然而丁易東方位之象的運用，則綜探先天（伏羲）八卦方位與後天八卦方位之象。尤其以傳統後天八卦之方位，結合四方星宿之說而立象，以東方乾震皆具「蒼龍」之象，北方坎卦具「玄武」之象，南方離卦具「朱雀」之象，西方兌卦具「白虎」之象。這方面的用象，亦丁易東所專用者，不與虞翻、朱震等人相仿。

66 見丁易東《周易象義》，卷十四，頁718。
67 引文與有關論述，參見丁易東《周易象義》，卷十四，頁719。

三、新象推定與多卦同用一象

　　原本《說卦》或《繫辭傳》所用之象，不足以支應卦爻辭所需者，則必推衍新象，以合辭義之用。其推得新象之法，最常見者爲由一卦已存在之象，再進一步開展出它象，是邏輯概念上類比推定的普遍方式，也爲丁易東取象用象的重要理解，是一種類推得象、繁富衍象的根本法則。這種由已存之象取得新象者，其已存之象主要即根據《說卦》而來，游經順先生詳細整理出藉由《說卦》所推衍之新象，包括乾象有 10，坤象有 7，震象有 29，巽象 24，坎象有 23，離象有 12，艮象有 26，兌象有 39，總計 170 象。[68]有關的推象釋例，例如《說卦》以乾☰爲首，丁易東釋說夬☱卦以乾首爲「頄」象，釋說姤☴卦則爲「角」象。[69]又如《說卦》以坤☷爲土，丁氏釋說益☴卦以之類推而有「國」象；坤爲牛，類推而有「大牲」之象。[70]又如《說卦》以震☳爲「足」象，丁氏釋說乾☰卦類推出「躍」象，釋說坤☷卦推出「履」象，釋說賁☶卦、大壯☱卦、鼎☲卦、艮☶卦推出「趾」象，釋說大畜☶卦、頤☶卦、既濟☵卦推出「逐」象與「涉」象，釋說解☵卦推出「拇」象。[71]又如《說卦》以巽☴爲「進退」之象，丁氏釋說離☲卦推衍「錯然」之象，釋說恆☳卦推衍出「不恒」之象，釋說巽☴卦推

68　見游經順《丁易東易學研究》，臺北：國立政治大學中國系教學碩士在職專班碩士論文，2013 年 12 月，頁 227。

69　見丁易東《周易象義》，卷六，頁 584、587。

70　見丁易東《周易象義》，卷六，頁 582、588。

71　見丁易東《周易象義》，卷一，頁 492、496；卷四，頁 541、548、550；卷五，頁 564；卷六，頁 577；卷七，頁 598、603；卷八，頁 629。

衍出「有疑」之象。[72]又如《說卦》以坎☵爲「心」象，釋說需䷄卦與比䷇卦推衍出「孚」象；坎爲「盜」，釋說鼎䷱卦推衍出「仇」象。[73]又如《說卦》以離☲爲「戈兵」之象，釋說復䷗卦與離䷝卦推衍出「征」、「出征」之象。[74]又如《說卦》以艮☶爲「少男」之象，釋說蒙䷃卦、觀䷓卦推衍出「童」之象；釋說師䷆卦推衍出「弟子」之象；釋說大過䷛卦推衍出「士夫」之象；釋說漸䷴卦推衍出「小子」之象。[75]又如《說卦》以兌☱爲「口」象，釋說蒙䷃卦推衍出「告」象，釋說訟䷅卦推衍出「食」象，釋說泰䷊卦、小過䷽卦推衍出「戒」象，釋說夬䷪卦推衍出「號召」之象，釋說萃䷬卦推衍出「嗟」、「齎咨」之象，釋說困䷮卦推衍出「言」、「曰」之象，釋說旅䷷卦推衍出「號咷」之象。[76]隨舉諸例所見，乃透過以《說卦》爲主的具有典範性之既有卦象，進一步推定新的卦象，其目的仍在於合於經傳辭義之所需。

　　除了以既有之一卦象推出新的卦象之外，丁易東又好以併兩卦以上之組合而爲新象者，在其經傳釋義中大量的採用，而取此方式，目的仍在提高用象之來源。例如丁易東釋說乾䷀卦初九云「初九動則成巽，巽有伏震，震爲龍，巽爲隱，又爲伏，潛龍也」；[77]以動爻之法，初九動則下體成巽，巽有隱、伏之象，又下巽伏體爲震，震有龍象，故合隱、伏、龍等象爲「潛龍」。釋說否䷋卦

72 見丁易東《周易象義》，卷四，頁555；卷五，頁560；卷八，頁616。

73 見丁易東《周易象義》，卷二，頁505、513；卷七，頁599。

74 見丁易東《周易象義》，卷四，頁546、556。

75 見丁易東《周易象義》，卷一，頁501；卷三，頁536；卷二，頁512；卷四，頁552；卷七，頁605。

76 見丁易東《周易象義》，卷一，頁502；卷二，頁509、521；卷六，頁583、588、589、591、593；卷八，頁615、627。

77 見丁易東《周易象義》，卷一，頁490。

九五云「巽爲木，上卦爲乾衣也，木而能產衣焉，桑也」；[78]合
三至五爻互巽與上卦爲乾，以巽木乾衣爲「桑」象。又如釋說解䷧
卦九二云「離爲矢，動則成坤，爲黃矢也」；[79]二至四互離爲矢，
九二動而下卦得坤黃之象，合矢、黃二象爲「黃矢」。又如釋說
姤䷫卦九五云「九二巽木，五乾爲天，木之參天者，杞也」；[80]合
下巽上乾之木與天爲「杞」象。又如釋說井䷯卦初六云「六四體
坎，伏艮，水土相雜，故曰泥也」；[81]取初六對應之六四，得上
坎水象，而其所伏爲艮者，乃取其二至四互兌之伏艮而言，伏艮
爲土，則合水、土二象爲「泥」。又如釋說漸䷴卦初六云「初動
離爲飛鳥，二之互坎爲水，上巽爲進退，水之飛鳥能知進退者，
鴻也」；[82]初六動而下卦爲離，有飛鳥之象，二之四互坎爲水象，
上巽有進退之象，合飛鳥、水與進退三象爲「鴻」象。合多卦象
而產生新象之例子，不勝枚舉，爲丁易東用象來源所好用之方法；
此合諸卦之象而得新象者，皆據卦爻之辭而立說，由二卦象以上
之併合，類比於卦爻辭之象而推定，使能聯結出新成而可用之象。
而且，從上舉諸例亦可看出，丁氏重合卦象之用，並不以本體或
互體之卦象爲限，而是透過包括動爻、伏卦、反對等取象十二法
之綜合運用，以其彈性多元之取法，八卦得象莫不俱全，任何一
卦爻辭之象，皆可信手拈來，隨意可得。

　　另外，八卦表徵八類物象，一物屬一卦象，八卦群分八類物
象，本是合宜之理。然而，歷來易學家多有以一物象爲多卦所包
者，這種情形在丁易東用象述義的運用中極爲頻繁。例如三卦同

---

78 見丁易東《周易象義》，卷二，頁 524。
79 見丁易東《周易象義》，卷六，頁 577。
80 見丁易東《周易象義》，卷六，頁 586。
81 見丁易東《周易象義》，卷六，頁 594。
82 見丁易東《周易象義》，卷七，頁 605。

取一象者，如乾、震、坎三卦同有「馬」象，乾、艮、兌同有「虎」象，震、艮、坎三卦同有「簹」象，坎、離艮同有「光」象。其他兩卦取同一象者，更爲普遍，例如乾卦與震卦而言，兩卦同取「天」、「龍」、「蒼龍」、「馬」、「王」、「帝」、「行」、「言」、「木果」等象；又如震卦與巽卦同取「木」與「草木」之象；又如坤卦與艮卦同取「土」、「城」、「敦」、「敦厚」、「終」等象。

第三節　卦主之說

「卦主」爲傳統易學體例中的重要方法，歷來易學家多以卦主代表一卦的主體意義，也就是說選擇一卦六爻中的某一爻作爲表徵此卦之卦義，此主爻與此卦建立最爲密切的關係。

經卦之主與別卦之主的混說，將使卦主的《易》例與運用原則不明確，統一爲別卦之主，才是合於卦主說的純粹面貌，也才合於卦主之用的意義與目的所在。因此，丁易東明確提出別卦之主者，包括坤☷、屯☳、蒙☶、需☵、訟☰、師☷、比☵、小畜☴、泰☷、謙☶、豫☳、臨☷、觀☴、噬嗑☳、離☲、咸☱、恆☳、遯☰、大壯☳、明夷☷、蹇☵、損☶、升☷、震☳、艮☶、歸妹☳、豐☳、兌☱、渙☴、中孚☴、小過☳、既濟☵等三十二卦。

卦主之用，除了確立一爻在一別卦當中的重要性之外，也確立該爻在一別卦中的地位與卦義表徵的可能內涵。然而，在客觀的爻位關係、符號訊息聯結、爻象之用的種種可能侷限，六十四卦很難推定出每一卦都有一個卦主的存在，並足以代表其卦義，再加上丁易東並無意於如何建立一套完整的六十四卦卦主的代表

體系，故只能從部份的別卦當中去找尋到卦主。這些卦主的運用，成為表述卦義的主要取向；確立卦主的主要目的，在於申明卦義。

一、成卦之主

卦主說的核心觀念，即從六十四卦的每一卦中找尋最具代表性的主爻，這樣的卦主說，開啓於對八經卦的確立，並可追溯至《易傳》所描繪之卦主思想雛形；尤其是《繫辭傳》提出「陽卦多陰，陰卦多陽」的概念，以乾卦為純陽之卦，生震、坎、艮三陽卦，而坤卦為純陰之卦，生巽、離、兌三陰卦，體現出以「少」反映出所屬的陰、陽之卦，一種以少為重的爻位思想。此三爻卦的經卦之主的概念，即前述丁易東所指「原畫」之說法，只不過「原畫」重在從主爻表徵某卦，以取得某卦之卦象。《易傳》之思想，成為易學家建立卦主理論思想之重要依據，故歷來討論卦主，有別卦之主，亦有經卦之主的主張。

今傳文獻所見，具體提出卦主者為京房的八宮卦次之說，以世爻為核心，確認出一卦之主爻，以此說明卦義、判定吉凶。[83]鄭玄以乾坤生六子的認識，於某些卦當中，重視其關鍵的某爻，藉

---

83 在《京氏易傳》中，京房往往以某世爻作為主爻，例如解釋損䷨卦時指出「成高之義在於六三」，（見京房《京氏易傳》，採用陸績注本《京氏易傳注》，臺北：新文豐出版公司《叢書集成新編》第十四冊，1985 年元月初版，頁583。按：疑「高」字或作「卦」。）損居艮宮三世卦，六三世爻最能體現損卦的卦義。又如在一陰五陽或五陰一陽的卦中，往往以其一陰或一陽作為卦主，如解釋師䷆卦時指出，九二「處下卦之中，為陰之主」，「眾陰而宗於一，一陽得其貞正也」，「九二貞正，能為眾之主」，（同前書，頁583。）肯定獨陽為主。又如姤䷫卦，指出此卦為「元士居世」，「定吉凶只取一爻之象」，（同前書，頁579。）以初六獨陰作為主爻，除了強調世爻之外，也同樣肯定以少為貴的概念。京房推定吉凶之兆，側重於以某爻作為吉凶判定之依準，並為該卦的主要卦義。

以反映該卦的卦象與卦義，這些爻儼然成爲這些卦的卦主。魏晉時期，王弼有系統的建構卦主的論述體系，成爲新一波卦主之說的承繼者與開創者；王弼立義於哲學的高度，在寡與眾、一與多的關係上，重視「一」、「寡」的主導意義，此「一」此「寡」即落實在一卦的卦主之中。[84]王弼肯定卦主表彰一卦之卦義，並認爲在《彖辭傳》中透顯出來，也就是說，《彖辭傳》確切的反映出卦主之義。王弼可以視爲今傳文獻中，論述卦主之說，最完整且最具規模的易學家，對後世關於此說，起了繼往開來的引領地位與作用。

　　宋代學者多有取用卦主之說，尤其南宋朱震爲典型的代表，再次將之推向認識與運用的高峰。[85]直至宋元之際，丁易東可以視爲此一主張的又再一次的發皇者。朱震的卦主說，有經卦之主，亦有別卦之主，其中經卦之主的擇定原則，本著陰陽爻以少爲主

---

84 王弼提出寡與眾、一與多的思想主張，指出：「夫眾不能治眾，治眾者，至寡者也。夫動不能制動，制天下之動者，貞夫一者也。故眾之所以得咸存者，主必致一也；動之所以得咸運者，原必无二也。」（見王弼《周易略例‧明象》。引自王弼著、樓宇烈校釋《王弼集校釋》，北京：中華書局，1999 年 12 月 1 版北京 3 刷，頁 591。）一切的存在都在「一」在「寡」下形成，由「一」由「寡」主導一切的存在。在人事治道上，治眾皆由寡而成，以眾治眾，各自爲主，難以眾治，能治眾而有成者，爲至寡之治。一切的變動，能制其動者，在於「貞夫一者」；由一主宰來制動，制動歸於一。王弼以一卦反映一個時態的變動，其內在存在著有眾多的變化，即六爻的陰陽互動的「眾」的關係，欲知其時態的主要內涵，則可以從「至寡」的某一爻來著眼，也就是他所說的「一卦之體必由一爻爲主，則指明一爻之美以統一卦之義」；「六爻相錯，可舉一明也；剛柔相乘，可立主以定也」。（同前書，頁 615、頁 591。）由最具主導作用的某一爻來表徵一卦的卦義，所以稱作卦主。

85 朱震明確提到一卦（別卦）之主者有十八個卦例，又提到上下卦的某一經卦之主者有九個卦例，複雜的卦主之說，成爲朱震象數主張的重要觀點。有關內容參見拙著《義理、象數與圖書之兼綜 —— 朱震易學研究》，臺北：文史哲出版社，2011 年 9 月初版，頁 295-326。

的觀念,藉經卦之性質意涵,闡釋此主爻之爻義,此經卦之主未
必能夠視為別卦之主,亦即不能以之表徵別卦之卦義。丁易東以
卦主釋說《易》義,不主張經卦之主,此經卦之主的概念為「原
畫」之說與「成卦之主」所取代,而原畫之說亦不在強調「主」
可能呈現的主體意義,而在於表徵經卦以求卦象;至於成卦之主,
則取其別卦的上下經卦中的其中一卦之經卦之主作為此別卦之
主,並以「成卦之主」為稱,故成卦之主雖從「以寡為主」的其
一經卦中取得,仍以之視為別卦之主。

　　丁易東刻意排除歷來有以經卦為主與別卦為主的雙重主張,
不單取稱三爻卦的經卦之主,而雖取用上下卦的某經卦之主作為
其別卦之主,卻另名為成卦之主,也就是說,成卦之主仍代表著
六爻卦之主,則成卦之主亦屬以別卦為主的卦主之說;解釋卦爻
義的過程中,不斷以別卦之主的卦主說進行論述,表明一卦之主
藉由卦爻位的關係,以及卦爻象呈現在此卦當中的重要地位,推
定某一爻為卦主,以闡釋一卦之主要意義。

　　成卦之主即以一別卦中的上下經卦的經卦之主,即震巽之
初、坎離之中、艮兌之上,作為此別卦之卦主。在丁易東三十二
個卦主之卦例中,明確提出「成卦之主」者有十六卦例,包括:

　　小畜䷈卦取六四「以柔得而成卦,然亦以陰先倡」,[86]以六四
為成卦之主;小畜卦上巽下乾,六四為上巽之下,亦巽之少者,
故以之為主。又,謙䷎卦取「九三為成卦之主」;[87]謙卦上坤下艮,
九三居下艮之上,為艮之少者,故以之為主。其他又云觀䷓卦取
「五為成卦之主」;[88]噬嗑䷔卦以「成卦之主在九四一爻」;[89]離

---

86 見丁易東《周易象義》,卷二,頁 515。
87 見丁易東《周易象義》,卷三,頁 529。
88 見丁易東《周易象義》,卷三,頁 536。

䷓卦六二取「此爻為成卦之主」；[90]咸䷞卦九三雖「剛而不中，上隔四五」，然仍為「成卦之主」；[91]恆䷟卦初九為「初往四，成卦之主」；[92]大壯䷡卦九四為「成卦之主」；[93]損䷨卦上九乃處「上三相應，成卦之主」；[94]震䷲卦初九指出「初成卦之主」；[95]艮䷳卦九三為成卦之主，認為「九三為下體，成卦之主而介乎四陰之間」；[96]豐䷶卦以「九四豐成卦之主」，初九與之應，故九初「與成卦之主九四同德」；[97]兌䷹卦上九為「成兌之主」；[98]渙䷺卦六四為「成渙之主」；[99]中孚䷼卦以「三四為成卦之主」；[100]既濟䷾卦以「既濟自泰來，六自五而二，成卦之主」。[101]在此十六卦例中，觀卦以九五、噬嗑卦以九四為成卦之主，有其啟人疑竇而待商榷者。以觀䷓卦言之，四陰二陽之卦，五上兩爻為陽，若從經卦以少為主的概念言，上巽六四方為成卦之主，但丁易東明確的指出九五方為成卦之主，不知所據者何？是因為「切近于陰者五也」[102]所致？以噬嗑䷔卦言之，此卦上離下震，卦之少者上卦為六五，下卦為初九，取其成卦之主當取六五或初九，但丁氏卻以九四為成卦之主。此二卦所取，此或當丁氏之誤，或許採互體之法而取其少者為主，以成其

89　見丁易東《周易象義》，卷三，頁538。
90　見丁易東《周易象義》，卷四，頁555。
91　見丁易東《周易象義》，卷五，頁558。
92　見丁易東《周易象義》，卷五，頁558。
93　見丁易東《周易象義》，卷五，頁564。
94　見丁易東《周易象義》，卷六，頁580-581。
95　見丁易東《周易象義》，卷七，頁601。
96　見丁易東《周易象義》，卷七，頁604。
97　引文與論述，見丁易東《周易象義》，卷七，頁610-611。
98　見丁易東《周易象義》，卷八，頁619。
99　見丁易東《周易象義》，卷八，頁621。
100　見丁易東《周易象義》，卷八，頁624。
101　見丁易東《周易象義》，卷八，頁628。
102　見丁易東《周易象義》，卷三，頁536。

成卦之主，觀卦以三至五互體爲艮，五爲艮體之少者故爲主，而噬嗑卦以二至四互體亦爲艮，四爲艮體之少者故爲主。若仍可透過互體得其卦之少者爲成卦之主，則此二例成爲特殊之別例。

　　除了上述十六卦例明確指稱成卦之主外，其他尚有諸例仍可推爲成卦之主者，包括：屯䷂卦初九稱作「一卦之主」，[103]初九並非居中之位，且四陰二陽之卦，其少者爲二陽，何以取初九爲用？若從成卦的觀點言，下震初九正居卦之少者之位，可合成卦之主。又，蒙䷃卦「卦主在二」，[104]以九二爲卦主，雖處中位，可以中位定爲卦主之位，但九二之位，又適爲下坎二位，爲卦之少者的成卦之位。又需䷄卦以九五爲「需主」，[105]雖可以中位定爲卦主之位，但此位又適爲上坎少者的成卦之位。又，訟䷅卦以九二爲卦主，[106]此位雖爲中位，亦爲下坎少者的成卦之位。又，師䷆卦以九二爲卦之主，[107]此位雖爲中位，但同爲下坎少者的成卦之位。又，蹇䷦卦以九五爲「濟蹇之主」，[108]此位雖爲中位，但同爲上坎少者的成卦之位。又，歸妹䷵卦以六三爲「歸妹之主」，[109]但此位爲下兌少者的成卦之位，取爲卦主當作成卦之主。合此諸例觀之，丁易東成卦之主的卦主之說，爲其卦主取定之最重要方式。

二、以中爻爲卦主

　　一卦上下中爻之位，自《易傳》言「二多譽」、「五多功」，

103　見丁易東《周易象義》，卷一，頁499。
104　見丁易東《周易象義》，卷二，頁513。
105　見丁易東《周易象義》，卷二，頁505。
106　見丁易東《周易象義》，卷二，頁508。
107　見丁易東《周易象義》，卷二，頁510。
108　見丁易東《周易象義》，卷五，頁574。
109　見丁易東《周易象義》，卷七，頁608。

肯定中位的重要性以來，二、五之位，歷來學者普遍視之爲一卦
最重要的位置。卦主之論定，往往以中位爲依準；王弼強調「雜
物撰德，辯是與非，則非中爻，莫之備矣」，[110]以中爻作爲認定
卦主的主要依據。這種以中位作爲確認卦主的標準，也爲丁易東
所用；在其三十二卦主卦例中，以中爻爲卦主者，包括坤☷卦取
六二、蒙☶卦取九二、需☵卦取九五、訟☰卦取九二與九五、師☷
卦取九二、比☵卦取六二與九五、泰☷卦取九二、臨☷卦取九二、
觀☴卦取九五（又另取六四）、離☲卦取六二、遯☰卦取六二（又
另取上九）、明夷☷卦取六五、蹇☵卦取九五、歸妹☳卦取六五（另
又取六三）、小過☶卦取六五、既濟☵卦取六二等十六個卦例。
其中訟卦、觀卦、遯卦與歸妹卦又兼採另一爻的以二爻同時爲卦
主，後文另作說明。以中爻爲主之卦例，佔其卦例之半數以上，
可見丁易東極爲重視中爻爲主之用。

　　列舉丁易東論釋諸例進行說明，例如釋說坤☷卦六二「直方
大，不習无不利」，以六二爻「柔順中正」，展現出地道直與方
及德大之性，故云「此爻爲坤之主，柔順中正而利者也」。[111]強
調六二得正居中之位，坤道揚顯，此爻正足以表現坤卦之卦德。
釋說蒙☶卦九二，指出「卦主在二，居下卦之中」，[112]「專以九
二剛中，能發六五柔中之蒙」。[113]以九二剛中之師，發六五之童
蒙，合發蒙之義。釋說訟☰卦九五，指出九五爲「乾體剛健中正，
聽訟之主」，其他諸爻爲欲訟者，以其中正無偏，爲聽訟之大人，

110　見王弼《周易略例・明彖》。引自王弼著、樓宇烈校釋《王弼集校釋》，
　　　頁 591。
111　見丁易東《周易象義》，卷一，頁 496。
112　見丁易東《周易象義》，卷二，頁 513。
113　見丁易東《周易象義》，卷一，頁 502。

終在使之無訟，故可得其「元吉」。[114]釋說師☷☵卦九二，指出「九二在下爲卦之主，亦帥師之象」；九二領五陰，居下卦之中，爲此卦之主，亦主將在師中之象，以其剛中之德，督人以戰，爲眾兵士之所歸，能夠上承天寵，得王之賜命。[115]釋說泰☷☰卦九二，認爲此爻「剛居柔在下卦之中，上應六五，爲泰之主」；[116]二爻以其乾剛居中，中以行願，無私昵，故能交通萬有，足以爲通泰之主。釋說臨☷☱卦，指出「九二乃卦之主」，以其剛中之德，「二能比初，以應六五」，[117]四陰皆爲所臨，則「教思无窮，學聚問辨」，而能「容保民无疆，寬居仁行」。[118]釋說離☲☲卦六二，認爲「此爻爲成卦之主，蓋有文明之德者」，乃以柔而麗乎中正，居中得正，文明而行乎中道，故可得以「元吉」。[119]釋說小過☳☶卦，以其卦「小者過而亨，謂五也」，即卦辭言「亨」，專指六五而言；「五居三四之上，爲一卦之主」。[120]雖不能「濟大事」，不能「大有爲」，[121]但以柔居中，仍可因小事而亨。

　　丁易東所取中爻立爲卦主者，可以大致看出，居中之位，不必然一定要得其正位方可爲吉，諸中爻卦主者，多有居中而非正之位，但所顯者幾乎爲積極正面的吉兆，這種情形可以理解丁易東並不以爻位的正或不正作爲判定吉凶之依據，而特別肯定中爻的正面意義。同時，更重要的是體現卦主的本身即是一種正面吉象的引領認識；除了可以表徵一卦的卦義外，也確認此一卦義積

114　括弧引文與相關論述，見丁易東《周易象義》，卷二，頁 509-510。
115　括弧引文與相關論述，見丁易東《周易象義》，卷二，頁 510-511。
116　見丁易東《周易象義》，卷二，頁 520。
117　見丁易東《周易象義》，卷三，頁 534-535。
118　見丁易東《周易象義》，卷十一，頁 675。
119　括弧引文與相關論述，見丁易東《周易象義》，卷四，頁 555。
120　見丁易東《周易象義》，卷十，頁 659。
121　見丁易東《周易象義》，卷八，頁 628。

極正面的必然性；以中爻爲卦主，即標示出此卦與此爻的正面價值與吉慶反映。

三、以寡爲卦主

　　卦中之少者爲卦主，早在京房時已出現，以少者大都爲多者所尊。[122]進入魏晉時期，王弼更強調「夫少者，多之所貴也；寡者，衆之所宗也。一卦五陽而一陰，則一陰爲之主矣；五陰而一陽，則一陽爲之主矣」。肯定「一卦之主者，處其至少之地」，[123]即「一卦之體必由一爻爲主，則指明一爻之美以統一卦之義」，[124]重視執一領多、以寡御衆的思想，一爻可以概括一卦之義；此卦主的確定，從一卦陰陽爻的多寡作爲選擇的重要考量。在六十四卦當中，獨一的一陰或一陽之卦，其一陰或一陽皆爲卦主，不論是一陰五陽或一陽五陰之卦，其一陰或一陽可以御領其它五陽或五陰，同時表徵此卦的卦時卦義，強烈體現以一御多、以寡爲宗的特色。這種以陰陽爻之寡者爲主的觀點，丁易東並沒有特別的強調，但若揀選其有關卦主之卦例，大致可以代表者，包括屯☷☳卦取初九、師☷☵卦取九二、小畜☴☰卦取六四、謙☷☶卦取九三、豫☳☷卦九四、噬嗑☲☳卦取九四、中孚☴☱卦取六三與六四等卦。

---

122 京房以少爲卦主者，如復卦之釋義，認爲「一陽爲一卦之主」；大有卦認爲「少者，多爲之所宗，六五爲尊也」。陸績注《京氏易傳》，解釋京房對姤卦的認識，指出「多以少爲歸」；比卦亦云「比卦，一陽五陰，少者爲貴，衆之所尊者也」。陸績之氏，可以看到漢儒以少爲貴，以少御多的基本認識。見京房著、陸績注《京氏易傳注》，頁 579、580、585、586。
123 見王弼《周易略例・明象》。引自王弼著、樓宇烈校釋《王弼集校釋》，頁 591-592。
124 見王弼《周易略例・略例下》。引自王弼著、樓宇烈校釋《王弼集校釋》，頁 615。

在上列卦例中，師☷☵卦此一陽五陰之卦，此一陽正處下卦之中，亦屬中爻取其卦主者，丁氏釋說此爻，並無直言取其寡者爲主。最具以寡爲主的特性之卦例爲小畜☴☰卦、謙☷☶卦與豫☳☷卦：丁氏指出「小畜履五陽之卦，則一陰爲主」，其一陰在四，故以六四爲主。又，「謙、豫五陰之卦，則一陽爲主」；[125]謙卦爲一陽五陰之卦，九三爲寡而爲主，豫卦爲亦爲一陽五陰之卦，九四爲寡而爲主。

其他包括屯☵☳卦、噬嗑☲☳卦與中孚☴☱卦等三卦，爲二陽四陰及二陰四陽之卦，三卦之卦主，皆取其少者之二陽或二陰之一，仍可視爲準於取其寡者爲卦主之原則。

四、一卦二主

以一爻主一卦之義而名之爲卦主，則卦主當爲一爻，故王弼建立以一統衆的思想，以申說卦主之合理性，但王弼卻似乎無法避免類似一卦同言二主的說法，如釋說同人☲☰卦《彖傳》時指出「二爲同人之主」，六二以陰居下卦之中，與九五正應，合同人之義；又於釋說六二爻辭時，指出「應在乎五，唯同於主，過主則否」，[126]似乎又另以九五爲卦主。另外，釋說訟☰☵卦時，更明確的提出二主的說法，也成爲歷來學者所討論的議題。[127]這種一

125 括弧諸引文，見丁易東《周易象義》，卷三，頁530。
126 二括弧引文，見王弼《周易注・上經》，引自王弼注、樓宇烈校釋《王弼集校釋》，頁284、285。
127 王弼解釋訟卦《彖傳》時指出「必有善聽之主焉，其在二乎」，又於九五注云「處得尊位，爲訟之主」，（見王弼《周易注・上經》，引自王弼注、樓宇烈校釋《王弼集校釋》，頁249、251。）孔穎達《周易正義》特別說明云：「然此卦之內，斷獄訟之人，凡有二主。……若卦由五位，五又居尊，正爲一主也，若比之九五之類是也。今此訟卦二既爲主，五又爲主，

卦二主之說，歷代易學家多有類似之主張，而丁易東尤其頻繁，在三十二個卦例當中，至少有六個卦例採兩個卦主，包括訟䷅卦取九二與九五、比䷇卦取六二與九五、觀䷓卦取六四與九五、遯䷠卦取六二與上九、歸妹䷵卦取六三與六五，以及中孚䷼卦六三與六四。

　　丁易東釋說訟䷅卦，「以九二爲主」，又以「九五爲訟之主」。[128]此二爻皆爲居中之位，固可取爲卦主；九五剛健中正的聽訟之主，合訟之理想與期待；然而，九二之象義，尤合於「有孚窒惕」，「利見大人，不利涉大川」之卦義。因此，選用九五爲主，正表達審訟公正與无訟之善；而又以九二爲主，則以之代表訟卦卦義。九二與九五雖皆中位，其中九二與其稱之爲取其中位立爲卦主，不如視之爲成卦之主；九二爻爲下坎之少者，亦代表坎卦之主體意涵，故丁氏指出「九二以剛爲險之主」，正合取此爲主之宜。

　　釋說比䷇卦，指出「六二居正，而其正應在五，爲比之主，不失所比，故貞吉」；又云「九五正中，王之象也」，「爲比之

皆有斷獄之德，其五與二爻，其義同然也，故俱以爲主也。」（見孔穎達《周易正義》訟卦九五爻疏文。引自臺北：藝文印書館十三經注疏本《周易注疏》，卷二，1997 年 8 月初版 13 刷，頁 34。）孔氏以此二卦兩主之情形，在王弼的《易》說中，非僅此例。清代李光地提出「成卦之主」與「主卦之主」的區別，爲王弼圓說，指出：「凡所謂卦主者，有成卦之主焉，有主卦之主焉。成卦之主，則卦之所由以成者。無論位之高下，德之善惡，若卦義因之而起，則皆得爲卦主也。主卦之主，必皆德之善，而得時、得位者爲之。故取於五位者爲多，而他爻亦閒取焉。其成卦之主，即爲主卦之主者，必其德之善，而兼得時位者也。其成卦之主，不得爲主卦之主者，必其德與時位，參錯而不相當者也。大抵其說皆具於夫子之《象傳》，當逐卦分」。李氏並對六十四卦逐一說明。（見李光地《周易折中》，成都：巴蜀書社，1998 年 4 月 1 版 1 刷，頁 30-36。）另外，清代王又樸《易翼述信》，卷一，也針對李氏之說，作了重複的說明，爲王弼的觀點，提出合理性的解釋。

128 見丁易東《周易象義》，卷二，頁 508，又揭前書，卷十一，頁 666。釋說訟卦九五時，亦云「惟九五則聽訟之主」。亦揭前書，卷二，頁 509。

主，以來者不拒，去者不追取義」。[129]取二、五兩爻爲主，皆可合於比義。此兩爻除了可以中爻取位爲說外，九五爻亦可稱作上坎之少者的成卦之主。

　　釋說觀䷓卦亦取六四與九五兩爻爲卦主，於論釋卦辭時以九五爲主，指出「切近于陰者五也，五爲成卦之卦」；又於論釋晉卦《彖辭傳》，言「六四觀之主」。[130]五爻爲主乃取其中，四爻爲主則當以其上巽之少者的成卦之主。

　　釋說遯䷠卦取六二與上九兩爻爲主，取六二云「六二卦主，而九五當位與二相應」，合卦辭「亨」義；取上九則云「此爻爲遯之主，遯之最先者也」。[131]六二爻爲主，以其居中之位而言，然上九爲主，則不知其由，不合其取主之基本原則。

　　釋說歸妹䷵卦取六三與六五兩爻爲主，取六三云「六三歸妹之主，以其有賤妾之象」；取六五云「此爻乃歸妹之主，長男歸少女者也」。[132]取此兩爻爲主，六五或可稱取自中爻，然兩爻皆爲經卦之少者，亦即皆可視爲成卦之主。

　　釋說中孚䷼卦取六三與六四兩爻爲主，指出「中孚以三四爲成卦之主，三與四同體而異意，近而不相得，二女同居而志不同者也」。[133]明指三與四兩爻皆爲成卦之主，亦即取兩成卦之主。

　　丁易東取用一卦有二主，即以二主共同反映出一卦之義。這種以兩個爻爲主的主張，成爲卦主之說的特例。然而，既以「主」稱，當以單一爲宜，以二主爲用，又當以何者爲真主？取二主之

---

129 見丁易東《周易象義》，卷二，頁 513、514。

130 括弧引文，見丁易東《周易象義》，卷三，頁 536；又揭前書，卷十，頁 648。

131 括弧引文，見丁易東《周易象義》，卷五，頁 561、563。

132 括弧引文，見丁易東《周易象義》，卷七，頁 608、609。

133 見丁易東《周易象義》，卷八，頁 624-625。

用，合理性與一致性必定動搖。

第四節　小　結

　　丁易東多元而繁富的用象，即象以明理，用象之重，可以視為繼漢魏以來之翹楚，並標示著宋元易學發展異軍突起的特殊意義，取象用象的龐富而彈性之方法運用，成為其標幟象數之學的最大特色。面對理學的義理化影響與圖書易學的崛起，屬於傳統象數之學面對嚴峻的困境與挑戰之下，丁易東的象數之說，在易學發展史上有其重要的地位。

　　自然物象的生生之化，轉諸《易》卦體系，本是錯綜複雜，非執一以用而可明義，藉由卦爻之變、非本象之用，以及象的交互變化與類比推衍，方可循卦爻之辭以明《易》義。取象十二法與三體正變的交迭運用，強調卦爻象的形成變化多端，往往並不是單一方法，或從一卦之正體即可找尋卦爻辭所用之象，很多的卦象與爻象必須從其卦之互體、伏卦、互對、反對、卦變、正應、比爻、動爻等諸關係與其所確立的內在變化上去推定，亦即從超越本卦之外的更多相關的卦與可能產生的卦象中建構。丁易東掌握宇宙自然的變化觀，並落實在卦爻象的推布運用上；一個事物的存在，並非只是此一事物的獨立概念而已，必與其所處時空的環境與事物共成關係網絡，此一事物的存在意義，絕非可以置外於其時空關係上的變化與可能。因此，一卦表徵某一時態，一卦著其卦象，以反應此一時態的意義，卦象之形成，亦不以此一卦為限；故多元的用象之法，複雜的成象之類推比附，成為必然之勢。藉由廣泛的用象方法之並建，抉摘合宜之象，闡發深邃隱微

之大義，正是丁易東用象的重要哲學意義之所在。

　　《易》以「象」立，丁易東肯定「象」為窮理盡性之法門，「雜物取象」而「出于人事」，是人事之所悉備，「而實則主象也」。人事之所備，即理之所在，而「天下无理外之物」，理存於聖人所立的《易》卦爻之中，是「此理在《易》象」，「舍象以求《易》，不可也」。[134]象之所用，不拘執於一端，必以諸法隨行，因變而為，取象諸法並施，則象之正變俱在，乃取象以「象變」為慮之所本，則合《易》道「惟變所適」的變化之性，亦合天地自然之理，故丁氏強調「以理為之經，象變為之緯，使理與象變並行不悖」。[135]其取象十二法，或專主所謂「三體正變」之說，皆在體現其求義之目的並開闡其變化之道，故固著於一法，或偏守於一方，則不能周全其變化之精神，亦不能得聖人之意於卦爻辭義之理解。然而，取象方法運用的多元性，又毋需建立用法之規則，則聖人建構此一易學體系，經過如是之詮解，其內在機制與合理性意義必將鬆動。同時，亦自陷於穿鑿附會，繁雜瑣屈，而如王弼指責虞翻那種「一失其原，巧愈彌甚」，終致「存象忘意」[136]的窘境。

　　變易的思想藉由象數思維的用象主張予以具體呈現，提高用象的自由度與方便性，使所需八卦任何一卦作為可資取象者，對丁易東而言，已無難度可言；加上類推聯結求得新象，衍象滋漫煩瑣，務在牽合辭義，則成象勢在必行，得象豈能不便，求象豈能不及。如此一來，無法體現用象規則準據之嚴整性，循立用象

134　括弧諸引文，見丁易東《周易象義・原序》，頁475-477。
135　括弧諸引文，見丁易東《周易象義・自序》，頁479。
136　參見王弼《周易略例・明象》。引自王弼著、樓宇烈校釋《王弼集校釋》，頁609。

的明確理路與合理性，卻只能望之卻步，其難度與侷限，勢必不易突破與克服。在此情況下，赤裸裸的掠象求義，已如金鐘振聵般，象霧淹漫，《易》義茫茫。

　　觀象玩辭知其《易》蘊，廣用卦象或不免必然。然而，用之合理，推之合義，終歸彖辭本義而求之適當，則為歷來易學家所努力開展與建構者。丁易東八卦用象根本《易傳》，指言創說，繁而可徵，富而猶有可善者。用象立說可見有依循與理據，卻不乏疵謬乖僻之處，或感有執象害意，贅於求象，弱化其可資稱美的用象原則規範。專注於循其辭而妄立可用之象，雖然擬用論述可察其苦心孤詣之情，或仍有其合理稱洽的可觀之處，但往往游失其守，難以求信，處處曲透複雜，因辭立象又因象求象，過度強取，致使辭屈義泥，難以迴避述評之詰。

　　聖人伸引觸類以取象，作八卦以類萬物之情，八卦作為萬有存在的生生法象，其八種象類本是一種類比、推類的結果，歷代《易》家根據個人之認知，推定某卦具有某象，而每個《易》家所持觀點不同，則一物推為某卦，往往或有不同。八卦作為八類象徵物，彼此屬性必然有明顯的不同，不可能繁富的出現一物為二卦以上之象。同象比例過高，模糊八卦或八種象類的差異性；八卦作為聯結建構判定吉凶休咎的占筮系統，其比類用象的思維必將鬆動，其類推的邏輯性意義也必然消弱。此也正為丁易東八卦用象之缺失所在。

　　卦主只能視為申論卦義的來源或方法之一，卦義不見得都只由一個爻位爻象就可以確認。卦主為立於一卦關鍵之位，足以表徵一卦之義；以之論述卦義，而卦義仍是主體。因此，一卦是否一定要存在著有一爻為主的卦主，也就是六十四卦是否必須有六十四個卦主？王弼刻意呼應其執一御眾的觀念與思想，重視卦主

的認識，雖是如此，王弼仍無法全面的立定卦主，無法使每一個卦都有其明確可循的卦主，但是對於卦主作爲解釋卦義與具有思想意義的立論，王弼的卦主之說，在傳世文獻所見的歷代易學家中，已是較早且最具有體系的主張。至於後出者的丁易東，立說之規模，雖不如王弼之系統化，且以卦主釋義，並無述說其背後的思想意義；然而，丁易東確立卦主運用的基本原則，以卦主既在表彰一別卦之主，則不取經卦爲主。一個卦既由六個爻所組成，掌握其中一爻，確立其一卦之主，則其卦義也可明白朗見。丁易東以卦主述義，卦主之用，也深刻的表達出以一御眾的哲學意義。

　　卦主即取一卦中最足以代表該卦卦義的一爻，作爲表徵一卦之義，然而六十四卦並非每一卦皆能選得合適的一爻爲卦主，畢竟一卦是由上下兩卦的六個爻所組合而成，每一個卦都有其特殊的陰陽爻組合，由上下兩卦（六爻）所共構的陰陽關係與卦象而聯結推定出一卦之卦義，其卦義不一定能夠從當中一爻來完整的反映出來。當某一爻無法推定一卦之卦義，即卦主未足以表徵卦義者，卦主就未必有推定的必要；或許丁易東並不在意於一定要推立卦主，目的只在配合卦義的合理解釋，當卦主無法結合卦義之述明時，卦主就無存在之意義。因此，六十四卦當中，丁易東也僅能取其半數以卦主論說，面對實際現況與客觀的限制下，六十四卦非一爻的卦主所能牢籠，故此卦主之體例，仍未能體現其完整性。然而，與歷來學者所用相較，丁易東已算是相對較爲龐大者，與王弼合言，王弼也僅用二十二卦左右，而朱震也僅有二十餘例。同時，丁易東用例，不與前人同，建立屬於自己的體系，尤其表現在成卦之主的方面，成爲其卦主說的特色所在。

第四章　丁易東稽考歷代重要
大衍數說之釋述

　　《周易》作爲傳統的卜筮之書，以數字的運式操作，推定占筮之結果。《易傳》以大衍之數作爲占筮之法的運用，爲天地自然之定數，代稱陰陽的變化，一切的存在與現象，萬事萬物之吉凶休咎，代謝變遷、紛紜交錯，皆因之以周全。《繫辭傳》開啓天地之數、大衍之數的筮數觀點，並在兩漢象數之學高度發展的同時，此一數論也隨之盛行，一直到了魏晉之後，義理之學成爲主流的釋《易》取向，筮數思想與認識主張漸趨和緩。從北宋陳摶（？-989 年）、劉牧（1011-1064 年）、邵雍（1011-1077 年）、周敦頤（1017-1073 年）等人大倡數說與圖學的結合，傳統的大衍之數的概念，也就成爲爭相探述的議題；以《易傳》爲基礎，並多能創發新義，形成多元開展的大衍數論之時代易學特色。南宋趙汝楳（？-？年）《筮宗》列舉大衍筮法之宗譜，自漢至宋共列四十三家，對歷來大衍之說的重要《易》家之說法，進行分類釋說，展現出歷來大衍之說的重要主張，[1]也凸顯宋代易學家對大

---

1 趙汝楳爲南宋人，趙宋宗室，居明州鄞縣（今浙江寧波），父親趙善湘（？-1242 年）於《易》學用力至深，官至資政殿大學士，封文水郡公，贈少師。趙汝楳於理宗（1205-1264 年）時官至戶部侍郎。他承其家學，精於《易》象，著有《周易輯聞》六卷、《易雅》一卷、《筮宗》三卷等三種。相關事蹟，參見《經義考》與《四庫全書提要》。趙汝楳《筮宗》所載「筮宗氏譜」，

衍學的重視。

丁易東（？-？年）身處宋元之際，繼兩宋時期對大衍學的關注，特別立著《大衍索隱》，以其中一卷名為〈稽衍〉，亦同趙氏《筮宗》一般，關注歷來諸家的衍數之說，而予稽考評論。他據《繫辭傳》所言之衍數，認為「大衍之數五十，其用四十有九。先儒說者各自名家，未見有一定之論」。四十九或五十之數，其內在所含何義，歷來諸家各持己說，莫衷一是。其中「如王弼如孔穎達類，皆言理而不言數」，不拘求衍數之說，而重於說理。但是，歷代名家仍多以衍數為重，則自《乾鑿度》以下，詳考歸納取五十七家言數之說，所論雖非全然不通，然「率多牽合傅會」，故「懼學者迷舊說而昧其指歸」，[2]進行諸家之列說，析其異同，以俟後學不為前說所迷，而能明析其所以然者。

本章根據丁易東所列歷代諸家之說，從天文律呂等卦氣元素之說、五行數、虛五虛一（含虛六）、參天兩地、五乘十、天地之數去其六、卦爻畫數、天地之數的乘數，以及其他衍數形成之說等類別，進行闡釋說明。分類本身必然存在可能之侷限，尤其可能面對同時存在兩種甚至兩種以上類別之重複情形，對於此種

共四十三家，包括漢代五家：京房、馬融、鄭玄、荀爽、班固；魏三家：王弼、董遇、顧懽；吳一家：姚信；晉一家：韓康伯；後魏一家：關子明；唐三家：孔穎達、劉禹錫、張轅；宋二十九家：麻衣道人、陳摶、胡翼之、邵雍、張載、程頤、司馬光、蘇軾、王安石、劉牧、晁公武、楊時、呂大臨、朱震、鄭克、郭雍、朱熹、李泰伯、程大昌、程迥、沈括、龔深父、耿南仲、陳可中、張行成、鄭東卿、楊元素、林至、楊忠輔等人。有關大衍五十之說的主張，其歸類包括：合他數為五十、自五十五損為五十、自百數中析為五十、從衡衍而不專於五十、不明衍之所以大而四十八羨其二、以乘為衍、五十乃聖人所發之者等方面。參見趙汝楳《筮宗》（臺北：臺灣商務印書館文淵閣《四庫全書》本第 19 冊，1986 年 3 月初版），頁 346-347。

2 見丁易東《大衍索隱·稽衍》，卷三（臺北：臺灣商務印書館文淵閣《四庫全書》本第 806 冊，1986 年 3 月初版），頁 355。

可能之現象，本文則取其向度較爲強烈與具體之類型取向作歸類。另外，宋代諸家特別好言小衍與大衍之概念，然而此等概念又悉從「五乘十」、「參天兩地」等諸方面進行衍數形成之論述，故此處不從小衍與大衍的概念上作類別之分類。本文藉由探討丁易東所列歷代重要之大衍數說，除了闡釋歷代衍說之重要觀點，以及有關主張之實質內涵外，也進一步分析歷代衍說之可能取向與特色。

第一節　天文律呂等卦氣元素之說

　　漢代尙陰陽災異，卻也是中國在天文歷法等科技文明高度發展的階段，而其易學家，也正廣泛吸納有關之元素，成爲以卦氣立說象數思想的普遍性認識。易學結合陰陽五行，成爲屬於漢代特色的象數主張，卦氣思想更激化象數的主體內涵，當中的重要大家，宣帝（前 91-前 48 年）時期的孟喜（？-？年），揭開了主流之序幕，接受政治影響的實踐功能，結合天文歷法等卦氣之說，立建具有占驗災異的易學理解，成爲這個時代必然的歸趨。在大衍學的認識上，漢代學者同樣取天文、律呂、時序等元素與衍數進行聯結。因此，丁易東輯蒐歷代諸家之大衍學，於此卦氣諸元之說者，大抵包括《易緯乾鑿度》、司馬遷（前 145-前 87 年）、京房（前 77-前 37 年）、馬融（79-166 年）等家。

一、《乾鑿度》以音律日宿立說

　　丁易東取《乾鑿度》所言者，云：

陽以七、陰以八為象。一陰一陽合而為十五之謂道,陽變
七之九,陰變八之六,亦合於十五。太一取其數以行九宮,
四正四維皆合於十五。五音、六律、七宿由此作焉。大衍
之數,必五十以成變化,而行鬼神也。故曰:日十者五音
也,辰十二者六律也,二十八者七宿也。凡五十所以大閱
物而出之者。[3]

　　陰陽二氣以數字代之,陽以七而陰以八作為占筮之陰陽概念
的代稱,呼應《繫辭傳》所謂的「一陰一陽之謂道」,則陰陽合
此七與八為十五之謂道,陰陽變占用數,七之九與八之六,陽九
與陰六亦合為十五。此陰陽變化之道,以「十五」為陰陽變化之
重要定數,則《洛書》以太一取數行於九宮,數列所布,其四正
四維之合數皆為十五,乃陰陽變化規律之所以然者,而五音、六
律、四方七宿等自然數字之認識亦由是而生焉。其五音者,所以
衍十日為一旬;六律者,所以衍十二辰;七宿者,所以推立二十
八星宿。是十日合十二辰合二十八宿,共為五十;陰陽衍為五音、
六律、七宿,進而為時空合構之五十,一切自然變化,乃至宇宙
自然萬物之所出,皆可由此「五十」之數確立。

　　對於《乾鑿度》之言,丁易東的評論,指出「十日、十二辰、
二十八宿,合為五十可也。但《易》中未嘗有日、辰、宿之說」。
日、辰、宿的內容,非《易》文中所有,故「今《乾鑿度》合三
者而為五十,不幾傅會乎?用四十九亦無說」。[4]以《易》所不存
在的元素,作數字之附合,不合數之本然;而且,《乾鑿度》亦
無「四十九」用數之說,所指若何亦當立言。

---

3 見丁易東《大衍索隱・稽衍》,卷三,頁 355。
4 見丁易東《大衍索隱・稽衍》,卷三,頁 355-356。

二、司馬遷以音律干宿為數

丁易東引司馬遷之說，云：

> 五音、六律、十干、二十八宿為大衍四十九，其一則元氣也。[5]

以五音、六律、十干與二十八宿合為「四十九」之大衍用數，並合「一」數象徵元氣，視宇宙之根源，一切之存在，皆源自於氣，此乃漢儒之普遍主張。丁易東針對此說，云：

> 此說蓋本《乾鑿度》而失之。蓋《乾鑿度》以五音為十干，六律為十二支。今既有五音，而又有十干，誤矣。然元氣之一，在五音、六律、十干、二十八宿之外，差勝京房。[6]

司馬遷本《乾鑿度》之說而誤；十干合五音，十二支合六律，司馬遷重複合數為誤。另外指出司馬遷以「一」為元氣，在諸元素用數之外，則略勝於京房之說。不過，此處丁氏以司馬遷之說本於《乾鑿度》，是否真是如此，仍有待商榷；《乾鑿度》或出於西漢末年，或晚出於東漢，或當在司馬遷之後，故不宜為司馬遷所本者。

三、京房以日辰星宿為數

丁易東引京房[7]之說，云：

---

5 見丁易東《大衍索隱・稽衍》，卷三，頁356。
6 見丁易東《大衍索隱・稽衍》，卷三，頁356。
7 京房，本姓李，字明君，專於易學，師事於焦延壽，善言陰陽災異占候之術而聞名，曾受寵於漢元帝而盛極一時，卻為石顯所忌，藉京氏多次上封事以卦氣陰陽災變抨擊時政，譖誣為「非謗政治，歸惡天子」，而下獄棄死於市，

十日、十二辰、二十八宿，凡五十。其一不用者，天之生氣。將欲以虛來實，故用四十九焉。[8]

合十日、十二辰與二十八宿爲「五十」之數。其「一」不用，代表宇宙生成的氣化根源，故實際運用爲「四十九」數。丁易東指出「合三者而爲五十，即《乾鑿度》之說，以生氣爲所虛之一，又在五十之外」。[9]此合數之用，同於《乾鑿度》，皆以虛一爲生氣之根源，惟不同者在於《乾鑿度》此虛一在五十數之外。

四、馬融以北辰推衍兩儀日月至二十四氣為數

丁易東引馬融[10]之說，云：

應驗了焦延壽所云「得我道以亡身者，必京生也」的預言結果。有關生平事蹟，見《漢書‧京房傳》，卷七十五；《漢書‧儒林傳》，卷八十八；以及《後漢書‧律歷志》所述。京房在孟、焦易學的基礎上，建立一套屬於其獨具特色的象數易學理論。其章句、數術之著甚豐，《漢書‧藝文志》與《隋書‧經籍志》所載多達二十八種，包括《漢書‧藝文志》載有三種：《孟氏京房》十一篇；《災異孟氏京房》六十六篇；《京氏段嘉》十二篇。《隋書‧經籍志》載有二十五種：《周易》十卷；《周易錯》八卷；《京氏徵伐軍候》八卷；《京氏釋五星災異傳》一卷；《京氏日占圖》三卷；《風角要占》三卷；《風角雜占五音圖》十三卷；《逆刺》一卷；《方正百對》一卷；《晉災祥》一卷；《周易占事》十二卷；《周易占》十二卷；《周易妖占》十三卷；《周易守林》三卷；《周易集林》十二卷；《周易飛候》九卷；《周易飛候六日七分》八卷；《周易飛候》六卷；《周易四時候》四卷；《周易錯卦》七卷；《周易混沌》四卷；《周易委化》四卷；《周易逆刺占災異》十二卷；《占夢書》三卷。然而唐宋時期幾皆亡佚，僅《宋史‧藝文志》於「蓍龜類」下錄《易傳算法》一卷及《易傳》三卷，即今傳世之《京氏易傳》。

8　見丁易東《大衍索隱‧稽衍》，卷三，頁356。
9　見丁易東《大衍索隱‧稽衍》，卷三，頁356。
10　馬融，字季長，右扶風茂陵（今陝西興平）人。歷任校書郎中、南郡太守、校書議郎等職。遍注群經，包括《周易》、《詩經》、《三禮》、《尚書》、《論語》、《孝經》、《老子》、《離騷》、《列女傳》、《淮南子》等著，皆已亡佚，《玉函山房叢書》、《漢學堂叢書》有其輯佚諸文。《易》本費氏《易》，重於義理之闡發。

馬氏季長曰：《易》有太極，謂北辰也。太極生兩儀，兩
儀生日月，日月生四時，四時生五行，五行生十二月，十二
月生二十四氣。北辰居位不動，其餘四十九運轉而用也。[11]

　　馬融以太極爲北辰，爲一切之開端，北辰下生兩儀、生日月、
生四時、生五行、生十二月、生二十四氣，合其總數爲五十；北
辰以其「一」居位不動，餘四十九者依恃於北辰而運轉爲用。以
太極象徵北辰，爲萬化之源頭，爲一切之根準，以物質化之概念
存在。針對馬融之說，丁易東指出，「以太極爲北極已誤，合七
者而爲五十，尤見傅會」。[12]認爲視太極爲北極星象，乃錯誤之
認知，又合其諸元爲五十，特顯其穿鑿附會之狀。

第二節　虛五虛一（含虛六）之說

　　天地五十五數爲自然萬化的全數，而大衍五十之數，也必在
此自然之數下確立的型構之數。大衍以五十爲本，與天地之數相
差五數，而其用數四十九，亦與五十差一，其相差之「五」或「一」，
乃至二數合「六」者，成爲歷來釋說觀點，取虛五虛一或虛六，
而爲大衍學之重要主張。對於此一類說，丁易東所列包括《子夏
易傳》、別本《乾鑿度》、鄭玄（127-200 年）、虞翻（170-239
年）、關朗（？-？年）、李鼎祚（？-？年）、劉牧、郭忠孝（？
-1128 年）、陳可中（？-？年）、申孝友（？-？年）、徐喬（1160-1237
年）、馮大受（？-？年）等人，可以視爲有關虛數說之範疇。

---

11 見丁易東《大衍索隱・稽衍》，卷三，頁 356。
12 見丁易東《大衍索隱・稽衍》，卷三，頁 356。

一、《子夏易傳》虛一不用以象太極

丁易東取《子夏易傳》[13]之說，云：

> 其一不用者，太極也。無可名之，謂之太極。[14]

取數以「一」不用，象徵太極；因其無可名狀，故謂之太極，太極無可名，作爲宇宙之根源，同於《老子》之「道」與「無」、朱熹（1130-1200 年）之「理」的形上概念。丁易東對此進行評論，云：

> 虛一為太極之說始此，但未見五十之所自來。晁公武謂《子夏易》乃張弧偽撰，理或有之。[15]

以虛其「一」數爲太極之說，源自於此。然而，此「一」或同於「太極」者，其實質之內涵，顯然丁易東本於程朱以來理學家之觀點，視之爲「理」的形上本體根源義，如此理解則非《子夏易傳》之本然。秦漢以來，以「一」爲「太極」，本於氣化之觀點，不論「一」或「太極」，皆爲物質化存在之認識，一切的生成與存在，源自於陰陽之氣的未分之狀，即「一」即「太極」。丁易東並認爲，雖名其「一」數不用，但未知其「五十」數之所由來。對於《子夏易傳》之成書，丁氏取晁公武認爲是張弧所偽

---

13 《子夏易傳》歷來作者多有異說，傳統以卜商所撰。《隋書・經籍志》著錄二卷，時著已爲殘闕，後亡佚。孔穎達《周易正義》、陸德明《經典釋文》、李鼎祚《周易集解》，皆有引述。歷來輯佚者，孫堂輯《子夏易傳》一卷，收於《漢魏二十一家易注》；孫馮翼輯《子夏易傳》一卷，收於《臧庸述問經堂叢書》；張澍輯《子夏易傳》一卷，收於《二酉堂叢書》；黃奭輯《子夏易傳》一卷，收於《漢學堂叢書》；馬國翰輯《周易子夏傳》二卷，見《玉函山房輯佚書・經編易類》。

14 見丁易東《大衍索隱・稽衍》，卷三，頁 356。

15 見丁易東《大衍索隱・稽衍》，卷三，頁 356。

撰，似肯定其說。

二、別本《乾鑿度》驅之六虛

丁易東引別本《乾鑿度》所云：

> 天地合策數五十五，所用法古四十九，六而不用，驅之六虛。注云：六虛，上下四方。[16]

以天地之數五十五，作為用策之總數，去其「六」以表「六虛」，即上下四方的天地空間概念，取得四十九數，正為推筮之用數。丁易東認為「五十五去六之說本此，先儒亦多宗之。但不見五十，此書古無，恐亦假託。後來胡安定之說實本之，遂謂五十之下闕一『五』字」。[17]專主天地之數，不用五十，而用五十五，歷來學者以此五十五為用者，例如丁氏直言胡安定即本於此說。此五十五之說，並無古籍文獻可以考實徵信者，恐當假托之言；至於文獻實載「五十」者，確為可據之說。故五十五數不足為用。

三、鄭玄五行通氣減五之說

丁易東引鄭玄[18]之說，云：

---

16 見丁易東《大衍索隱・稽衍》，卷三，頁356。
17 見丁易東《大衍索隱・稽衍》，卷三，頁356。
18 鄭玄，字康成，北海高密（今山東高密）人，為東漢後期之著名經學家。其易學囊括今古，會通孟、焦、京、費、馬諸儒之學，仍以傳自費氏古《易》為主。其《易》作，詁訓《易》義，賡續《易經》原旨，《隋書・經籍志》著錄有《周易》九卷，署名鄭注；又有《周易馬鄭二王四家集解》十卷；《新唐書》有《鄭氏注周易》十卷、《馬鄭二王集解》十卷。傳至宋代，《崇文總目》記載的鄭作，僅稱《鄭氏易註》一卷，只存者為〈文言〉、

> 天地之數以五行氣通，凡五行減五，大衍又減一，故用四
> 十有九。[19]

鄭玄以天地之數五十五，以五行通其氣，故減五行之五爲五
十，又減大衍之「一」，則所用者爲四十九。丁易東對鄭玄之說，
提出批評云：

> 五行減五之說亦通，但未甚的當。大衍減一，又不言其所
> 以然。李鼎祚之說亦本此，後多宗之。[20]

認爲取五行而減五之說尚通，卻又未必至當。至於大衍減其
「一」，又不明其所以然者。其後李鼎祚等諸家，多有宗其說者。

四、虞翻以五十五略其五數

丁易東取虞翻[21]之言，云：

> 虞氏仲翔曰：天二十五，地三十，故五十有五；天地數見

〈說卦〉、〈序卦〉、〈雜卦〉四篇；爾後此作亦不復見，蓋亡佚於北宋、南宋之間。宋代王應麟始爲之輯佚，而清代惠棟更因之而有功。

19 見丁易東《大衍索隱・稽衍》，卷三，頁 356。鄭玄原文，可參見宋代王應麟所輯《周易鄭康成注》；又見清代惠棟考補《增補鄭氏周易》，卷下。

20 見丁易東《大衍索隱・稽衍》，卷三，頁 356-357。

21 虞翻生卒年說法不一，楊家駱主編《中國文學家大辭典》以之生於桓帝延熹七年（164 年），卒於吳嘉禾二年（233 年）。本文則依《三國志》盧弼疏所言，生卒爲西元 170-239 年。虞翻五世治《孟氏易》，孟喜之學，洵爲其治《易》之奠基，而其與道士言《易》，歷來學者多識爲魏伯陽，是二家之學，與虞氏極有淵源。又虞氏天生傲氣，敢以直言，評判「俗儒」，多指其失，「未得其門」又「難以示世」，荀諝、馬融、鄭玄、宋忠皆在列。雖貶諸家，但對爾等之學當能熟知。故其易學，可以視爲後漢集大成者。（參見《三國志・吳書・虞翻》，卷五十七。）著《周易日月變例》六卷、《周易注》九卷、《周易集林》一卷。以象數見長，雖多著於漢末，但入吳以降，其龐大的象數體系，仍有深遠的影響。其象數之主要內容，爲廣用卦爻象與逸象，提出月體納甲之說，藉互體、升降、旁通、卦變、爻變等方法取象。

於此，故大衍之數畧其奇，而言五十也。[22]

虞翻同取天地之數五十五立說，大衍五十之數，即因此天地之數，去其所餘「五」數之所得，故大衍之數以五十而言。丁易東認爲「此亦康成虛五之說」；[23]鄭玄以天地之數五十五，虛其五行之五數，故衍數以五十爲名，與虞翻所論相近。

五、關朗盈小奇五數之說

丁易東引關朗[24]之說，仍從天地之數進行確立衍數之用，云：

> 著不止法天地，必以五行，大耦則五十，小奇則五。天地之數，舉大而去小，盈奇而虛耦。小奇之五，大耦之一，皆盈而不用。[25]

關氏強調用著在法天地自然之道，天地之陰陽變化，以數爲用即天地五十五之數，然非限於此天地自然之變爲用，亦必兼五行與天地陰陽之氣相互會通，其耦合之大者爲五十，其奇之小者爲五，合耦奇爲五十五。天地之數之用，舉其大者之五十而去其小者之五，即所用者爲五十。「五」盈於小奇，而「一」乃大耦之虛者，此盈奇與虛耦皆不用，故大耦「五十」虛其「一」，實用者爲四十九。

---

22 見丁易東《大衍索隱‧稽衍》，卷三，頁357。

23 見丁易東《大衍索隱‧稽衍》，卷三，頁357。

24 關朗，字子明，曹魏時期人，生卒生未詳。馬端臨《文獻通考》載錄其著《易傳》一卷，並引晁氏之說，指出「元魏太和末，王虬言於孝文，孝文召見之，著成《筮論》數十篇。」唐代趙蕤〈易傳序〉中贊慨其著，「恨書亡半，隨文詮解，才十一篇而已」。故其原著當非僅此一卷。《隋志》、《唐志》皆不錄，《朱子語錄》認爲關子明《易》爲僞書，或有云爲阮逸所僞作者。

25 見丁易東《大衍索隱‧稽衍》，卷三，頁357。

丁易東認爲關氏「此說亦康成之說，理却頗通；但所謂奇中之五，耦中之一，盈而不用者，未見其所以去盈之義」。[26]關氏之說能通其理，本於鄭玄以天地之數五十五，減其五行之「五」數之說；以其奇耦之「五」、「一」皆盈而不用，但何以去此盈餘之數而不用，並未言明其義。

六、李鼎祚去其五合之數

李鼎祚[27]針對崔憬（？-？年）衍數之說，進行辨析而提出己說，丁易東引述云：

> 李氏鼎祚曰：崔氏將八卦陰陽以配五十之數，餘其天一、地四無所稟承，而云八卦之外，大衍之所不管者，斯乃談何容易哉！且聖人之言，連環可解，約文申義，須窮指歸。即此章云：「天數五，地數五，五位相得而各有合。天數二十有五，地數三十，凡天地之數五十有五，此所以成變化而行鬼神。」是結大衍之前義也。既云五位相得而各有合，即將五合之數配屬五行，所以云大衍之數五十也。其用四十有九者，更減一以并五，備設六爻之位，著卦兩兼終極天地五十五之數也。自然窮理盡性，神妙無方，藏往知來，以前民用，斯之謂矣。[28]

有關崔氏之說，後文將作說明。李鼎祚似乎反對崔憬以八卦配天地之數中的八數爲五十之數，其中以天一與地四爲八卦無所

---

26 見丁易東《大衍索隱・稽衍》，卷三，頁357。

27 李鼎祚爲唐朝中後期資州盤石（今四川資中）人。生平不詳，官至祕書省著作郎、殿中侍御史。專於經學，尤通於象數易學，唐代宗登基時，獻《周易集解》十七卷。

28 見丁易東《大衍索隱・稽衍》，卷三，頁358。

稟承者，即大衍用五十之數，天一與地四爲八卦用數之外，亦大衍用數所不管者；自然之道，含括萬有，數之所用，「連環可解」，固不宜避「一」、「四」而置之不管，此用數之所擇，非爲恰當。《繫辭傳》特別指明「天數五，地數五，五位相得而各有合。天數二十有五，地數三十，凡天地之數五十有五，此所以成變化而行鬼神」。即天地十數，奇耦陰陽相合，結合五行之配位，形成一個相互聯繫的陰陽變化結構。以一六合水，二七合火，三八合木，四九合金，五十合土；其相得者，乃一得五爲六，二得五爲七，三得五爲八，四得五爲九，五得五爲十。以五行相合天地之十數，即大衍五十之數。至若其所用四十九數者，乃減其一以併五行之五數，合六爻之位，大衍五十減其一而爲四十九數。故蓍卦必以天地之數五十五數爲完備，推此天地之數，則能窮理盡性，往來無所不知，致其神妙之用。

對於李鼎祚之說，丁易東溯其源，認爲「減五之說本之虞翻，減一并五爲六而備六爻，本之別本《乾鑿度》」。[29]亦即李氏綜採虞翻與別本《乾鑿度》而立說，而二家之得失，已另有指言，不再贅述。

七、劉牧天五退藏之說

丁易東取劉牧[30]之說進行評論，指出：

---

29 見丁易東《大衍索隱・稽衍》，卷三，頁358。

30 劉牧，北宋衢州西安（今浙江衢縣）人。字先之，號長民，世稱長民先生。進士出身，官至太常博士。學源於陳摶、种放，並受《易》於范諤昌，精於《河圖》、《洛書》之學，提出「河九洛十」之說，與邵雍先天之學異派同源。著《新注周易》十一卷、《卦德通論》一卷、《周易先儒遺論九事》一卷、《易數鉤隱圖》三卷、《易解》十五卷，皆數入於《通志堂經解》、《四庫全書》。

> 彭城劉氏牧曰：天地之數五十有五，大衍之數五十者，天
> 五退藏於密。其用四十有九者，天一居尊不動。[31]

劉牧以天地之數五十五，取其天五密藏不用，而為大衍五十
之數。其所用四十九者，又取其天一居處不動之尊位而去其一。
劉牧於此特別關注天一與天五之數。丁易東認為「此亦不過虛五
虛一之說，但變五行為天五，變太極之一為天一耳」。[32]劉牧之
觀點，與虛五虛一之說同，只不過改變五行為天五，改變太極之
一為天一罷了。

八、郭忠孝天五潛運之說

丁易東取郭忠孝[33]之說，倡明其天五潛運，以及與《河圖》、
《洛書》聯繫之主張：

> 兼山郭氏曰：《河圖》縱橫列之為十五，小衍之數也。天
> 五潛運於中，統而用之則大衍之數也。[34]

天地之數合十數，《河圖》九數縱橫各得十五，此即小衍之
數，小衍以天地之生數一、二、三、四、五之合數為十五，推著
成數得六、七、八、九等四數，老陽與老陰，少陽與少陰，亦各
得十五之數，十五合為陰陽變化之道。《河圖》列數，天五運化
布列於其中，推衍之成數，亦以天五合之；五數以「潛運」而言，

---

31 見丁易東《大衍索隱‧稽衍》，卷三，頁 358-359。
32 見丁易東《大衍索隱‧稽衍》，卷三，頁 358-359。
33 郭忠孝，字立之，世稱兼山先生，北宋河南府（今河南洛陽）人。為宋代
　　重要《易》家郭雍之父。歷任河南管庫間、河東路提舉、軍器少監、永興
　　軍路提刑等職。受學於程頤易學，重義理，斥象數。著《兼山易解》二卷、
　　《四學淵源論》三卷。
34 見丁易東《大衍索隱‧稽衍》，卷三，頁 362。

則《河圖》九數總四十五數，所用加其潛五之數爲五十大衍之數。

　　有關郭氏之說，丁易東認爲「與劉牧之說相似」，[35]至於相似者何，則無明言。考索二家所相似者，當在於看待「天五」之數的特殊性；郭氏與劉牧皆主張《河》九《洛》十，[36]而大衍五十之數與《河圖》、《洛書》合言者，郭氏主以《河圖》九數推合四十五，加上潛運之天五之數爲五十，而劉牧在其《易數鈎隱圖》或《易數鈎隱圖遺論九事》中所及大衍之數者，多以天地之數與《洛書》十數而言，天地五十五數即《洛書》十數之合，亦即其所謂「五行生成數本屬《洛書》」，在於「欲備天地五十五數」，而「天五退藏於密」，「爲變化之始，散在五行之位，故中无定象」，故天五不用。[37]二家之說，一以四十五，一以五十五，天五之用，前者爲潛運而增，後者爲密藏而減，終在本於五十之數。

九、陳可中五行各虛其一之說

　　丁易東取陳可中[38]之說，述明其五行各虛其一之法：

　　　　陳氏可中曰：天地之數五十五，五行各虛其一，故大衍五

35　見丁易東《大衍索隱・稽衍》，卷三，頁362。

36　丁易東本於朱熹之觀點，主張《河圖》十數，《洛書》九數，與劉牧之主張相異，若《河圖》與《洛書》確爲劉牧所設說，則朱子、丁氏皆反其用數。

37　劉牧之說，參見劉牧《易數鈎隱圖》，卷上，臺北：臺灣商務印書館文淵閣《四庫全書》本第8冊，1986年3月初版，頁132、134、136。

38　陳可中，生卒與事蹟未明。南宋建炎至德祐年間，陳淵《默堂集・薦詹方行》提及詹方行以陳可中爲師，「窮幽極微，期於自得」，「自信甚篤，躬行無倦」。（揭前書，卷三。）另外，趙汝楳《筮宗》列筮宗氏譜，陳可中亦在其中，列於沈括、龔深、耿南仲之後，張行成、鄭東卿之前。

十；大衍自虛其一，故其用四十有九。[39]

　　陳氏以天地總數五十五，配用五行而各虛其一，合爲虛五，則大衍之數爲五十。衍數五十又自虛其一，故所用爲四十九。陳氏並沒述明採取虛一之義。丁易東明指此「即虛五虛一之說」。[40]

十、申孝友五無定所之說

　　丁易東取申孝友[41]之說，述明「五」無定所之主張：

> 申氏孝友曰：五無定所，迭行四時，惟十即五，《太元》亦謂五與五相守。其用四十有九者，撲著之所當用，而豈有他哉。[42]

　　申氏以五爲土行，不若水、火、木、金四行之定位，以其居無定所，偕四行而作。其所謂「迭行四時，惟十即五」者，即土行之十與五爲合四時而行，然以十即五，猶《太玄》所說之五與五相守者。大衍所用四十九者，因撲著操作設定之必然，無有他數可以取代。丁易對此評論云：

> 惟十即五固然，但既有十，便與五爲對。《河圖》有五與十，而無二五，則此說亦甚牽合矣。此等之病亦不特申氏爲然。[43]

　　天地之數以五行分列，各有陰陽之相對，十與五同屬土行，既有其十，必有五與之相對應，《河圖》十數即此相對應之布列

39　見丁易東《大衍索隱・稽衍》，卷三，頁363。
40　見丁易東《大衍索隱・稽衍》，卷三，頁363。
41　申孝友，生卒未詳。著有《易說》，已亡佚。另著《西南會要》，見於王象之所著《輿地碑目》。
42　見丁易東《大衍索隱・稽衍》，卷三，頁363。
43　見丁易東《大衍索隱・稽衍》，卷三，頁363。

結構，有五與十對者，而無兩個五之對應，故申氏等諸家同此之
說，皆病在牽合。

十一、徐僑虛五之說

丁易東取徐僑[44]虛五之說，云：

> 侍講徐氏僑曰：天地之數五十有五，大衍則五十，虛五也。
> 損一以存本，重虛五以為主，故其用四十有九。又云：四
> 象，數也。九，天之用數也。[45]

大衍五十之數，乃天地之數五十五虛五所致。五十損其一以
存其本，故其用四十九。此即虛五虛一之說。又以「四象」為數
之用，即天九之用數，代表天陽之變化；同樣的，四時之運作，
以四數代之。丁易東直稱「此亦虛五之說」，[46]五十五虛其五，
而取五十為衍數。

十二、馮大受虛五虛一之說

丁易東取馮大受[47]虛五虛一之說，云：

> 東越馮氏曰：大衍之數五十有五，虛其五，故其數五十；
> 復虛其一，故其用四十有九。又曰：四與六水數十，一與

---

44 徐僑，字崇甫，婺州義烏（今浙江義烏）人，為呂祖謙門人，淳熙十四年
　　（1187年）進士。任江西上饒主簿時，拜朱熹為師，熱衷於理學。歷任紹
　　興與南康司法、嚴州推官、安慶知府、江東提刑、太常少卿。博學而剛直，
　　理宗賜諡「文清」以為褒揚。著《讀易紀》三卷、《續史紀詠》一卷、《雜
　　說》一卷、《文集》十卷。事蹟見《宋史》本傳。
45 見丁易東《大衍索隱・稽衍》，卷三，頁368。
46 見丁易東《大衍索隱・稽衍》，卷三，頁369。
47 生平不詳，著《易說》，今已亡佚。

> 九金數十，三與七火數十，二與八木數十，十與五土數十
> 五，土數當五，此五乃衍者也，故虛之，虛之所以為用。
> 又曰：天一與地十，至天五與地六，皆得十一數，成數多
> 一，此一乃衍者也，故虛之。[48]

　　此亦取天地五十五數，虛其五而為大衍五十之數，衍數五十
又虛其一而為四十九之用數。又以五行結合天地之數而言者，指
出四與六水之數合為十，一與九金之數亦合為十，二與八木之數
亦合為十，十與五土之數則合為十五，五為土行，為所衍者而虛
之以用；總五組數值之合，並虛其五數，故為大衍五十之數。又
以天地之數首尾相加皆為十一，即天一與地十合為十一，地二與
天九合為十一，天三與地八合為十一，地四與天七合為十一，天五
與地六合為十一，各成數皆為十一，虛此一數，故所用為四十九。

　　馮氏之說，丁易東之評論云：

> 虛一虛五之說，即先儒之說。此又推其所以然亦佳，後面
> 十數多一之說，亦是一說。但前所謂五衍之數各十，而土
> 數十五者，未當，何者？一不可為金數，二不可為木數，
> 三不可為火數，四不可為水數故也。[49]

　　此為先儒所普遍倡言之虛一虛五之說。其所言大致合宜，然
對於五行合天地之數，經五衍得數各為十，其中土數合數為十五，
卻又要虛其五而為十，所言未當。同時五行配數，一非金數，二
非木數，三非火數，四非水數，馮氏用說不當。丁氏指稱馮氏之
非，事實上馮氏以天地兩數配五行之合數，並未言及兩數的前一
數之五行，亦即並未主張一為金、二為木、三為火、四為水，此
為丁氏過度之責失。

48　見丁易東《大衍索隱・稽衍》，卷三，頁369。
49　見丁易東《大衍索隱・稽衍》，卷三，頁369。

第三節　五行衍數

　　五行用說盛行於漢代，為漢代易學思想的重要元素，至宋代陳摶以降的易學思潮，亦取五行為論，如周敦頤《太極圖說》化生推衍中，五行即居要位；易學家以數說結合五行，為宋代之普遍認識。大衍學結合五行，本為歷來論者所常見者，丁易東專取五行衍數之主張，其具體而典型者，包括揚雄（前 53-18 年）的土行五五相守、蘇軾（1037-1101 年）的土行用數不特見、蘇轍（1039-1112 年）反駁兄說而不黜土行、沈括（1031-1095 年）以土行無所待，以及林栗（1120-1190 年）以土行合四行之用。

一、揚雄五行五五相守之說

　　丁易東引揚雄[50]之說，云：

> 楊氏子雲曰：一與六共宗，二與七共朋，三與八成友，四與九同道，五與五相守。[51]

　　揚雄取天地生成數合五行而立說，天一與地六同立水象，地二與天七同立火象，天三與地八同立木象，地四與天九同立金象，

---

[50] 揚雄，字子雲，為西漢蜀郡成都人，尚好儒老，博覽群籍，從遊於嚴君平，尤通《易經》與《老子》，著《太玄》、《法言》、《訓纂》、《方言》、《蒼頡訓纂》等著。仿《易》作《太玄》，推揚聖人大道，同於《易》道，在天人之蘊皆備，推天道以明人事；故《太玄》本於《易》與聖人之道，應時損益以成其幽微深冥之著。

[51] 見丁易東《大衍索隱・稽衍》，卷三，頁 356。丁氏所引，取自揚雄《太玄・玄圖》。

惟土象取五五相守而未合生成之用；揚雄以諸數之用，強調兩兩「駢立之位」[52]。丁易東對揚氏之評論，云：

> 按《河圖》五與十合，故天地之數五十有五。今子雲謂五與五相守意者，言大衍之數也。此說後儒多宗之，如邵康節、張觀物之學皆是也。[53]

揚雄取天地之數的生數合配成數之法，即《河圖》之配數，而《河圖》的五與十相合，揚雄卻用五與五之合用。《河圖》配用之數，即天地五十五之數，而揚雄則呼應大衍之五十用數，其不同者在於五與五合之方面，故全數相合即五十數：（1合6）+（2合7）+（3合8）+（4合9）+（5合5）=50。

二、蘇軾五行衍數土五不特見

丁易東取蘇軾[54]土五不特見用之說，云：

> 東坡蘇氏曰：五行蓋交相成也。自六以往者，相因之數也；水、火、木、金得土而後成，故一得五而成六，二得五而成七，三得五而成八，四得五而成九，土無定位無成名。水、火、木、金四者成而土成矣，故得水之一、得火之二、得木之三、得金之四，而成十；言十則一、二、三、四在

---

52 參見宋代程大昌《易原》指出：「蓋見此書，而得其駢立之位，故曰宗、曰朋、曰友、曰道、曰守也。」揭前書，卷一（臺北：臺灣商務印書館文淵閣《四庫全書》本第12冊，1986年3月初版），頁509。

53 見丁易東《大衍索隱‧稽衍》，卷三，頁356。

54 蘇軾，字子瞻，號東坡居士，諡文忠，為北宋眉州眉山（四川眉山）人。歷任福昌主簿、禮部郎中、起居舍人、中書舍人、翰林學士兼侍讀等職。於《易》著有《東坡易傳》九卷及《四營十八變解》一篇，述《易》闡明人事，不尚玄虛。其《易》說多為李衡《周易義海撮要》、丁易東《周易象義》與董真卿《周易會通》所採用。

其中，而言六、七、八、九，則五在其中矣。大衍之數五
十者，五不特數，以為在六、七、八、九之中也。一、二、
三、四在十之中，然而特數者何也？水、火、木、金特見
於四時，而土不特見，言四時足以舉土也，而言土不足以
舉四時也。水曰潤下，火曰炎上，木曰曲直，金曰從革，
皆有以名之，而土爰稼穡而已，故曰土無定位無成名。[55]

　　蘇氏以天地之數合五行之相互交變而成其數，有其特殊之性
質。一至五為天地之生數，並合水、火、木、金、土等五行而布
列；六至十之成數，則與生數建立相因之關係。五行中「土」象
後成，因水、火、木、金而後成，故生數之「五」與成數之「十」
皆屬土象，此兩數之處位尤為特殊。生數與成數之相成者，乃五
行生數之水、火、木、金得土，而後成成數之水、火、木、金，
亦即：一得五而後成六，二得五而後成七，三得五而後成八，四
得五而後成九，至於土象，以其合於四象之中，故「無定位無成
名」。水、火、木、金四象因土象而成其成數，即四者因土而成；
同樣的，土象亦因四象而著，土象成其成數，必因四象而成，即
得水一、火二、木三、金四，合四者而為十。「五」與「十」具
足於諸天地之數之中，以土十成數而言，一、二、三、四皆在其
中；以水、火、木、金之成數而言，土五生數皆在其中，即六、
七、八、九之中皆有土五之數。因此，大衍之數五十者，不必特
數於五，所推在六、七、八、九，因此四數皆含有五，五在其中。
土十之中含一、二、三、四，土十亦不特數、不特見，此四數特
數特見，則十亦已顯，故推蓍揲數以四，便在見於水、火、木、
金之四時，此四時行，土象亦行。因此，五行之殊性，水性潤下，

55　見丁易東《大衍索隱・稽衍》，卷三，頁360-361。

火性炎上，木性曲直，金性從革，皆有其定性以名，而土象則作
「稼穡」，乃土象無定其位、無成其名；用數推數亦是如此，土
象之五與十數尤爲殊異，此土象之數見，則水、火、木、金四數
亦見，合五與十則五行之數具足，萬物生衍皆可見其名、定其位，
存在由是生焉。

　　對於東坡所論，丁易東肯定其說，認爲「一、二、三、四在
十之中，六、七、八、九在五之中，可也」。十與五在五行中作
爲土象的特殊地位，含合其他諸數。然而，丁氏所言六、七、八、
九等數在五之中，似乎所言不夠精確，宜爲五在諸數之中爲當。
同時也指出東坡所謂「五不特言」，宜當述明，所以蘇轍「子由
嘗破其說」，[56]便在疑其不精當之處。

三、蘇轍五行合土而不特黜

　　丁易東取蘇轍[57]之言，述明其五行配用之主張，以及對其兄
蘇軾之批評，云：

> 穎濱蘇氏曰：一氣判而爲天地，分而爲五行。《易》曰：
> 天一、地二、天三、地四、天五、地六、天七、地八、天
> 九、地十，此十者天地五行自然之數，雖聖人不能加損也，
> 及文王重《易》，將以揲蓍，則取其數以爲蓍數，曰「大
> 衍之數五十」。大衍五衍之數，而取其五十云爾。用於揲
> 蓍則可，而非天地五行之全數也。故繼之曰：天地之數五

56　括弧諸引文，見丁易東《大衍索隱・稽衍》，卷三，頁361。

57　蘇轍，字子由，號穎濱遺老，學者稱穎濱先生，諡文定，爲北宋眉州眉山
　　（四川眉山）人。歷任翰林學士、吏部尚書、御史中丞、門下侍郎、循州
　　知府等職。於《易》，其《欒城集》中謂其父作《易傳》未成，臨終囑其
　　兄蘇軾完成，故《東坡易傳》，或多爲其父之《易》義。

十有五，此所以成變化而行鬼神也。明此天地五行之全數，古之聖人知之所以配天地、參陰陽，其用有不可得而知者，非蓍數之所及也。[58]

蘇轍認為宇宙自然氣化而生，一氣分判而生成陰陽（天地），並分而為五行，即五行分立於陰陽之中。以數代稱，則陰陽之數為天一、地二、天三、地四、天五、地六、天七、地八、天九、地十，此宇宙自然生成變化之數，為自然不變之基本範疇與樣態，雖聖人亦不能予以增損者。至文王演《易》，構建揲蓍之法，取大衍五十之數，即大衍五行推衍之數，取其五十而言；因推筮而用之，但絕非天地五行之全數，故《繫辭傳》特云天地之五十五，以此而成其變化，行乎鬼神之間。天地五行之全數五十五，為聖人所能知之，用以配合天地、參察陰陽，其用之神妙，「有不可得而知者」，並不是蓍數所能及。

蘇轍進一步針對其兄東坡之主張，作了具體的說明與批評，云：

> 子瞻論《易》，乃以蓍數之，故而損天地五行之全數，以合之為之說，曰「大衍之數五十」者。五不特數，以為在六、七、八、九之中也。言十則一、二、三、四在其中，言六、七、八、九則五在其中矣。一、二、三、四在十中，然而特見者何也？水、火、金、木特見於四時，而土不特見，故土無定位、無成名、無專氣；夫五行迭用於四時，其不特見者均也，謂土不特見，此野人之說也。今謂五行之數止於五十，是天五為虛語，天數不得二十有五，天地之數不得五十有五乎？且土之生數，既不得特見其成數，

又以水、火、木、金當之,是土卒無生成數也,使土無生成數,四十而已,尚何五十之有?且天地五行之數,人所不與也。今也欲取則取,欲去則去,是以意命五行也。蓋天以一生水,地以二生火,天以三生木,地以四生金,天以五生土,五行既生矣,而未及成,地安於下,天運於上,則五位相得而各有合;地以五合一而水成,天以五合二而火成,地以五合三而木成,天以五合四而金成,地以五合五而土成。天之所生,不得地五則不成;地之所生,不得天五亦不成,此陰陽之至情,而古今之定論非臆說也。且土之在天地,四行之所賴以成,而土之賴於四行者少,其實可視而知不可誣也,今將求合著數而黜土,其為說踈矣。[59]

認為東坡論《易》數,「損天地五行之全數」,即不用天一至地十等五十五之數,而取大衍五十而論,使主張「五不特數」,五在六、七、八、九之中,而十數則一、二、三、四在其中;既然六、七、八、九中可以見五數,那一、二、三、四在十中,可以特見何數?蘇轍進一步質疑與提出嚴厲的批評,指出東坡所謂五行配四時之用,水、火、木、金特見於四時,但土不特見,因為土無定位、無成其名、無專其氣,這是「野人之說」。五行不特見者,為均等之不特見,不能單言土不特見。又,依東坡之說,五行之數僅用五十,而天五也只是「虛語」,也就是天數不得為二十五?天地之數不得為五十五?若是如此,亦為乖舛;土之生數天五若不特見,而土之成數地十又以水、火、木、金(一、二、三、四)當之,也就是土無生數與成數,既無生數與成數,那天地五行之數就僅為四十而已,怎麼會是五十呢?同時,天地五行

---

59 見丁易東《大衍索隱·稽衍》,卷三,頁361-362。

之數，本非人之所能干預的，已如前說，連聖人都不能予以增損的，怎可隨意取去？此天道自然之法，為不變之律則，非以人之意所能命變五行者！蘇轍確立天地五行之數的生成定向，天以其一而生水，地以其二而生火，天以其三而生木，地以其四而生金，天以其五而生土，其中天五生土，不假其他四者；五行以「五位相得而各有合」而進一步有成，即地以五合一而水成，天以五合二而火成，地以五合三而木成，天以五合四而金成，地以五合五而土成，此乃「天之所生，不得地五則不成；地之所生，不得天五亦不成，此陰陽之至情」。因此，土行在天地之地位尤重，為四行所依賴，所能有成者，土行依賴四行相對較少，這是視而可見的不可誣貶者，不可因為推求蓍數之宜而詆黜土行，故東坡之說於此多有疏漏之處。

　　關於蘇轍的立論與批評，丁易東之看法，「子由之說，其破子瞻之論當矣。而其自為說，乃云其用有不可得而知者，蓋未有說以處之故也」。[60]似乎認同蘇轍對東坡之批評，但是也指出蘇轍對於天地五行之數，那種非蓍數所能及者的不可得而知者的用數之道為何？未明其然，亦是空語。丁易東舉說蘇轍之主張，並不能看出蘇轍對於大衍之法所執何數？用數之來由？只在說明其五行配數的觀點，而其觀點，對東坡之批判似有過苛，也未必全然允當，例如提到對東坡所言土行之五數與十數與四行合數的關係，東坡理據並不全然失當，而其所言「天以五」與「地以五」合用諸數以成其五行，若要特求其疵，五乃天數，何以地能以五？因此，二家各有其執圓之說，若邏輯通當，而高下得失，固所難議。

60　見丁易東《大衍索隱・稽衍》，卷三，頁362。

四、沈括以生成數皆五而土行無所待

丁易東取沈括[61]之說，云：

> 夢溪沈氏曰：土無所待，生數五，成數亦五，則大衍之數
> 五十也。其用四十有九者，著聚之則一，而四十九隱於一
> 中，散之則四十九，而一隱於四十九中。一者，道也，謂
> 之無，則一在，謂之有則不可取。[62]

沈氏從五行合天地之數的觀點立論，土行無所待，即無待於
他行（他數），故其生數爲五，成數亦爲五，如此則合大衍五十
之數。此一說法同於揚雄五行數之用。由五十分判一與四十九之
關係，沈氏認爲四十九爲著數之用，四十九聚合則爲一，爲隱於
一之中；以一爲體，散之則爲四十九，則一又隱於四十九之中。
亦即以一爲太極或道作爲體，其用分爲四十九，四十九因此一太
極或道而存在，故四十九中各存有此「一」此太極或此道。「一」
作爲太極，作爲道，固存於萬有之中，所以稱之爲「無」，此「無」
決然生物，萬有因之而生，故「一」本實然存在，但是，雖然是
實然存在，卻不能以「有」爲名。沈氏對此「一」之認識，即視
「一」同老子之道，亦類似同時期程頤（1033-1107 年）的觀點，
以「一」爲太極爲天理，天理生生於萬有之中。沈氏之言，亦可
視爲程朱理學之濫觴。

丁易東肯定沈氏有關一與四十九的聚散之說，但對生數五而
成數亦五之論，則提出強烈的質疑，指出「天五生土，地十成之，

---

61 沈括，字存中，北宋杭州錢塘（今浙江杭州）人。歷任太子中允、集賢校
理、太常丞、翰林學士等職。博通天文、方志、律歷、音樂、醫藥、卜算
之學。著《夢溪筆談》三十卷、《易解》二卷。
62 見丁易東《大衍索隱・稽衍》，卷三，頁 362。

何謂成數亦五？沈存中善算學，乃不能精察於此，則可怪也」。[63]
土行五與十，生者爲五，成者爲十，本爲不易之數，何以成數亦
作五，此於數理不通，僅在附合五十之數論。

五、林栗以土行合四行為五十

　　丁易東取林栗[64]以小衍大衍之說，述明土行合四行之主張，

---

63 見丁易東《大衍索隱・稽衍》，卷三，頁 362。
64 有關林栗之生平，詳見《宋史》本傳。朱彝尊《經義考》中，於其論著《周
　易經傳集解》目次下，亦有詳述，爲朱氏介紹《易》說中少數詳論者。林
　栗字黃中，福州福清人，登紹興十二年進士第。早期任崇仁尉、太常博士
　等職，孝宗即位，遷屯田員外郎、皇子恭王府直講。又知湖州、知夔州、
　廣南西路轉運判官、知潭州、集英殿修撰、知隆興府、兵部侍郎等諸多職
　務，職兵部侍郎時，朱熹任爲郎官，因熹腳疾請告未見，復以論《易》與
　《西銘》不合，乃疾言奏劾朱熹傲睨妄爲，不肯供職，卻反爲太常博士葉
　適與侍御史胡晉臣所劾，後知泉州、知明州。諡簡肅。（詳見脫脫等撰《宋
　史・林栗列傳》，卷三百九十四（北京：中華書局，1997 年 11 月 1 版），
　頁 12026-12032。）《宋史・藝文志》載錄其著，有《周易經傳集解》三十
　六卷、《春秋經傳集解》三十三卷、《論語知新》十卷、《林栗集》（《簡
　肅集》）三十卷、《林黃中奏議》五卷。（見脫脫等撰《宋史・藝文志》，
　卷二〇二、二〇八，頁 5039、5063、5068、5377。）其《周易經傳集解》
　論著，雖以「集解」爲名，並非廣採諸家《易》說，而是認爲有宋以來，
　學者研《易》論《易》，往往取經而不取傳，忽略了《繫辭傳》等《易傳》
　諸文的重要，「集解」即合《易傳》諸篇之詮解而言；反映出獨特個人風格
　的易學觀點，折衷執要而抒發己意。根據《四庫全書總目》所言，是書於
　淳熙十二年四月進於朝，本名《周易爻象序雜指解》，「後以未能該舉《彖
　詞（辭）》、《繫詞（辭）》、《文言》、《說卦》，乃改今名」。同時以王應麟《玉
　海》所言，認爲該書經傳三十二卷，《繫辭》上下二卷，《文言》、《說卦》、
　《序卦》、《雜卦》本文共爲一卷，以及〈河圖〉、〈洛書〉、〈八卦九疇〉、〈大
　衍總會圖〉、〈六十四卦立成圖〉、〈大衍揲蓍解〉共爲一卷，大致與後傳同。
　另外，他有《易解》，因與朱熹相齟齬而受到抵制，流傳不廣，今已佚失。（見
　林栗《周易經傳集解・提要》（臺北：臺灣商務印書館文淵閣《四庫全書》
　第 12 冊，1986 年 3 月初版，頁 1。）今之傳本主要爲《四庫全書》本，係
　原自朱彝尊《曝書亭》傳鈔藏本。原《通志堂經解》已刊付，但因林栗與
　朱熹衝突之影響，後毀其板而不見再傳。

云：

> 長樂林氏曰：夫天地之數五十有五，有小衍，有大衍。小
> 衍之數衍其五，大衍之數衍其五十；大衍之數具於小衍之
> 中，小衍之數包乎大衍之內。小衍之數至十而終，大衍之
> 數自五十而起。五者何？土之生數也。十者何？土之成數
> 也。土與水、火、木、金先後而生，不與水、火、木、金
> 先後而成。水、火、木、金一者成，而土在其中矣。是故
> 一之成為六，而五與之俱，其數十有一；二之成為七，而
> 五與之俱，其數十有二；三之成為八，而五與之俱，其數
> 十有三；四之成為九，而五與之俱，其數十有四。總而言
> 之，則五十也。是故《洛書》五十而居中央，《河圖》縱
> 橫而為十五，天造地設，授之聖人，非私智之所能擬矣。
> 或曰：《圖》、《書》之數有一、二、三、四，而子不用
> 為五者。而子四數之何也；曰：為五者一，而四數之，則
> 既言其略矣！一、二、三、四既已為六、七、八、九矣，
> 又可得而見乎？水、火、木、金非土則不成，東、西、南、
> 北非中央則不位，故六、七、八、九各居其方，而五無乎
> 不在，故為五十之數也。以土之生數，而合四者之成數，
> 既為五十，以土之成數，而合四者之生數，亦為五十也。[65]

林氏以天地之數五十五，分小衍之數衍其五，大衍衍其五十，
二者之數相互具存包納。以「五」為土之生數，而「十」為土之
成數。土與四行先後而生，但不與四行先後而成，四行之成，土
俱在其中，故水之一成為六，土五與之俱在，其數為十一；火二
之成為七，土五與之俱在，其數為十二；木三之成為八，土五亦

---

65 見丁易東《大衍索隱・稽衍》，卷三，頁 365-366。

在，其數為十三；金四之成為九，土五亦在，其數為十四，合四行與土行之合數為五十（11+12+13+14=50）。林栗主張《河》九《洛》十，《洛書》以五與十居中央土行之位，而《河圖》縱橫皆為十五，同具五與十，乃天地自然之造作，非聖人所能私智擬為者。《河圖》與《洛書》皆本於小衍之用數，有四行之生數一、二、三、四，而不用其五；以其六、七、八、九之成，皆五合其一、二、三、四等四數之一。故水、火、木、金，非土行無以有成，四方非中央無以定其位，六、七、八、九處其方，定其行，無五之土行無以成，五俱在其中，五十之數亦由是可立，故土之生數，合四行之成數，而為五十，土之成數，合四行之生數，亦為五十。五十立天地自然之道，並為大衍之數。

丁易東對林氏的評論，云：

> 土與水、火、木、金，先後而生，不與之先後而成，其說不可曉。以土生數，合四成數，以十[66]成數，合四生數，雖可強合，亦不自然。蓋乘則可以四用其數，合則不當分而為四故也。[67]

認為林氏以土行與四行先後而生，不與四行先後而成，這樣的說法無可通曉。林氏之說理路尚明，但不知丁氏何以評為不可曉。丁氏同時以其以土之生數合四行之成數，以及以土之成數合四行之生數，雖可強合為五十，但所用卻不自然；進一步指出以乘得數，可以「四用其數」，以合得數，則不當分而為四數之合。推立五十，各務其說，並無必然可據之法，牽合附會，因之使然，而丁氏這一貶斥，並無更為允當之理據。

---

66 此「十」字當為「土」字之誤，當改「土」字為正。
67 見丁易東《大衍索隱・稽衍》，卷三，頁366。

第四節　參天兩地之說

　　「參天兩地」之概念，源自《繫辭傳》的倚數之理解，歷來
學者專取天地之數而自立其說，持論紛然，並無確切定論。「參
天兩地」本主於天地之數的運用，而天地之數又與大衍之數相互
牽繫，故易學家倡言衍學，亦多有從此而論者。丁易東所輯歷代
之衍說，可以歸為此類者，大致包括唐代之崔憬，以及宋代張載
（1020-1077 年）、朱震（1072-1138 年）、晁公武（1105-1180
年）、張行成（？-？年）等人。

一、崔憬以參天始三與兩地始二

　　丁易東引崔憬[68]之說，亦從天地之數以立其大衍五十，云：

> 按《說卦》云：「昔者聖人之作《易》也，幽贊於神明而
> 生蓍，參天兩地而倚數。」既言蓍數，則是說大衍之數也。
> 明倚數之法，當三天兩地；參天者，謂從三始，順數而至
> 五、七、九，不取於一也；兩地者，謂從二起，逆數而至
> 十、八、六，不取於四也。此因天地數止以配八卦，而取

68　崔憬，史傳不載，生卒年不詳，唐代李鼎祚《周易集解》多引其注，而其
　《易》作又引唐代孔穎達《周易正義》之說，約生活於李、孔二家之間。
　清代馬國翰指出：「憬，不詳何人，《隋書·經籍志》、《唐書·藝文志》
　俱不載，書亦不傳。……蓋其人不墨守輔嗣之注，而於荀、虞、馬鄭之學，
　有所窺見，故遺象者，援據為言，第不知《唐志》何以佚之也。」（《王
　函山房輯佚書·經編·易類》）崔氏易學，不墨守王學，於重於玄理之時，
　亦重於象數，李氏《周易集解》多可見引，據潘雨庭先生之統計，《周易
　集解》采錄者有二百餘處，僅次於荀爽。

其數也。按「數止」二字，今李氏《易解》本作「致上」。艮為少陽，其數三；坎為中陽，其數五；震為長陽，其數七；乾為老陽，其數九；兌為少陰，其數二；離為中陰，其數十；巽為長陰，其數八；坤為老陰，其數六。八卦之數，總有五十。故云大衍之數五十也。不取天數一、地數四者，此數八卦之外，大衍所不管也。其用四十有九者，法長陽七七之數也；六十四卦既法長陰八八之數，故四十九著則法長陽七七之數焉。著圓而神，象天；卦方以知，象地；陰陽之別也。捨一不用者，以象太極虛而不用也。且天地各得其數，以守其數，故太一亦為一數，而守其位也。[69]

　　崔憬根據《說卦》的「參天兩地而倚數」之說，認為天地之數作為著數之運用，所確立之大衍之數的倚數之法，即「三天兩地」。陽數之用，以「三天」而起於「三」，依次順數為五、七、九，至於「一」則不取。陰數之用，以「二地」而起於「二」，依次逆取其數，為十、八、六，至「四」則不取。天地之數共十，而八卦僅八，以天地十數合八卦，必溢出二數，故「一」與「四」數不取其用，則八數合八卦，陽卦分別為艮三、坎五、震七、乾九，陰卦分別為兌二、離十、巽八、坤六；八卦之數的總和，則為五十，即：3+5+7+9+2+10+8+6=50。此五十之數，即大衍所用之數。天地之數合此八數即為推布八卦乃至六十四卦之用數，崔憬並認為六十四卦之數，乃效法巽卦長陰「八」數之概念，八八為六十四，即《易》之別卦之數；地方本此，故卦列取其方以象地。又，大衍所用四十九之用數，亦效法震卦長陽「七」數之概念，七七為四十九，合所用之數；天圓本此，則著以四十九用數，

69 見丁易東《大衍索隱・稽衍》，卷三，頁357。

合其天圓之象。五十捨其「一」不用，象徵太極之虛狀。天地各得其定然之數，各守其固定之數，同太一之一般，以其「一」數而守其根源之定位。

對於崔氏之說，丁易東認爲李鼎祚《周易集解》中已有詳辨，並且肯定「大衍四十九爲用七七，實本於此」；[70]即取長陽七七爲四十九之大衍用數，如天圓之體，推蓍所用，即本於此。此七七爲四十九的天圓之狀，如同元代初期張理（？-？年）於其《易象圖說》所列圓圖與所言「七七而四十有九」之認識。[71]

二、張載取參天兩地之乘數

丁易東取張載[72]參天兩地之乘數的主張，云：

> 橫渠張子曰：參天兩地，五也。凡三五乘天地之數，總四十有五，并參兩之五共五十。虛太極之一，故其用四十有九。[73]

天地之生數爲一、二、三、四、五，乃參天與兩地，合爲五數，其「三五乘天地之數」者，乃以三乘一、二、三、四、五，得三、六、九、十二、十五，總合爲四十五（3+6+9+13+15=45）；此四十五數並參兩之五數，共爲五十，即大衍之數。虛一爲太極，

---

70 見丁易東《大衍索隱·稽衍》，卷三，頁358。

71 張理之圖式與內容之說明，參見張理《易象圖說·內篇》，卷下（臺北：臺灣商務印書館文淵閣《四庫全書》本第21冊，1986年3月初版，頁399。

72 北宋張載，字子厚，祖籍大梁（今河南開封），後遷鳳翔郿縣（今陝西眉縣）橫渠鎮，故世稱橫渠先生。歷任雲巖令、祁州同法參軍、崇文院校書、太常禮院等職。其學宗本《易》與《中庸》，主張太虛即氣之氣化觀。著《橫渠易說》三卷、《正蒙》十篇、《經學理窟》十二篇，編入其《張子全書》。釋說《易》文簡略，重在義理。

73 見丁易東《大衍索隱·稽衍》，卷三，頁360。

其所用者爲四十九數。對於張載之說，丁易東之評論，指出「用《洛書》四十五數，而加參兩之五，合兩數而成，便不自然」。[74]即取合《洛書》之數，但以此四十五數，再加參（三）、兩（二）合爲五之數，總合爲五十，此三與二數之合用，並非理當自然。

三、朱震取小衍爲參兩合大衍

丁易東取朱震[75]之說，云：

> 漢上朱氏曰：小衍之五，參兩也；大衍之五十，則小衍在其中矣。一者，體也；四十九者，用也；非四十九復有一而不用也。又曰：二十四合三十六，五十也；二十八合三十二，亦五十也；非大衍五十，其用四十九乎？[76]

朱震以「參兩」之天地生數爲小衍五數，而大衍之數五十，強調小衍之數存在於大衍之中，透過大衍之數推定三十六、三十二、二十八、二十四等四種策數，即九、八、七、六等四個筮數，亦即天地之數的四個成數。此大衍之四個成數，皆從小衍的參兩五數而來，即一五合爲六、二五合爲七、三五合爲八、四五合爲九。同時，二十四合三十六策數，即老陰與老陽之策數，合爲五

---

74 見丁易東《大衍索隱·稽衍》，卷三，頁 360。
75 根據《宋史》本傳以及《宋元學案》的記載，朱震字子發，世稱漢上先生，諡朱文定公；湖北荊門軍人，爲宋徽宗政和期間的進士，累仕州、縣，並受胡安國薦召爲司勳員外郎，後改除祠部員外郎，兼川、陝、荊、襄都督府詳議官。又遷祕書少監侍經筵，轉起居郎、兼建國公贊讀。再遷中書舍人兼翊善，轉給事中，知禮部貢舉，累遷翰林學士。全祖望補本《宋元學案·漢上學案》中，明確提到朱震爲上蔡謝良佐門人，而謝良佐又爲二程弟子，所以爲二程再傳。朱震學術深博，廉正守道，爲士之冠冕；尤以經學深醇，特專於《易》與《春秋》。撰《漢上易傳》，併《周易圖》與《周易叢說》，收錄於《四庫全書》中。
76 見丁易東《大衍索隱·稽衍》，卷三，頁 364。

十；二十八合三十二策數，即少陰與少陽之策數，亦合為五十。此五十之合數，乃朱震之誤說，合數實當為六十。大衍五十之數，以其「一」不用象徵太極，為自然生成、陰陽變化之體，而所用者為四十九，乃萬物生成變化之用，四十九之用，必由此五十而來。

　　對於朱氏之說，丁易東指出：朱震肯定大衍五十之數，「既曰五十，則四十九之外有一矣」，四十九合其「一」體為五十。而「以小衍為五，却是一說」，以立其推定之筮數。另外，「至如老與老合，少與少合，皆得六十，漢上謂亦五十，何其不審也」。[77]朱震未審合數為六十，而誤作五十。

四、晁公武取參兩五行小衍之推佈

　　丁易東取晁公武[78]參兩合五行的小衍之法，云：

> 昭德晁氏曰：小衍者，參兩是也。參者，一、三、五，水、木、土也；兩者，二、四，火、金也。各循而十之，一衍之至十，二衍之至一，三至二，四至三，五至四，所謂互為首者，衡衍之也。從衍之，則一十百千萬也。[79]

---

77 見丁易東《大衍索隱・稽衍》，卷三，頁364。
78 晁公武，字子止，號昭德先生，祖籍澶州清豐（今河南清豐），後遷居濟州鉅野（今山東巨野）。少承家學，浸耽群書。紹興二年（1132年），登進士第。歷任四川轉運副使并度屬官、知恭州、榮州、合州、瀘州、吏部郎中、監察御史兼樞密院檢詳文字、御史臺右正言、殿中侍御史、侍御史、四川安撫制置使、文閣直學士、臨安府少尹、吏部侍郎等職。其著《郡齋讀書志》二十卷，在目錄學史上具崇高之地位。又撰《易詁訓傳》十八卷、《尚書詁訓傳》四十六卷、《毛詩詁訓傳》二十卷、《中庸大傳》一卷、《春秋詁訓傳》三十卷、《石經考異》一卷、《稽古後錄》三十五卷、《通鑑評》十卷、《老子通述》二卷、《昭德堂稿》六十卷、《嵩高樵唱》二卷等，諸作今已亡佚，僅若干詩文殘篇。
79 見丁易東《大衍索隱・稽衍》，卷三，頁364。

　　晁氏以小衍為參兩為「五」，由一而至五，各循序推衍，一衍二、三、四、五、六、……至十，二衍三、四、五、……至一，三衍至二，四衍至三，五衍至四，合參兩五數之衍，可得五十之數，此橫衍之法；另參兩之五數，又有縱衍者，即一、十、百、千、萬之衍。

　　丁易東針對此說，提出之批評云：

> 此說初看亦善，但六、七、八、九、十亦可衍而為五十。
>
> 蓋六衍之至五，七衍之至六，八衍之至七，九衍之至八，十衍之至九，不獨參天兩地為可衍矣。於四十九亦無發明。[80]

　　認為除了參兩之五衍可得五十之數外，成數之六、七、八、九、十亦可以衍為五十；六衍七、八、九、十、一、二、三、四至五，同樣的，七衍至六，八衍至七、九衍至八，十衍至九，也可得五十之數，非僅參天兩地可得其數。又，晁氏並未述明四十九數之由來。

五、張行成取生成數各行參天兩地

　　丁易東取張行成[81]生成數各行參兩之說，云：

80　見丁易東《大衍索隱・稽衍》，卷三，頁364。

81　張行成，字文饒，學者號觀物先生，南宋臨邛（今四川邛崍）人。其生平論著，參見《宋元學案》記載：「乾道間，由成都府路鈐轄司幹辦公事，丐祠歸。杜門十年，著成《述衍》十八卷，以明三聖之《易》；《翼玄》十二卷，以明楊氏之《易》；《元包數義》三卷，以明衛氏之《易》；《潛虛衍義》十六卷，以明司馬氏之《易》；《皇極經世索隱》二卷，《觀物外篇衍義》九卷，以明邵氏之《易》。先生之學，歸宿在康節，故又別著《周易通變》四十卷，取自陳希夷至邵氏所傳《先天卦數》等四十圖，敷演解釋，以通諸《易》之變，始若殊塗，終歸一致，共七種，凡七十九卷。……先生之《自序》曰：康節先生謂：『圖雖無文，吾終日言而未嘗離乎是。蓋天地萬物之理，盡在其中矣。』……獨魏文靖公則盛稱之，而惜其書之

觀物張氏曰：九數分兩而得五十，一、二、三、四、五，
參天兩地也。五、六、七、八、九，亦參天兩地也。又曰：
九數合五而得五十，一九成十，一之衍也；二八成十，二
之衍也；三七成十，三之衍也；四六成十，四之衍也；五
五成十，五之衍也。又曰：奇數相合而得五十，一一、三
三、五五、七七、九九，相合為五十。又曰：九數相得而為
五十，一六、二七、三八、四九、五五相得，亦為五十。[82]

　　張氏詳述五十之數之由來，取天地之九數為用，一、二、三、
四、五，五、六、七、八、九，二者皆為參天兩地，合數為五十。
五衍之數，即九數之相合，一九、二八、三七、四六、五五，皆
各為十，五衍為五十。又，九數之奇數，重複之相合，一一、三
三、五五、七七、九九，亦為五十。又九數之相得，一六、二七、
三八、四九、五五，亦為五十之數。五十之數，為推衍天地自然
變化之數。丁易東認為「張氏之說，凡四條。其三條大率皆是用
兩五而去十，恐於地十之數，有所欠缺，不合於《易》。至若奇
數相合，即康　節之說也」。[83]天地之數，不宜去地十而不用，不
合《易傳》所記《易》數之說。至於奇數之所言，大抵取邵氏之
觀點。

　　不盡傳。嘗曰：『行成大意，謂理者，太虛之實義，數者，太虛之定分，
　　未形之初，因理而有數，因數而有象，既形之後，因象以推數，因數以知
　　理。』……先生官至兵部郎中、知潼川府。汪文定應辰帥蜀，薦其有捐軀
　　殉國之忠，而又善于理財。學者稱為觀物先生。」（見黃宗羲原著、全祖
　　望補修《宋元學案·張祝諸儒學案》（北京：中華書局，2007年1月1版
　　北京3刷），頁2616-2618。）
82 見丁易東《大衍索隱·稽衍》，卷三，頁364。
83 見丁易東《大衍索隱·稽衍》，卷三，頁364-365。

第五節 五乘十之説

從天地十數中尋找可以推衍爲五十之數的數字概念，「五」與「十」二數之併合或相乘，皆可得五十，且此二個數字在天地之數中，亦有其推衍運用上的特殊地位，故歷來學者建構大衍數說，往往取五乘十爲五十之說。丁易東輯索歷代學者五乘十之說法，包括僧一行（673-727 年）、司馬光（1019-1086 年）、程頤、呂大圭（1227-1275 年）、楊時（1053-1135 年）、蔡淵（1156-1236年）、呂大臨（1044-1091 年）、楊繪（1027-1088 年）、葉夢得（1077-1148 年）、項安世（1129-1208 年）、朱熹、袁樞（1131-1205年）、徐直方（？-？年）等人，約可歸爲此類。

一、一行以生成相錯得五合十

五十之數的由來，有由五乘十而得五十者，丁易東以沙門一行[84]即採此說，云：

> 沙門一行曰：自五以降爲五行生數，自六以往爲五材成數。錯而乘之，以生數衍成位，一六而退極，五十而增極；一六爲爻位之統，五十爲大衍之母。又曰：五十者，太極包四十九用也。[85]

---

84 一行，唐代高僧，俗姓張名遂，巨鹿（今河北平鄉）人。卒諡大慧禪師。《舊唐書》本傳載云博學多才，精於曆象與陰陽五行之學。譯《大日經》，著《大日經疏》、《開元大衍曆》、《易傳》、《大衍論》、《大衍玄圖》等著。以《易》數推曆爲其易學特色。

85 見丁易東《大衍索隱・稽衍》，卷三，頁358。

　　一行認為自五以降即一至五數，為五行之生數，即萬物生成的初始之數，聯結五行所立之數；而自六以上至十數，即天地之成數，亦其所謂「五材成數」，地生五材，乃形器以成者。此五數為成就萬物之數，以五行列分而名為「五材」。其「錯而乘之」者，即生數與成數相錯而乘之，一與六乘而為六、二與七乘而為十四、三與八乘而為二十四、四與九乘而為三十六、五與十乘而為五十。同時，生數與成數除了有前述配位相乘之關係外，彼此亦有推衍形成之關係，即一與五衍而為六、二與五衍而為七、三與五衍而為八、四與五衍而為九、五與五衍而為十。一與六為生成數之初，生成數由初而極，由極而返初，故「一六而退極」；五與十為生成數之極，生成數由初而極，至「增極」者即此五與十數。一六統其爻位之數，而五十為大衍之母，合其乘數為五十，乃生成萬物之母體。此五十之數，含太極之「一」數為根源之體，以及「四十九」之用數。以「一」為體，以「四十九」為用。

　　針對一行之說，丁易東之評論，指出「一行之說亦通，但五十為大衍之母，止是以五合十，未見其為真五十也」。以五十作為大衍之母體尚可，然五十之形成，僅就生成數之極的五與十相合而論，未能見其實質的五十之數，此乃其所未明與於理未確者。至於其「太極包四十九用之說」，[86]大致合宜，即肯定五十之數，其「一」為太極，「四十九」為推用萬有之數，「一」之太極，並不在「四十九」用數之外，「一」包含「四十九」，太極為「一」，亦含「四十九」之用。

86　見丁易東《大衍索隱・稽衍》，卷三，頁358。

二、大小衍得五乘十之數

（一）司馬光以小衍為六大衍為五十

丁易東取司馬光[87]小衍大衍得五乘十之說，云：

> 涑水司馬氏曰：《易》有太極，一之謂也；分為陰陽之間，
> 必有中和，故一衍之則三而小成，十而大備。小衍之則六，
> 大衍之則五十。一者，數之母；數者，一之子。母為主，
> 子為用。是故小衍去一則為五，大衍去一則為四十九。[88]

以一為太極，為一切變化之初始，由一衍化陰陽為二，推衍
變化得其中和，此即一合二為三，是為變化之小成，如此推衍，
至十而大備。小衍之或即合一、二、三為六，大衍之則為五乘十
為五十。五十以「一」為一切變化初始之狀，即一切數字之母體，
則所有之數字，皆為「一」之子。「一」作為母體，為創發之主
體，而其四十九數為子，以此四十九數為子為用。小衍數六，去
一則為五。小衍去其「一」則為五，以所用為去一，陰陽變化後
合一、二、三為六，是小衍以六而去一則為五。大衍五十，去其
一則為四十九。丁易東認為此說，「小衍之則六，大衍之則五十，
而不言其所以然之故，此余所未達」。[89]以小衍推之為六，大衍
推之為五十，其所以然者並未詳明，難以明其所達意旨。

---

87 司馬光，字君實，封溫國公，世稱涑水先生，又尊司馬溫公，諡文正。北
　宋陝州夏縣（今山西夏縣）人。進士出身，歷仁宗、英宗、神宗三朝。歷
　任天章閣待制兼知諫院、龍圖閣直學士、翰林學士、樞密副使、尚書左僕
　射兼門下侍郎等職。其《易》著有《溫公易說》六卷，通曉義理，論述主
　張切近人事，反對虛玄之說，又不取王弼之注說。
88 見丁易東《大衍索隱‧稽衍》，卷三，頁360。
89 見丁易東《大衍索隱‧稽衍》，卷三，頁360。

（二）程頤以小衍成十大衍為五十

丁易東取程頤以小衍大衍推定五乘十之說，云：

> 伊川子程子曰：大衍之數五十。數始於一備於五，小衍之
> 而成十，大衍之則為五十。五數之成也，成則不動，故損
> 一以為用。[90]

大衍五十之數，源於天地之數，以數始於一而備於五，則小
衍而成十，始一而至四之合為十，五並備之，故大衍即五乘十為
五十。損其「一」以為用，則所用為四十九。丁易東認為「此即
以五乘十之說，朱子之說本此，但其言引而不發，故有所未詳」。
[91]丁易東肯定五乘十為五十之說，並指出程氏主此說而朱子繼
之，但五乘十之觀點，引其說而未予述明，故所論有所未詳。

（三）呂大圭以小衍為五大衍為五十

丁易東取呂大圭[92]小衍大衍的得數之說，云：

> 樸卿呂氏曰：大衍之數，即天地之數也，數備於五，成於
> 十，五而十之，則五十也。小衍之為五，大衍之則五十矣。
> 在《河圖》則五十相乘為五十，在《洛書》則五自含五，
> 亦為五十。此自然之數也，故揲蓍之數用五十，其置一不

---

90 見丁易東《大衍索隱・稽衍》，卷三，頁359。
91 見丁易東《大衍索隱・稽衍》，卷三，頁360。
92 呂大圭，字圭叔，號樸卿，南宋泉州南安（今福建南安東）人。師從楊昭
　復，理宗淳祐七年（1247年）進士。歷任贛州提舉司干官、袁州通判、福
　州通判、尚書吏部員外郎、朝散大夫。德祐初年（1275年），為漳州知州，
　此時薄壽庚與田子真降元，大圭逃入海，邱葵作〈哭呂樸卿詩〉，指其「名
　隨天共遠，身與物俱亡」，「甘為南地鬼，不作北朝臣」。著有《春秋集
　傳》、《春秋或問》、《三陽講義》。事略參見《宋元學案》，卷六十八。

用者象太極也。[93]

　　大衍之數同於天地之數，其數備於五，而成於十，五合十爲五十。此乃以小衍之爲五，大衍之爲五十。此五十之數乃自然之數，皆備於《河圖》、《洛書》之中，《河圖》布列中以五與十相乘爲五十，《洛書》九數，中五之數自含其五，故亦爲五十。大衍揲蓍取五十，而置其一不用者象徵太極。丁易東認爲「此即朱子之說」，[94]取朱子之觀點爲論。

三、參天兩地得五乘十之數

（一）楊時以生數得十因五成之

　　丁易東取楊時[95]參天兩地，因生數之法，云：

　　龜山楊氏曰：一、三、五，天數也，三之爲九。二、四，地數也，兩之爲六。蓋天地之數備於五，其十也，以五成之，故參天兩地之數，具於五而已。[96]

　　楊氏以天地之數中的生數明「參天兩地」之義，一、三、五之天數，合數爲九；二、四爲地數，合數爲六。是天地之數備於此一、二、三、四、五等五數，重而爲十數，此「十」數因「五」而成之，故「參天兩地」之數，具足於「五」。

　　丁易東對此說之評論，認爲「其十也，以五成之，若與余第

93　見丁易東《大衍索隱‧稽衍》，卷三，頁369。
94　見丁易東《大衍索隱‧稽衍》，卷三，頁369。
95　楊時爲北宋南劍將樂（今福建將樂）人。學者稱龜山先生。諡文靖。熙寧九年（1076年）進士，官至龍圖閣直學士。與游酢、呂大臨、謝良佐並稱程門四大弟子。撰有《易說》，倡論義理之學。
96　見丁易東《大衍索隱‧稽衍》，卷三，頁360。

二說相表裏者」。[97]得其「十」者，因「五」而成之，與丁氏以「參天兩地」得老陰老陽之數的說法互為表裏，即天數一、三、五合為九數即老陽數，地數二與四合為六數即老陰之數，詳細之內容，將於後文論述其《大衍參天兩地得老陰老陽互變圖》中再作說明。[98]至於楊氏以「十」因五「而」成之的立意，「似謂五與五合而成十，非以五乘十之謂也」，[99]當在以五與五數合而為十，並不是以五乘十為五十之說。

（二）蔡淵參天兩地五位衍十之說

丁易東取蔡淵[100]參兩五位衍十之法，云：

> 節齋蔡氏曰：天三地二合而為五位，每位各衍之為十，故曰：大衍虛一以象太極。[101]

取天三地二合為五位，每位各衍十數，故合五位以十，則共衍五十。但是，何以因此而稱「大衍虛一，以象太極」？虛一當取四十九之用，而此虛一則象徵太極。丁易東認為蔡氏此說，「以五位衍之為十，亦與石林之說不甚遠」。[102]五位衍十為五十，所用為四十九，則此即虛一為四十九之用，與葉夢得之說相近。

97　見丁易東《大衍索隱・稽衍》，卷三，頁 360。
98　有關之圖式與論述內容，參見丁易東《大衍索隱・原衍》，卷一，頁 327。
99　見丁易東《大衍索隱・稽衍》，卷三，頁 360。
100　蔡淵，字伯靜，號節齋，福建建陽人，蔡元定（1135-1198 年）之長子。幼年穎悟，其質純粹，內承父訓，外事朱熹，曾於朱熹武夷精舍、建陽滄州精舍從其學，後隱居九峰山。識達廣博，洞明聖學，曾任婺州教授。著有《易象意言》、《周易訓解》、《卦爻辭旨》、《古易協韻》、《大傳易說》、《象數餘論》、《太極通旨》、《四書思問》等作。有關事略，參見《閩中理學淵源考》，卷二十五。
101　見丁易東《大衍索隱・稽衍》，卷三，頁 368。
102　見丁易東《大衍索隱・稽衍》，卷三，頁 368。

四、呂大臨以參天兩地與大小衍得五乘十之數

丁易東取呂大臨[103]參兩合大小衍得其乘數之說，云：

> 呂氏與叔曰：天三地兩，參天兩地而倚數。又曰：參伍以
> 變，錯綜其數，不獨以五，亦有參焉、有兩焉。天數二十
> 有五，五其五也。地數三十，六其五也；地數五，故又兩
> 之為三才。參天兩地以為五，小衍之為十，兩其五也。大
> 衍之為五十，十其五也。《易》之數皆類此。[104]

呂氏亦就「參天兩地」之數的變化運用進行推衍。天地之數
以其天數為二十五，乃其天數五數乘五而得之；地數三十，以地
數五數乘六而得之，此即地數之「兩之」所致。「參天兩地」合
三與二為五，小衍乃「兩其五」，即五合五為十。大衍為五十者，
則為「十其五」，即十乘五而所得者，亦即合參天兩地之「五」
數與小衍之「十」數相乘所得者。

丁易東針對呂氏之說所作之評論，云：

> 五其五、六其五、兩其五、十其五之說，比他說為通。但
> 地數五又兩之為三十，其說未詳。[105]

---

103 呂大臨，北宋人，字與叔，世稱藍田先生。原籍河南汲郡（今河南汲縣），
　　後移居京兆藍田（今陝西藍田）。歷任太學博士、秘書省正字等職。初從
　　學於張載，後受業於二程，程門四大弟子之一。博通六經，尤擅於《禮》。
　　著《禮記傳》、《易章句》、《考古圖》、《中庸解》、《大學解》等著。
104 見丁易東《大衍索隱・稽衍》，卷三，頁 360。文中「三才」者，當為「三
　　十」之誤，據改。
105 見丁易東《大衍索隱・稽衍》，卷三，頁 360。游經順於本段引文之斷句
　　作「五其五，六其五，兩其五十，其五之說」。（見游經順《丁易東易學
　　研究》（臺北：國立政治大學中國文學系在職碩士班碩士論文，2014 年 1
　　月），335。）所斷為誤。

肯定其「五其五」、「六其五」、「兩其五」、「十其五」等說，較他說爲通洽，但對於「地數五又兩之爲三十」的說法，並未詳明。呂氏以地數合數之三十，同「六其五」的六與五兩數相乘之所得，就天數取其五數重而相乘得五五「二十五」尚可通，但地數何以取六五「三十」之「六」，取其「六」數相乘，於理則似有牽強。[106]

五、楊繪以盈於十者五之用數

丁易東取楊繪[107]以十乘五、十者五之說，云：

> 楊氏元素曰：以一加九，以二加八，以三加七，以四加六，以五加五，盈於十者凡五，而大衍之數成矣。又云：九之數以九衍之則八十一，以八衍之則七十二，由七而至於一，可以類知矣。十不可衍，盈數也。九衍之數，凡千一百五十有七；盈數因之，則萬有一千五百二十，去其大衍之數，則與二篇之策合矣。[108]

天地之數，「十」數爲盈滿之數，既盈滿則備而不用，餘九數首尾相加：一加九、二加八、三加七、四加六、五加五，合爲五個十，即大衍五十之數。前四組「十」數，即《洛書》九數的對應二數之合，後之五加五者，五數居中，不能對加，則自合亦爲十。楊氏以天地之十個數，除了「十」數盈滿不計，餘之九個

---

106 游經順對於丁易東於此說，乃至呂大臨之說法，稍有曲解。見游經順《丁易東易學研究》，335。
107 楊繪，字元素，號無爲子，北宋漢州綿竹（今四川綿竹）人。歷任翰林學士、御史中丞、天章閣待制等職。善治經濟實學，亦長於《易》與《春秋》，著《易索蘊》，今已亡佚。
108 見丁易東《大衍索隱·稽衍》，卷三，頁363。

數進行推衍，「九」之數以九衍之爲八十一，以八衍之則七十二，再衍七、六、五、四、三、二、一，各得六十三、五十四、四十五、三十六、二十七、十八、九等值，合爲四百零五。指出九衍之數爲一千一百五十七，殊不知所由何來。若天地九數皆進行九個數之推衍，除了上述九之數外，餘八個數之得數爲：

八之數由九衍至於一：72、64、56、48、40、30、24、16、8，總合爲360。

七之數由九衍至於一：63、56、49、42、35、28、21、14、7，總合爲315。

六之數由九衍至於一：54、48、42、36、30、24、18、12、6，總合爲270。

五之數由九衍至於一：45、40、35、30、25、20、15、10、5，總合爲225。

四之數由九衍至於一：36、32、28、24、20、16、12、8、4，總合爲180。

三之數由九衍至於一：27、24、21、18、15、12、9、6、3，總合爲135。

二之數由九衍至於一：18、16、14、12、10、8、6、4、2，總合爲90。

一之數由九衍至於一：9、8、7、6、5、4、3、2、1，總合爲45。

九個數各經九衍，其全部總合之數爲2095，即：

405+360+315+270+225+180+135+90+45=2025

此一數值與楊氏所言一千一百五十七並不相合。若取九之數由九衍至於一，八之數由八衍至於一，七之數由七衍至於一，六、五、四、三、二、一等數皆以此類推，則總合之數爲1155，即：

九之數由九衍至於一之合爲：81+72+63+54+45+36+27+18+9=405

八之數由八衍至於一之合爲：64+56+48+40+32+24+18+8=288

七之數由七衍至於一之合爲：49+42+35+28+21+14+7=196

六之數由六衍至於一之合爲：36+30+24+18+12+6=126

五之數由五衍至於一之合爲：25+20+15+10+5=75

四之數由四衍至於一之合爲：16+12+8+4=40

三之數由三衍至於一之合爲：9+6+3=18

二之數由二衍至於一之合爲：4+2=6

一之數衍一爲：1

　　因此，總合之數爲：405+288+196+126+75+40+18+6+1=1155。此數亦不與楊氏所言同，疑楊氏所言之 1157，或當爲此數之誤。同時，楊氏以其所得之數，再以地十「盈數因之」，正合一萬一千五百二十的筮數，此數之所得，亦不知其由。丁易東針對楊氏衍數去其盈數之說，提出質疑，認爲「《大傳》明有天十[109]，而此乃去之，恐無所據」。地十盈數本《繫辭傳》所明載者，去之而不用，不合實據。同時指出「大抵張行成之說亦如之」，[110]張行成之說與楊氏相近。

六、葉夢得以土行五與十之乘數

　　丁易東取葉夢得[111]以土行五乘十之數立說，云：

---

109 「天十」，當爲「地十」，當爲傳抄之誤。

110 括弧引文，見丁易東《大衍索隱・稽衍》，卷三，頁 363。

111 葉夢得，字少蘊，號石林居士，江蘇吳縣（今江蘇蘇州）人。文人世家，祖父爲北宋名臣葉清臣。紹聖四年（1097 年）登進士第。歷任翰林學士、戶部尙書、尙書左丞、江東安撫大使、知建康府、知福州、婺州教授、議禮武選編修。卒追檢校少保。以詩文爲名，著《石林燕語》、《石林詞》、

石林葉氏曰：一物之間各有其二，陰陽之義也。故水有一六而為壬為癸，火有二七而為丙為丁，木有三八而為甲為乙，金有四九而為庚為辛，土有五十而為戊為己，此一物而具陰陽者也。夫一物之間，陰陽尚不可偏廢，五行周流天地之中，自古亘今而不息，使一行用事而四時無以成之，孰為相剋，孰為休囚，王廢各自為謀，而不能相通。譬之木用於春而不知有夏，秋冬則何以成歲功乎？是又一行之間不可不具其十也。故聖人用為之法，推一行而總其十，推五行而總其五十。《洪範》卜五占用二衍，忒衍者何也。爻之有動，變而之他卦者也。今自一衍之至於十，自五衍之至於五十，而天地萬物之理無有不徧，其所總者固已大矣。茲亦變而之他，如《洪範》之所謂衍是也，所以為大衍者歟。[112]

萬物因陰陽而生，故物中各有其二，即各有其陰陽，五行亦然；此陰陽以天地之數表徵，並結合天干，則水行含一六為壬癸，火行含二七為丙丁，木行含三八為甲乙，金行含四九為庚辛，土行居中含五十為戊己。此即五行各具陰陽而周流於天地之間，亦物物具陰陽而不可偏廢。五行相通相成，一行用事，餘四行亦牽引互動，則一行含陰陽二數，此一行之動而四行亦相連，故一行具十數，五行則總五十之數。卦爻衍數即本此義，一衍以十，五行則至於五十，此大衍之法，乃總天地萬物之理具而無所不攝。丁易東認為葉氏所言大衍五十之來由，「此乃用一行為十，五行

《石林詩話》等作。《直齋書錄解題》著錄《石林總集》百卷、《建康集》十卷、《審是集》八卷，今存《建康集》八卷。相關事蹟，參見《宋史》本傳。

112　見丁易東《大衍索隱‧稽衍》，卷三，頁 363-364。

爲五十之說」，[113]取五行總五十之觀點。

七、項安世取生成極數之乘數

丁易東取項安世[114]生數與成數之極數作爲成乘數之說，云：

> 平庵項氏曰：生數自一、二、三、四而極於五；成數自七、
> 八、九、六而極於十；故大衍之數五十，取天地之極數以
> 立本也。布算者，生數至四而止，遇五則變而為一；成數
> 至九而止，遇十則變而為一；故其用四十有九，取天地之
> 變以起用也。[115]

天地之生數由一至四而極於五，成數爲六、七、八、九而極
於十，則大衍五十之數，取此天地之極數「五」與「十」而立其
根本。推著明其吉凶者，生數止於四，遇五則變而爲一；成數亦
止於九，遇十亦變而爲一。至「四」與「九」則變，此所以用四
十九之數，即取天地之變而用者。

丁易東認爲「此說似乎近理，但極於五、極於十，乃是五與
十，與四十九之下五十不同」。項氏取極數而言，乃「五」與「十」
二數，非「五十」之一數，是所論未洽。另外，「以布算變而爲
一之說，未知古人亦如今之布算否」。[116]遇五與十而變而爲一者，

---

113 見丁易東《大衍索隱・稽衍》，卷三，頁 364。

114 項安世字平甫，號平庵。先世括蒼（浙江麗水），後遷江陵（湖北）。爲
宋孝宗淳熙二年（1175 年）進士，光宗紹熙四年（1193 年）任秘書省正
字，明年爲校書郎兼實錄院檢討官。寧宗期間通判池州、知鄂州、遷戶部
員外郎、湖廣總領，終職於太府卿。專於《左傳》與《周易》，於《易》
自謂從學於程氏《易傳》，有《周易玩辭》十六卷、《項氏家說》、《平
庵悔稿》等著。生平事蹟可見《館閣續錄》、《宋史》本傳。

115 見丁易東《大衍索隱・稽衍》，卷三，頁 366。

116 見丁易東《大衍索隱・稽衍》，卷三，頁 366。

未必爲古人所用，故所言亦無據。

八、朱熹取《河圖》與《洛書》合五乘十之數

丁易東取朱熹以《河圖》、《洛書》聯結五乘十之說，云：

> 子朱子曰：《河圖》、《洛書》之中，數皆五衍之，而各極其數，以至於十，則合爲五十矣。《河圖》積數五十五，其五十者，皆因五而後得，獨五爲五十所因，而自無所因，故虛之則但爲五十。又五十五之中，其四十者，分爲陰陽老少之數，而其五與十者無所爲，則又以五乘十，以十乘五，而亦皆爲五十矣。《洛書》積數四十五，其四十者散布於外，而陰陽老少之數，惟五居中而無所爲，則亦自含五數，五并爲五十矣。[117]

朱子以《河圖》、《洛書》述明五十之用數，認爲二者之用數，皆由五衍之，極於十而合爲五十。《河圖》十數總爲五十五，而言五十者，乃其因五而後得，以五爲五十之所因，但自無所因，則虛其五而爲五十。《河圖》以五與十居中，外圍以生數合其陰陽老少之數爲四十，中之五與十無所爲，故二數相乘爲五十。《洛書》九數之合爲四十五，五居其中，餘八數布列於外，亦生數與陰陽老少對應布列爲四十，五數居中而無所爲，亦自含五數而合爲五十。

丁易東認爲「朱子之說，兼取諸家，蓋亦以先儒未有定說故也」。[118]先儒以五十之說未有定論，朱子則兼取諸家之說而爲己說。

---

117 見丁易東《大衍索隱・稽衍》，卷三，頁 365。
118 見丁易東《大衍索隱・稽衍》，卷三，頁 365。

九、袁樞取五與十不用之乘數

丁易東取袁樞[119]五合十之說，云：

> 建安袁氏曰：大衍之數五十，其用四十有九，諸儒不勝其
> 異說，惟關子明知其為五位皆十。然猶以大耦之，一盈而
> 不用，為四十九著之解其說，固與諸儒少異，而溺於虛一
> 之見則同耳。今作此圖以明揲著不用五十，庶幾無失經旨，
> 可以少祛諸儒之惑矣。又曰：合五倚天地之數，分十衍乾
> 坤之策，一六、二七、三八、四九，各居陰陽老少之位，
> 則五十不用自見矣。[120]

肯定關子明以五十之數，為五位皆十而得其數者，但不溺於
「虛一」為四十九之說。取其一六、二七、三八、四九的陰陽老
少居位，其五與十為五十不用，以顯其五合十為五十。

丁氏對於此說之評論，云：

> 不用五十之說似矣，而非也。此所謂五十者五與十也，五
> 與十為兩字。大衍之五十，則是四十九下之五十，而五十
> 為一字，安得混為一數哉？若五十可以言五與十。則四十
> 九亦可言四與九矣！不用五十而用四九，則所謂少陽之
> 七、少陰之八、太陰之六安在哉？[121]

---

119 袁樞，字機仲，南宋建安（今福建建甌）人。宋孝宗隆興元年（1163 年）
　　進士，世稱西山先生。歷任溫州判官、嚴州教授、太府丞兼國史院編修、
　　大理少卿、工部侍郎兼國學祭酒、右文殿修撰、江陵知府等職。史學研究
　　享富盛名，編修《宋史》列傳之部份，又著《通鑑紀事本末》四十二卷。
　　晚年喜讀易，著有《易學索引》、《周易辯異》等作。
120 見丁易東《大衍索隱‧稽衍》，卷三，頁 365。
121 見丁易東《大衍索隱‧稽衍》，卷三，頁 365。

　　反對袁氏所倡五十不用之說，而袁氏之「五十」，爲「五」
與「十」兩字，不與大衍之數五十之「五十」爲一字同，即兩字
不同於一字，「五」與「十」不同於「五十」；若「五十」可以
作「五」與「十」，則「四十九」就可作「四」與「九」，如此
一來，其用「四九」，則太陽之「九」在，而餘少陽之七、少陰
之八、太陰之六，又所在於何？

十、徐直方以數五者有十之說

　　丁易東取徐直方[122]以數僅於五而衍至於五十之說，云：

> 古爲徐氏曰：天地之數五十五，而大衍之數却只五十，蓋
> 爲本只是一箇一，以一對一爲二，以一對二爲三，以二對
> 三爲五，故數止於五。以言乎身，則首與四體爲五也；以
> 言乎四體，則手足雖各十指，而一手一足皆五指也，兩手
> 足故有十指爾。數止於五，衍之至五十，爲五者十謂之大
> 衍。五者，數之母也；大衍之數五十，則既藏其母於用矣。
> 而一者，又數之父也；其用四十有九，則并其父之用而藏
> 之矣。邵子謂圖皆自中起，自中起者，非謂自五起也，正
> 謂自一起爾；五居其中，而一又居其最中也。居中之五，
> 一便是天圓，四便是地方。其用四十有九，又掛其一，以
> 一爲君，而八六四十八之數爲之用也。[123]

　　徐氏以天地之數五十五，而大衍之數只五十，取其「五」數

122　徐直方，字立大，廣信人，號古爲。歷任之官職，初補迪功郎，後除正言，
　　　官至江東憲。度宗咸淳三年（1267 年），進《易解》六卷。事略見《宋元
　　　學案・存齋晦靜息庵學案》，卷八十四。
123　見丁易東《大衍索隱・稽衍》，卷三，頁 369。

之推衍，以一加一為二，一加二為三，二加三為五，數止於五。以「五」類之於人身，人首合四體為五，四體之手足雖各十指，但一手一足各皆五指。數止於五，衍至五十者，以五為母，藏其母而為用。數又始於一，則一為數之父；大衍以四十九為用，則並其父之用而藏之。邵雍卦圖之說，強調圖皆自中起，此中起非自五而起，而是起自於一；五居其中，而一為中之最中、中之極。從居中之五而言，一便是天圓，而四便是地方。四十九之用，取其一而掛之，此一為君，以寡領眾，以一領四十八，則四十八為之用。

　　丁易東評論徐氏之說，認為以「五者數之母，一者數之父，為說甚新，然究其指歸，亦前虛五虛一之說也」。[124]以一、五象徵父母，說法新穎，但衍作五十與四十九，亦屬虛五虛一之主張。

第六節　天地之數去其六

　　天地之數五十五，去其六數適合大衍四十九之用數，歷來學者衍學之說，則有直探以天地之數去其六而成其衍數者，取丁易東所輯而歸此類者，大致包括胡瑗（993-1059年）、李覯（1009-1059年）、鄭東卿（？-？年）與潘植（？-？年）等家。

一、胡瑗取地數去六之說

　　丁易東取胡瑗[125]以地數去六之說進行評論，認為：

124　見丁易東《大衍索隱・稽衍》，卷三，頁369。

125　胡瑗，字翼之，泰州海陵（今江蘇泰州）人，以其父親任節度推官時之所居。胡氏祖籍安定，故世稱安定先生，諡文昭。生於北宋太宗淳化四年，

> 安定胡氏曰：天數象君，地數象臣，臣不可盛於君。聖人
> 於地數之中去六，合天數為四十九。又曰：大衍之數即天
> 地之數，當有五十有五，今言五十者，蓋脫漏也。五十有
> 五之數。去坤六爻之數為四十九。[126]

胡瑗以天地之數象徵君臣之關係，天數爲君，地數爲臣，臣
不可以凌盛於君，同於地數不可超越天數，故聖人乃於地數之中
去其六，則天數二十五合地數二十四，即四十九數。胡氏並明確
指出大衍之數即天地之數，當爲五十五數，世之普言五十者，當
「五十五」脫其「五」字者，至於所用四十九者，乃去坤卦六爻
之數而用。胡氏此二說，皆肯定大衍之數爲五十五，所用四十九
者，爲去地數六或去代表地之坤卦六爻之數所致。

對於胡氏之說，丁易東認爲「按上兩說，皆是去六，與別本
《乾鑿度》及姚、董之說同，但《鑿度》及姚、董以爲去爻之六
數，而此謂去陰數之六耳」。[127]以胡氏五十五數之說，與別本《乾
鑿度》、姚信、董遇同爲一系，只不過胡氏探去陰數（地數）之「六」
而得四十九，而後之三家，則探去一卦六爻之數。此其異者。

二、李覯以天地之數不用為六

丁易東取李覯[128]之說，以天地五十五數爲本，用四十九數而

卒於北宋仁宗嘉祐四年，享年六十七歲。天資聰穎，學養豐厚。范仲淹曾
聘之爲蘇州州學教授，仁宗慶曆二年（1042），以保寧節度推官兼教授湖
州州學。仁宗皇祐四年（1052），爲國子監直講。生平事跡，見《宋史》
本傳，其學術表現，《宋元學案》列名〈安定學案〉。其生平主要著有《周
易口義》，《洪範口義》，及《資聖集》十五卷。

126 見丁易東《大衍索隱・稽衍》，卷三，頁359。
127 見丁易東《大衍索隱・稽衍》，卷三，頁359。
128 李覯，字泰伯，世稱盱江先生。北宋建昌軍南城（今江西南城）人。博士

未明其由，云：

> 李氏泰伯曰：天地之數五十五，揲蓍之法只可用四十九，
> 取其整數而已，增一損一則不可揲。[129]

　　天地五十五數為不變的自然之理，而揲蓍有其定法，取四十
九數為用，故大衍取其五十整數而已，但實際的推揲操作，增益
一數或減損一數皆無法揲數推定。丁易東對李氏之評論，認為「但
可言其已成之用，而不見其所取之初意」。[130]李氏確立四十九數
作為推筮之用數，但取此用數之來由若何，則未究其可能。

三、鄭東卿取天地之數函三去六之說

　　丁易東取鄭東卿[131]以天地之數函三去六為論，云：

> 合沙鄭氏曰：數起於一，中必具函三之理。三引之則六，天
> 地五十五數之中，去六而為四十九，合六為一以成五十。[132]

　　鄭氏認為天地之數起於一，「一」具函三之理，即函一、二、
三為六，於天地之數五十五中去其函三之六數，則所得為四十九；
六數既為函三所成者，函三而為一，即「合六為一」，以此「一」
合四十九則為大衍五十之數。

通識，尤長於《易》、《禮》。重於義理，反對象數解《易》之法。以天
道明於人事之盛衰；繼承王弼義理之學，但反對玄學的內容，亦吸收漢魏
以來之卦氣主張。重視以陰陽二氣論釋八卦之義，開氣化《易》說之宋學
先河。《易》著撰有《易論》一卷、《刪定易圖序論》六卷。

129　見丁易東《大衍索隱・稽衍》，卷三，頁362。
130　見丁易東《大衍索隱・稽衍》，卷三，頁362。
131　鄭東卿，字少梅，自稱合沙漁父，南宋初期萊州三山（今山東西由）人。
　　學出於丘程，以《易》理顯於卦畫之中，著《周易疑難圖解》二十五卷、
　　《易說》三卷、《先天圖注》一卷。
132　見丁易東《大衍索隱・稽衍》，卷三，頁362。

函三爲一之概念，爲漢儒所論者，乃函三才之道爲一，即自然之道統歸於太極於一。鄭氏卻指函三爲含天地之數的初始的一、二、三等三數爲六數之「一」。對此丁易東之評論，指出「去六而爲四十九，合六爲一而爲五十，其說甚巧，但三引之則六，亦甚牽強。且合六爲一之說，亦無所據，但成先用四十九，而後成五十之數」。[133]肯定其得四十九與五十之數的說法甚爲巧妙，但函三而得六之說則甚爲牽強。並且，合六何以爲一，理據未明；又大衍當先五十而後用四十九，但鄭氏之說，則反先四十九而再推求五十，此又於理不宜。

四、潘植以德圓四十九而去六不用

丁易東取潘植[134]德圓七七爲四十九之說，云：

> 安正潘氏植曰：蓍之德圓六包一則爲七，七七四十九爲蓍之數。五十有五，而除四十九則餘六，是五與一出乎數。又曰：天地之數五十有五，而大衍之數五十，是天五冲氣爲出數者也。冲氣精神之大全，故以陰陽言，陰陽爲未分，以水火言，水火爲未判，判則兆於一。故一爲形變之始，出則散爲萬而不同，入則會於中而無二，是一爲出數而用數，其常用者四十有九，而一常虛焉。蓋一專妙用爲出數者也。[135]

蓍之德圓以六包一爲七，合六爻爲一卦，比數爲七，七七四

---

133 見丁易東《大衍索隱‧稽衍》，卷三，頁362。

134 潘植，字子醇，南宋侯官（今福建福州）人。生平未詳。撰《易說》，今已亡佚。其弟潘柄，字謙之，世稱瓜山先生，受學於朱熹，撰《周易集義》六十四卷。知其當爲朱熹（1130-1200年）稍晚學人。

135 見丁易東《大衍索隱‧稽衍》，卷三，頁363。

十九正爲蓍圓之用數。天地五十五數，減大衍用數四十九則餘六，六數爲五與一數之合，此五與一皆出於四十九用數之外。大衍取五十數，爲天五爲出數而成者。陰陽之一數，爲形變之始，以其變化爲萬有，所用爲四十九數，以一爲虛，出於用數之外，而象徵萬有之始者。

對於潘氏此說，丁易東認爲「此即虛五虛一之說，而巧於議論耳」。[136]仍屬虛五虛一之主張，巧於議論而無精當之處。

第七節　卦爻數運用之法

陰陽之變化，爲萬物生成之所由，而卦爻正爲陰陽變化所構築之宇宙存在之實然。陰陽以數字代稱，則卦爻亦與陰陽數字相契。大衍之法，爲推衍宇宙存在之變化運用系統，歷來學者亦採卦爻數之運用，作爲反映大衍數之由來。丁易東所輯諸家，包括姚信（？-？年）與董遇（？-？年）、荀爽（128-190 年）、易祓（1156-1240 年）等家，皆類此法。

一、姚信與董遇取天地之數去六爻之數

丁易東取姚信[137]與董遇[138]，以天地之數去六爻之數爲論，云：

---

136 見丁易東《大衍索隱・稽衍》，卷三，頁 363。
137 姚信，確切生卒年不詳，爲漢獻帝至吳大帝即位的江東人士（約當西元 190-240 年）。著《周易注》十二卷，以象數之學見長，較陸績稍晚，與董遇同時，蓋根本於虞翻等漢儒之說，爲漢《易》之延續。
138 董遇，生卒未明，《三國志・魏書》董氏無傳，僅附見於〈王朗傳〉之後，當較王朗晚出，當漢獻帝至魏明帝年間人（約當西元 190-250 年）。潘雨

天地之數五十五，其六以象六畫，故減之，而用四十九。[139]

二家皆以天地之數五十五，一卦之六畫皆因此天地之數而生，故減去六畫之六數，則所用爲四十九。丁易東認爲「此說但見其用四十九，而不見衍數之五十」。[140]取五十五之合數，以及所用四十九之數，卻未言大衍五十之數，未明衍數之所然者。

二、荀爽取八卦六爻之總數立說

丁易東取荀爽[141]以八卦六爻之總數作評論，云：

> 荀氏爽曰：卦各有六爻，六八四十八；加乾坤二用，凡五十。初九潛龍勿用，故用四十九。[142]

廷考其年長於陸績，略近於虞翻。（見潘雨廷《讀易提要》，上海：上海古籍出版社，2006年7月1版1刷，頁41。）著《周易章句》，傳統上多有將之歸於費氏學派。張惠言《易義別錄》認爲其「其注書在王肅前，故無與肅合者，其于鄭、荀則多同義，雖不可考，要之爲費氏《易》也」。（見張惠言《易義別錄》，卷十二，臺北：新文豐出版公司，1983年10月初版，頁620。）朱彝尊《經義考》亦將之歸爲費氏易學。（參見朱彝尊《經義考》，卷十（北京：中華書局，1998年11月1版1刷），頁61。）黃慶萱詳考其佚文中之異文、字音與釋義內容，認爲「其學本費氏而近馬鄭者」。（詳見黃慶萱《魏晉南北朝易學考佚》，臺北：國立臺灣師範大學國文研究所博士論文，1972年7月，頁1-45。）徐芹庭則認爲歸於費氏《易》之說爲不確。（參見徐芹庭《魏晉七家易學之研究》（臺北：成文出版社有限公司，1977年初版），頁258。）但是，從今從佚文所見，大抵多有與孟、京、鄭、荀、虞等漢家相近者。

139　見丁易東《大衍索隱・稽衍》，卷三，頁357。
140　見丁易東《大衍索隱・稽衍》，卷三，頁357。
141　荀爽爲東漢潁川潁陰（今河南許昌）人，字慈明，一名諝。《後漢書》本傳言其少通《春秋》、《論語》。精於《周易》，傳費氏《易》。《漢紀》載其著《易傳》十篇，《隋書・經籍志》錄十一卷，《唐志》錄十卷，今佚。相關佚文，見李鼎祚《周易集解》。創乾升坤降之說，又長於卦氣、八卦方位、八宮、飛伏等漢代普遍象數觀點與京氏之法。
142　見丁易東《大衍索隱・稽衍》，卷三，頁357-358。

　　荀爽以八卦各有六爻，合爲四十八爻，加上乾坤兩卦之用九與用六，合爲五十。乾卦初九言「潛龍勿用」，即初九勿用，故五十減此一而爲四十九。

　　丁易東針對荀爽所言，指出：

> 四十八爻并二用，湊成五十似矣。至四十九乃以爲初九之乾傅會勿用之語，則非也。善乎朱子發之言，曰：用九、用六，元在四十八爻之內。潛龍勿用，如勿用取女之類，斯言可以規其失矣。[143]

　　以八卦四十八爻併乾坤之二用爻，似可合爲五十之衍數。然而，以初九有「勿用」之語，而認爲此「一」不用而爲四十九，爲明顯的穿鑿附會。同時以朱震批評此說之理，用九與用六，本在四十八爻之中，不宜增衍此「二」而合四十八爲五十。另外，「潛龍勿用」、「勿用取女」之類的爻辭，本爲爻辭之所然者，取作「不用」之數，正爲失之所在。朱震所評著實肯切。

三、易祓取八經卦重合之數

　　丁易東取易祓[144]八經卦重爲四十八立說，云：

> 山齋易氏曰：大衍，八卦之衍數也。八卦經畫二十四，

---

143 見丁易東《大衍索隱‧稽衍》，卷三，頁357。

144 易祓，字彥章（一作彥祥、彥偉），號山齋居士，世尊布衣居士。湖南寧鄉人。宋孝宗淳熙十一年（1184年）爲昭慶軍節度掌書記，淳熙十二年（1185年）殿試探花，賜封釋褐狀元。歷寧宗、理宗，累遷著作郎兼實錄院檢討官、國子司業、中書舍人兼直學士院、左司諫兼侍講、禮部尚書、提舉江州太平興國宮，又謫授融州、全州。博學多才，專於經學，又擅於詩詞，著《周易總義》、《周官總義》、《禹貢疆理記》、《易學舉隅》、《山齋集》諸作。事蹟見《寧鄉縣志‧禮部尚書易祓墓志》，卷九；《南宋館閣續錄》，卷九。

重之則為四十有八。又每卦各八變，其爻亦四十有八。是
四十有八者，八卦之爻數，衍其二則為五十之成數。其義
見於陳希夷之說。蓋五十去一者，非數之數，是為無極。
《傳》所謂《易》無形埒是也。四十有九，而掛其一者，
數之所始，是為太極，《傳》所謂《易》變而為一者是也。
掛一而用四十有八者，即八卦之爻數，《傳》所謂一變而
為七，七變而為九者是也。四撰其數，而歸奇於扐者，即
卦變之數。《傳》所謂九者究也，乃復為一者是也。自一
而七，則如乾之變姤，以至於剝之類。自七而九，則如遊
魂之晉、歸魂之大有之類。無非以四十八，而宗本於一數，
以一數而總攝於非數之數，《易》道至此深矣。[145]

「大衍」即推衍八卦之數，八經卦之爻數為二十四（8x3），
八經卦重為四十八（8x6）；同時，每一卦又各有八變，其爻數亦
為四十八。因此，四十八為八卦之爻數，再推加其二則為五十之
數。易氏認為這種觀念，源自於陳摶之說。五十之數，其去「一」
者為「非數之數」，以「無」顯其實，故名「無極」，合《易》
之神妙無形者。又，四十九數掛其「一」者，此為數之始，即實
有之始，則稱之為「太極」，此即《易傳》所言「《易》變而為
一」之概念。所用四十八者，即八卦之爻數，乃《易傳》所言一
變而為七，七變而為九，而後變而為八、為六之觀點。四十八以
四撰其數，而歸奇於扐者乃卦變之數。其舉「自一而七」者，即
如乾卦一陽變而為姤卦，變至七則為剝卦。易氏以四十八作為萬
物生成變化之用，而在此陰陽變化之用之外，又有生成萬有的陰
陽之始，其「一」為太極，即太極為實有的具體物質化存在，在

---

145 見丁易東《大衍索隱‧稽衍》，卷三，頁 366-367。

此太極之外，又有五十所去之「一」，此「一」不以數自限，當自限於一定之數時，則無法作爲一切之根本，故爲「非數之數」的無極，猶老子所言之「道」之「無」。

丁易東認爲此說「以五十虛一爲無極，四十九掛一爲太極，如此則無極在太極之外矣」。[146]太極之外有一無極，似乎不能認同此非原始《易》道的認識觀。易氏此說，在太極之上又有一個無極之存在，當本於周敦頤《太極圖說》之主張，在哲學的認識上，亦貼近於《易緯》之思想。《易緯》以有形之物皆由無形而生，無形才能爲宇宙之源，以其無形不固著，才能包育萬有、生成萬有。宇宙的形成階段，從「太易」而「太初」，而「太始」，而「太素」，乃至陰陽之氣的生發，萬物的造化，都是由無而有的歷程，這種由無而有的理解，與《老子》「天下萬物生於有，有生於無」[147]的推「無」入「有」的理論體系相似，但是，這個「無」，並不是真「無」，原是未判之狀態，即如易氏所說的「非數之數」。「太易」、「太初」、「太始」、「太素」，是處於不可得見、不可聽聞的狀態，可以視之爲「無」，是氣未分之狀的「無」，然後漸漸的氣化而生，走向一種陰陽變化的「有」的狀態，[148]即由無極而太極的歷程，易氏正本此哲學思維。

---

146 見丁易東《大衍索隱・稽衍》，卷三，頁 367。
147 語出《老子》第四十章。
148 參見《乾鑿度》云：「夫有形生於無形，乾坤安從生？故曰：有太易、有太初、有太始、有太素也。太易者，未見氣也；太初者，氣之始也；太始者，形之始也；太素者，質之始也。炁形質具而未離，故曰渾淪。渾淪者，言萬物相渾成而未相離。視之不見，聽之不聞，循之不得，故曰易也。易無形畔，易變而爲一，一變而爲七，七變而爲九，九者，氣變之究也，乃復變而爲一。一者形變之始，清輕者上爲天，濁重者下爲地。物有始有壯有究，故三畫而成乾。乾坤相並俱生，物有陰陽，因而重之，故六畫而成卦。」見《易緯・乾鑿度》，卷上，引自日本京都市，於 1998 年影印自武英殿聚珍版本《古經解彙函・易緯八種》，頁 481。此一引文，又見《易

第八節 天地之數的乘數

天地之數作為萬化之源，而大衍之法正此數列的有機結構，為推布存在與吉凶之法，以天地之數溯大衍之數，歷來採取天地之數中數值乘數之運用者，透過乘數之合，以得其衍數之所由。丁易東輯列諸家之中，包括李挺之（？-1045 年）、邵雍、羅泌（1131-1189 年）、楊忠輔（？-？年）、儲泳（1101-1165 年）等家，可以歸於此類。

一、李挺之取天地生數之乘數合

丁易東取李挺之[149]天地生數之乘法主張，云：

> 青州李氏挺之曰：一二為二，二三為六，三四為十二，四

緯·乾鑿度》，卷下；下卷所言，其不同者，惟「聖人」作「文王」，「易無形畔」作「易無形埒」，餘則為虛詞之損益，文義概為一致。另外，《列子·天瑞》也有相似之引文，其不同者在於《乾鑿度》之文最後歸於「三畫而成乾」，「六畫而成卦」，展現出易書的本色，但《列子》之文則歸於「沖和氣者為人」，以及「萬物化生」。倘以《列子》後出，則其文或許是出自《乾鑿度》者。又《白虎通義》卷九，論天地之始中提到：「始起先有太初，然後有太始，形兆既成，名曰太素，混沌相連，視之不見，聽之不聞，然後判。」顯然也援引前者。

149 李之才字挺之，北宋青社（今山東青州市）人。天聖八年（1030 年）進士，曾任簽書澤州判官、共城令，官至殿中丞。個性樸直，倜儻不群。得穆修（979-1032 年）《易》之真傳。有關之生平事蹟，參見《宋史·李之才傳》）。又《宋史·邵雍傳》稱邵氏「乃事之才，受河圖、洛書、宓羲八卦六十四卦圖像。之才之傳，遠有端緒，而雍探賾索隱，妙司神契，洞徹蘊奧，汪洋浩博，多其所自得者」。邵氏之學，緣自李氏。有《變卦反對圖》及《六十四卦相生圖》等卦變圖式存世。

五為二十；合先天一、二、三、四之用數，而為大衍之五
十。[150]

以天地之數之生數兩兩相乘，即合一乘二為二、二乘三為六、
三乘四為十二、四乘五為二十，再加上先天之法的一、二、三、
四等四數之和，總得為五十數，亦即：2+6+12+20+1+2+3+4=50。

丁易東認為此說：

> 以一二為二，至四五為二十，若便合五十之數，尚不牽強；
> 今又須再用一、二、三、四以補之，然後成五十，非傅會
> 乎？[151]

強調若採天地之數的乘數之合，能得為五十之數，尚合其數
理之邏輯，但由一至五數之乘數所得，尚不及五十之數，又當藉
由一至四數之和以補之，為附會之說。

二、邵雍取天地合數之自乘倍數

丁易東取邵雍天地合數之自乘倍數之觀點，云：

> 康節邵子曰：《易》之大衍，何數也？聖人之倚數也。天
> 數二十五，合之為五十；地數三十，合之為六十，故曰：
> 五位相得而各有合也。五十者，蓍數也；六十者，卦數也。
> 五者，蓍之小衍也，故五十為大衍也。八者，卦之小成，
> 則六十四為大成也。蓍德圓以況天之數，故七七四十九；
> 五十者，存一言之也。卦德方以況地之數，故八八六十四；
> 六十者，去四言之也。蓍者用數，卦者體數。以體為基，
> 故存一也。體以用為本，故去四也。圓者本一，方者本四，

150　見丁易東《大衍索隱・稽衍》，卷三，頁359。
151　見丁易東《大衍索隱・稽衍》，卷三，頁359。

故蓍存一而卦去四也。蓍之用數七并其餘分，亦存一之義
也；掛其一，亦去一之義也。[152]

聖人倚數以衍《易》，取天地之數用之，天數二十五合爲五
十，地數三十合爲六十，此即《繫辭傳》所云「五位相得而各有
合」之義。五十爲推蓍用數，六十爲卦數，「五」爲蓍之小衍，
「五十」爲大衍。「八」爲卦之小成，而八八「六十四」爲大成。
蓍之德圓以象天，以天數明之，則用七七「四十九」數，存太極
「一」數爲五十。卦德以方，則之以地數，是八八六十四卦，六
十乃去「四」而言之者。蓍以數爲用，卦以數爲體，卦之體數爲
基礎，故存其「一」以合大衍五十之數，而體數又以用數爲根本，
故去四數以六十四卦數。蓍數合天圓四十九數本於「一」，即本
於太極，卦數合地方爲六十四，以四爲本，故推蓍存「一」數，
而求卦數以去其「四」。揲蓍掛其「一」者，亦爲去「一」之義。

丁易東對邵氏之說，評論指出「合天數之二十五，倍爲五十，
其說固通，但如此則是以二乘天數也，未見其所以用二之故」。[153]
以天數二十五之兩倍爲五十，合大衍五十之說固然可通，但何以
就天數二十五爲準，又何以作乘二得其數，邵氏並未明言。丁氏
以此爲疑。

三、羅泌取生數自乘之合

丁易東取羅泌[154]生數自乘之說，云：

152　見丁易東《大衍索隱・稽衍》，卷三，頁 359。
153　見丁易東《大衍索隱・稽衍》，卷三，頁 359。
154　羅泌，字長源，號歸愚，南宋吉州廬陵（今江西吉安）人，自少力學好讀，
　　精於詩文，無心於宦途，不事科舉，家世以史學聞名。以史書少言上古史
　　事，遂博采群籍，乃至於《道藏》、緯書，亦精取致用，積數十年之功，

> 盧陵羅長源曰：以生數自乘，乘之為五十有六，而一無乘
> 為五十五。以奇數自倍，倍之為五十，而一無倍為四十九，
> 此七七之合也。四十有九，而一之本，未嘗亡一者，衆之
> 主也，總之則一，而散則四十九，非一之外為四十九，而
> 四十九之外有一也。[155]

羅氏以天地之數一至五之生數自乘之合爲五十六，並取其一無乘故數爲五十五。然而，生數自乘之合當爲五十五（$1 \times 1 + 2 \times 2 + 3 \times 3 + 4 \times 4 + 5 \times 5 = 55$），若取一數不乘，其數則爲五十四，此羅氏不查之誤。五十五之數，即天地之數之合，毋須專取其生數自乘而得之。又取奇數自倍而得五十之數，即同張行成之說：$1 \times 2 + 3 \times 2 + 5 \times 2 + 7 \times 2 + 9 \times 2 = 50$。其中以一之數無倍，故得用四十九，亦七七之數。四十九數，以一爲本，一爲眾四十九之主，總合爲一，散用爲四十九，一在四十九之中，非四十九之外另有其一。

此奇數自倍之說，同於丁易東之主張。他評論羅氏之說，指出「以生數自乘，止得五十有五，不待去無乘之一」，提點其誤，而其「以奇數自倍，倍之爲五十，而一無倍爲四十九，說見〈原衍〉」。[156]肯定其奇數自倍之說，有關之說法，在其〈原衍〉中之《大衍之數五十其用四十九圖》有詳細之說明。[157]

於宋孝宗乾道年間完成《路史》史著，以文采瑰麗，考證精賅爲名，記述上古以迄兩漢史事。另著有《易說》、《六宗論》、《三匯詳證》、《九江詳證》等作。有關事略，見元代梁益《詩傳旁通》，卷九；《江西通志》，卷七十六。

155 見丁易東《大衍索隱・稽衍》，卷三，頁 367。
156 見丁易東《大衍索隱・稽衍》，卷三，頁 367。
157 圖式與內容，見丁易東：《大衍索隱・原衍》，卷一，頁 320-321。

四、楊忠輔取天地各再自乘之數

丁易東取楊忠輔[158]天地之數再自乘法之說，云：

> 河南楊氏忠輔曰：天數五再自乘為實，中數五自相乘為法，實如法而一，得四十九；地數五再自乘為實，中數六自相乘為法，實如法而一。[159]

楊氏以天數之「再自乘」，即天數之各三次方，得天數五數之總和為實，即：

$1^3+3^3+5^3+7^3+9^3=1225$　此即天數五數再自乘之實

又以中數五自相乘即為 5x5=25，此 25 為法，進一步以 1225 與 25 相除，即：

$1225÷25=49$　此四十九數即「實如法而一」之數，亦即大衍之用數

中數五自相乘得二十五為法，此二十五之數即中數自乘之數，亦為天數五數相加之數（1+3+5+7+9=25）。另外，地數五數亦以「再自乘」的立方和而為實，即：

$2^3+4^3+6^3+8^3+10^3=1800$　此即地數五數再自乘之實

又以中數六自相乘為 6x6=36，以此 36 為法，進一步與 1800 相除，即：

---

158 楊忠輔為南宋著名之天文學家，字德之，河南洛陽人，生卒年不詳。早年任職於太史局，寧宗慶元五年（1199 年）作《統天曆》，可以視為宋代三百餘年所頒十六種曆法中最佳者，並為元代郭守敬《授時曆》所繼承。《統天曆》之傑出貢獻為確定回歸年長度為 365.2425 日，同於今日世界通用（歐洲《格里高曆》）之回歸年長度值，楊氏早此八百年即已運示出此值，殊為不易。著《大衍本原》，今佚。

159 見丁易東《大衍索隱・稽衍》，卷三，頁 368。

1800÷36＝50，此五十數即大衍五十之數

楊氏透過天地之數的乘積關係，作爲推布大衍五十與四十九之用數。丁易東對此進行評論：

> 此說蓋用求經率法，即余數學經緯中第一條也。與余乘圖之說頗相類，亦不易及此，但止得其偏，而未得其全。但知用於《河圖》之十位，而未知亦可用於《洛書》之九位耳。[160]

認爲楊氏所用爲求經率之法，與其〈翼衍〉中所言《河圖十位自乘之圖》、《河圖十位成大衍數用圖》、《洛書九位自乘之圖》、《洛書九位成大衍數用圖》、《河圖五位用生成相配圖》、《河圖五十五數乘爲四十九圖》、《洛書五位用天數圖》、《洛書天數二十五乘爲四十九圖》等圖說相近。[161]丁易東指出楊氏只得其偏而不得其全，因爲楊氏只知《河圖》十數之用，而不知《洛書》九數之用。有關之推衍用數，後面章節將作詳述。但知丁氏於此之推衍用數，必受楊氏之啓發。

五、儲泳取陽數加倍之法

丁易東取儲泳[162]陽數加倍法之說，云：

> 雲間儲氏曰：大者陽也，衍者衍而伸之，加倍是也。《大

---

160 見丁易東《大衍索隱・稽衍》，卷三，頁 368。

161 諸圖說參見丁易東《大衍索隱》，卷二，頁 345-349。

162 儲泳，字文卿，號華穀，雲間（今江蘇松江）人。隨宋室南遷後隱居周浦，後人倡議改周浦爲「儲里」或「華穀里」，以茲紀念。儲泳擅於詩詞吟詠，語言通俗易懂。篤好術數，泛濫於老子道學，深研魏伯陽《參同契》與北宋張伯端《悟真篇》，作《參同契解》和《悟真篇解》。代表術數之作者，今存《袪疑說》一卷。

傳》曰：天一、地二、天三、地四、天五、地六、天七、地八、天九、地十。取其天一、天三、天五、天七、天九之陽數而衍之，故曰大衍也。衍天一而為二，天三為六，天五為十，天七為十四，天九為十八，合為大衍之五十也。陽則變化，故可衍而伸之，以大名衍，表其用陽而不用陰也。[163]

「大衍」即以陽爲「大」，因陽大而伸衍之，取天地之數中之陽數一、三、五、七、九等五數之加倍而論，正爲丁易東所言「此即康節兩倍之說」，[164]用邵氏以陽數兩位之相加而爲大衍五十之數，即：（1+1）+（3+3）+（5+5）+（7+7）+（9+9）=2+6+10+14+18=50。大衍五十之數爲陽數變化之用，以陽爲大而因其陽數而衍之，故名之爲「大衍」，強調用陽不用陰之觀念。

第九節　其他之數說

除了上述諸類衍數之說，其他尚有陳摶取人壽半百爲數、耿南仲（？-1129 年）取臟腑五胃播於諸脈、朱子取百莖之半、劉志行（？-？年）取陰陽順逆之法、何萬（？-？年）以五十爲自然不變之數，以及袁氏取先天圖說之法等諸說。

一、陳摶取人壽半百為數

丁易東以陳摶[165]取人壽半百爲論，云：

---

163 見丁易東《大衍索隱・稽衍》，卷三，頁 369-370。
164 見丁易東《大衍索隱・稽衍》，卷三，頁 370。
165 陳摶，字圖南，自號扶搖子，太祖賜號希夷先人。北宋亳州真源（今安徽

> 希夷陳氏圖南曰：物數有進退，人壽百歲，前五十為進，
> 後五十為退。大衍五十者，半百之進數也。四十有九者，
> 體用之全數也。[166]

萬物以「數」為論，皆有其定數，物之定數有其進退，其前
之半者為進，後之半者為退；人壽百歲為數，前五十為進，後五
十為退，人過五十，即命數之漸退。大衍之數取五十為用，乃取
人壽半百之進數。至於四十九數者，則為陰陽變化體用之全數，
即四十九總合為體，分而以成其用。

丁易東對此說之評論，認為：

> 希夷之說，見於麻衣《易》，朱子謂是戴師愈之假託。今
> 觀此論亦甚淺近，且於《易》數無所發明，朱子之論為不
> 誣矣。[167]

陳摶此說，見於麻衣《易》說，而此《易》說，朱子認為是
戴師愈（？-？年）[168]所偽託者。丁氏以此觀點淺近而無深義，又
於《易》數無所發明，不似陳摶所為者，故朱子評說當為不誣。

二、耿南仲取臟腑五胃播諸脈之說

丁易東取耿南仲[169]以臟腑合五行胃屬播於諸脈之說，云：

亳縣）人。《宋史》記其好《易》，擅以圖解《易》，可以視為圖書易學
之創始人。著《易龍圖》一卷，已佚。另著《三峰寓言》、《高陽集》、
《指玄篇》。

166 見丁易東《大衍索隱·稽衍》，卷三，頁358。
167 見丁易東《大衍索隱·稽衍》，卷三，頁358-359。
168 戴師愈生卒與里貫不詳，為與朱熹同時之人，官至南康軍湘陰主簿。著《正
  易心法》，主張一卦之中具八卦，有正有伏，有互有旁。此著舊題麻衣道
  者所撰，據朱熹所推斷，當為戴氏所偽託者。
169 耿南仲，字希道，北宋開封（今河南開封）人。歷任太子右庶子、寶文閣

> 耿氏南仲曰：五在五十之中，一在四十九之中。五者
> 胃氣播於諸脉，一者腎氣主乎餘藏。[170]

特重「五」與「一」數在五十數與四十九數中的重要地位，
亦即「五」與「一」數在大衍之數中具主體之地位，五含於五十
之中，四十九亦皆因一而存在。以此自然之數，落實於人之五臟
諸脈，即自然之數聯結五行與五臟六腑與諸脈相合；臟腑中腎水
為一，心火為二，肝木為三，肺金為四，五土於五臟者為脾所主，
於六腑則為胃氣之所主，故脾胃具溫五臟而能播於諸脈之功，為
倉廩之官，居土行之位。腎水位一，為諸臟之主。一、五為諸數
之主，含於諸數之中，同於胃、腎於臟腑之重要性。

　　丁易東肯定耿氏胃氣與腎氣之說，「胃氣腎氣之說甚鑿」，
但《易》並不以茲並論，所謂「《易》元不言五臟，五在五十中。
一在四十九中，亦是強說，元無所見」。[171]故耿氏之說，似過於
牽強附會。

三、朱子取一根百莖得半之法

　　丁易東又取朱子以傳統蓍草一根百莖得半之說，云：

> 朱子又曰：大衍之數五十，而蓍一根百莖，可當大衍之數
> 者二，故揲蓍之法，取五十莖為一握，置其一不用以象太極，
> 而其當用之策，凡四十有九。蓋兩體具而未分之象也。[172]

直學士、資政殿大學士、簽書樞密院事、尚書左丞門下侍主郎等職。著《周
易新講義》十卷，重義理人事之論，以《易》道在於無咎，而無咎必在善
補過，拂道人情天道乃過之所由，必以依乎人情天道以去過而無咎。

170 見丁易東《大衍索隱・稽衍》，卷三，頁 362。
171 見丁易東《大衍索隱・稽衍》，卷三，頁 362。
172 見丁易東《大衍索隱・稽衍》，卷三，頁 365。

　　朱子取傳統蓍草百莖之說，以百莖可作大衍之數者二，五十置一不用以象徵太極，四十九則爲太極之用，二者皆爲未分之象。丁易東以「此亦但是先儒象太極之說，蓋亦有《先天圖》畫前之意，然而未詳所謂蓍一根百莖，可當大衍之數二者」。[173]百莖分二爲用，合《先天圖》之意，但朱子並未詳明百莖何以可當大衍之數之二者。此當其「二」者，於其〈原衍〉之中多有申言。

四、劉志行取陰陽順逆得其衍數之說

　　丁易東取劉志行[174]以大衍小衍合陰陽順逆之衍數，云：

> 劉氏志行曰：大衍之數五十，其由起自陰數二十而小衍，陽數三十而小衍，二數合而大衍。陰數逆而二十自下而上，陽數順而三十自上而下，上下交而天五退用。又作龜圖以十干、三才、二十四宮，圖於龜背，十二支圖於龜腹，以爲四十九，而以神龜之身，即爲五十而虛一。又作七七圖，自太極而生一、二、三、四、五，五、四、三、二、一。一、二、三、四、五，五、四、三、二、一而歸太極，去其中重疊五字者，兩一字者，一共去十一之數，而曰天地十五，自然之序，奇數交接循環而入太極，即知大衍之數五十，其用四十九瞭然矣。[175]

　　劉氏確立大衍五十之數，有起由陰數二十而陽數三十之小衍，二數合而爲大衍五十。陰陽各有其特性，陰數逆而二十自下

173　見丁易東《大衍索隱·稽衍》，卷三，頁365。
174　劉志行，眉州（今四川眉山）人。孝宗乾道二年（1166年）進士，累官知　　藤州。事略見《宋詩紀事補遺》，卷五一。
175　見丁易東《大衍索隱·稽衍》，卷三，頁367。

而上，陽數則順而三十自上而下，彼此上下相交而天五不用。因
衍數而又作龜圖，以十干、三才、二十四宮，畫於龜背，而十二
支則畫於龜腹，合爲四十九，而神龜之身，即象徵五十而虛一者。
又作七七圖式，由太極而生一、二、三、四、五、五、四、三、
二、一，諸數之衍化，根植於太極，而終歸於太極。去其重疊之
五字，以及兩一字者，共去十一之數。以天地十五爲自然之序，
其奇數交接循環而入於太極者，是知大衍五十，其用四十有九即
在於此。

　　丁易東認爲劉氏此說「凡三變太傷於巧，殊不自然」，不能透
過圖式呈現或鉅細之說明，而難辨其由，他從三個方面進行批評：

> 其一，以二十對三十而為五十，以二十對二十九而為四十
> 九，不知何故？去一至十九之數於前，去三十一至五十之
> 數於後，至於用四十九，則又再去第三十，位殊不可曉，
> 牽強殊甚。其二，龜圖合腹背之數，而為四十九，何以異
> 於京房、太史公之說。其三，以生數接而成四十九，而去
> 五字者兩，一字者一，亦不自然。[176]

　　第一，劉氏以二十對三十而爲五十，以及二十對二十九而爲
四十九，不知所來何故。同時，其得四十九之數，起數去數之說，
除了難以明曉之外，又極爲牽強。第二，龜圖合腹背之數爲四十
九，既取干支等元素立說，何以不同於京房與司馬遷？第三，以
生數相接而成其四十九，何以「五」去其兩字，而「一」去其一
字，此如去用，亦不自然。丁氏所評，自有其理，但劉氏既言之
鑿鑿，當有其得數之理，但所傳文述未明。另外，劉氏自爲立說，
不見得要同於京房與司馬遷，除非二家之言確爲不移之定論。

---

176 見丁易東《大衍索隱・稽衍》，卷三，頁 367-368。

五、何萬以五十為天地自然不變之法

丁易東取何萬[177]以五十為天地自然之法為論，云：

> 松峯何氏萬曰：天地之數五十有五者，數也。大衍之數五
> 十者，衍數之一也。數自數，法自法。數者，天地之自然；
> 法者，人之所為，亦出於自然。故五十五不可減，四十九
> 不可增，以其皆本乎自然也。今必欲取其數而一之，有所
> 不一，則致辨於其間，此何為者耶？譬如七十二候，此十
> 二月之氣數也，氣數不可得而推，則聖人為律法以推之，
> 律法則黃鐘為宮，而下損益，以八十一絲為本，是其律數
> 與氣數不同也。三百六十五度四分之一，此二十八宿之度
> 數也，度數不可得而推，則聖人為歷法以推之，歷法則一
> 歲之日，贏縮不齊，以三百五十四日而為朞，是其歷數與
> 度數不同也。律數與氣數不同，所以推氣數，其終則同也。
> 歷數與度數不同，所以推度數其終則同也。蓍數與天地之
> 數不同，所以衍天地之數，其終則同也。又何必牽合而為
> 一哉。[178]

何氏認為天地之數五十五，為天地自然運化之所然，為自然
之「數」。至於大衍五十之數，則亦衍數之一者。人效法天地自
然而所為者，即法自然之數而用之，所法所用者，皆源自自然，
不離自然之外，則五十五數不可減，四十九之用數不可增，皆根

177　何萬，字一之，生卒年不詳。為南宋孝宗隆興元年（1163 年）癸未科木待
　　問榜進士，歷官朝請大夫、漳州府太守、尚書都司郎中、平江府（今蘇州）
　　知府。著有《易辨》三卷、《淵源錄》三卷、《長樂財賦志》十六卷、《鼎
　　論》三卷、《時議》一卷。
178　見丁易東《大衍索隱・稽衍》，卷三，頁 368。

本於自然之數。取自然之數而爲一切之準據，卻仍有所不一，而致其辨者，如七十二候爲十二月之氣數，此氣數不可得而推之，則聖人另爲律法以推之，以黃鐘爲宮，繼之以大呂、太簇、夾鐘、姑洗、中呂、蕤賓、林鐘、夷則、南呂、無射，終於應鐘，以八十一絲爲本，亦即以管之長短損益而定陰陽之數，此與十二月之氣數不同。[179]又，二十八宿之度數爲三百六十五度又四分之一，此度數不可得而推之，聖人作歷法以推之，但歷法一歲之日，往往未能齊合，則以三百五十四日爲一歲之日。此歷數與度數之不同者。雖律數與氣數不同，推氣數則終得其同；歷數與度數不同，推度數亦終可得其同。同樣的，推著之數與天地之數雖然不同，但仍以天地之數作爲推衍之根本，故其終亦同，不必牽合求其同一之數。

丁氏認爲何氏之說，「此亦穎濱蘇氏之論。蓋皆不得其本，而又疑他說之牽强故也」。[180]同蘇轍之說法，但不得其本，持論亦多有牽强之處。

---

179 有關十二律配月用數之說，歷來以建子十一月爲黃鐘，而至於十月亥爲應鐘，參見《淮南子・天文訓》云：「黃鍾爲宮，宮者，音之君也，故黃鍾位子，其數八十一，主十一月，下生林鍾。林鍾之數五十四，主六月，上生太簇。太簇之數七十二，主正月，下生南呂。南呂之數四十八，主八月，上生姑洗。姑洗之數六十四，主三月，下生應鍾。應鍾之數四十二，主十月，上生蕤賓。蕤賓之數五十七，主五月，上生大呂。大呂之數七十六，主十二月，下生夷鍾。夷則之數五十一，主七月，上生夾鍾。夾鍾之數六十八，主二月，下生無射。無射之數四十五，主九月，上生仲呂。仲呂之數六十，主四月，極不生。」（引自劉文典《淮南鴻烈集解》，北京：中華書局，1997年1月1版北京2刷，頁113。）宋代朱震《漢上易傳》根據鄭玄注《周禮・太師》作《律呂起於冬至之氣圖》與《十二律相生圖》，以呂律配卦而論。（見朱震《漢上易傳・卦圖》，卷中（臺北：臺灣商務印書館文淵閣《四庫全書》本第11冊，1986年3月初版），頁329、331。）有關之諸多，歷來立論者眾，不再贅舉。
180 見丁易東《大衍索隱・稽衍》，卷三，頁368。

六、袁氏取先天圖說之法

　　丁易東取古杭袁氏（？-？年）[181]太極生次之法合先天圖之說，云：

　　　　古杭袁氏曰：兩儀、四象、八卦，衍而通之共四十九。[182]

　　由兩儀、四象、八卦如何衍爲四十九數，並不能得知，惟丁易東認爲「此說即用《先天圖》之說，比先儒爲最通，但於天地五數之說未合」。[183]以袁氏之說即《先天圖》之法，而袁氏所言最爲通理，對指明於天地五數之說並未合宜。袁氏之說，或合於丁氏《先天圖合大衍數五十用四十九圖》，[184]即透過兩儀、四象與八卦所推衍出之《先天圖》的方法，推明大衍五十用四十九之數的來由。兩儀以陽一陰二推而爲三；四象乃以老陽一數、少陰二數、少陽三數、老陰四數，合四象之得數爲 1+2+3+4=10；八卦之數，乾一、兌二、離三、震四、巽五、坎六、艮七、坤八，八卦總合之數爲 36。兩儀＋四象＋八卦之總數爲：3+10+36=49，此數乃大衍之用數。兩儀、四象、八卦因太極而生，太極處位居中，以一爲之，合四十九之用數而爲五十。

第十節　小　結

　　趙汝楳《筮宗》所列歷代大衍之說共四十三家，而丁易東《大

181　未知丁易東所指古杭袁氏爲何名，故未知其事略。
182　見丁易東《大衍索隱・稽衍》，卷三，頁 370。
183　見丁易東《大衍索隱・稽衍》，卷三，頁 370。
184　見丁易東《大衍索隱・翼衍》，卷二，頁 350。

衍索隱》所列爲五十七家，趙氏列說爲丁氏所沒有者爲十五家，[185] 其相同者爲二十八家，此相同者之列說，丁氏持論大抵近於趙氏，可見丁氏之說，或當有本於趙氏。另外，趙氏列說當中宋代就佔了二十九家，而丁氏於宋代之說亦高達四十一家，可見大衍之學爲宋代易學所關注的顯學；大衍之學隨著宋代圖書易學與對數論的重視，成爲宋代易學的重要標誌。因此，江弘毅先生研究宋代大衍學，特別指出宋代大衍學的異說繁富，對大衍之義的詮釋淋漓盡緻，包容周全，蔚爲大觀。[186]

　　大衍五十之說，歷來之認識，並無必然可爲百世依循的不變之內涵，《易》家所說，或有數理上的邏輯理路，或執意從易學的合理思想上進行建構，但立論紛雜，並無一致共遵的不變主張。原始之傳世，無明確之定說，故穿鑿附會、各執一見，成爲無法避免之侷限。

　　機械化的數值運用，不論是何類數說，其背後仍有高度的思想性與邏輯性概念，牽繫著與關照著此一大衍之說，所傳遞出的仍爲宇宙生成變化與存在之可能的核心思維。尤其是宋代學者的數說，數值的建構仍有其豐富的思想蘊涵。大衍學至宋代的發展，成爲這個時期的重要易學論題與易學特色之所在，且數值所透顯出的是多元而饒富思想神髓的氣質，此亦易學發展的時代性傾向。丁易東輯蒐廣納，越爲發皇，繼往開來，洵爲有功。

　　從丁易東所列之諸說，可以看出歷代大衍學發展之主要取

---

185 趙汝楳《筮宗》所列四十三家，爲丁易東所無輯列者有十五家，包括漢代時期的班固，曹魏時期王弼、董遇、顧懽，晉代的韓康伯，唐代的孔穎達、劉禹錫、張轅，宋代的麻衣、王安石、鄭克、郭雍、程大昌、程迥、冀深父、林至等人。參見趙汝楳《筮宗》，頁 346-347。

186 見江弘毅《宋易大衍學研究》（臺北：國立臺灣大學中文研究所博士論文，1991 年 6 月），頁 11。

向，漢代學者所關注與理解之主要內容，著重於從天文、歷法、律呂等卦氣說進行立論，此也正反映出漢代易學的主體內容與特色。至於宋儒，則更進一步強化數值運用與變化的概念，大衍之學的數值化氣質有明顯的升揚。

宋儒理解大衍學，有來自對傳統的繼承與接受，除了繼承與接受漢代以降至宋代以前的說法，以及源自聯繫孔門《易傳》之思想觀點，如以天地之數五十五作為數論之基礎，不斷倡言「參天兩地」、太極生次之說，乃至宋儒普遍倡論之一陰一陽合為十五之謂道，亦源自漢代《易緯乾鑿度》之主張。更重要的是，宋儒活躍於大衍之說，高度聯繫此一時期的主流思潮與元素，如天地之數與陰陽五行屬性的強化、與《河圖》、《洛書》及先天之法的配用、五乘十之數、大衍與小衍觀念主張的新確立等方面，凸顯出這個時期大衍學的特殊質性。

丁易東掌握對大衍學的高度成熟之認識，大體能夠對歷代衍學主張作客觀的評論，然亦有限於個人主觀之理解者。多能審酌歷代之說的合宜性，知其增衍煩瑣與附會失度之所指。然而，丁氏綜采立說，不一而足，自身亦陷於多元聯結與過度用數的窘境，龐雜宏富的衍學數值觀，以及與《河圖》、《洛書》乃至先天之說的配繫，又何嘗不是自陷於穿鑿附會。

第五章　丁易東大衍推筮之法與
衍數之重要數列圖式

〈說卦傳〉提到「昔者聖人之作《易》也，幽贊于神明而生蓍，參天兩地而倚數，觀變于陰陽而立卦，發揮于剛柔而生爻」。[1]聖人體天道明人事以用《易》，贊助天地之道而生蓍草，以供卜筮之用，藉由揲蓍而倚數以立卦生爻，使人因卦爻之教，成德不逆於義，窮理而不亂，而能盡性以至於命。《周易》以大衍之法作爲卜筮操作之主要規則與機制，推蓍成數而生卦爻，以此爲陰陽之變化，爲存在之確立。原始數論推定卜筮之法已難窺全貌，而《易傳》可以視爲早期較爲完整論述筮數者。朱熹（1130-1200年）根本《易傳》，探賾索隱、苦心孤詣於重建《周易》的基本筮儀，發明筮蓍理數，卓然有成，成爲南宋以降之主流認識。宋元之際，丁易東（?-?年）、雷思齊（1231-1303年）、張理（?-?年）等人有別於朱熹之傳統推筮操作的模式，鬆動改造主流之說而制爲新法，並成爲這個時期大衍之說的新取向。丁易東便爲此一時期改造新制之重要代表。

天地之數作爲宇宙自然變化的根源性數值元素，經過進一步有機的數值配列轉化，形成五十衍數之體，以及四十九數之運用，

1　〈說卦傳〉文，引自丁易東《周易象義》，卷十六（臺北：臺灣商務印書館文淵閣《四庫全書》本第 21 冊，1986 年 3 月初版），頁 763。

成為體用的基本數值，並結合陰陽變化之認識，以及筮法推定的原理，丁易東透過更為嚴密複雜、具有結構性意義的，建構出更多的數值變化與關係之圖式。

　　本章主要從推筮之法的改造、大衍筮數形成的基本結構與重要意義、大衍合乘數之變化圖式、大衍合卦數與策數及老陰老陽之互變、大衍數四十九用得五十數之變化、衍數取「一」之義等方面，探討丁易東改造推筮之法的實質內涵，以及有關數列圖式所表達的重要意義。

第一節　推筮之法的改造

　　傳統的推筮方式，主要根據《繫辭傳》之記載所制，丁易東基於得數或然率的合理性考量，進行部份之改造。大衍之數五十，以五十為數值變化之主體，四十九則為數值的運用變化，丁氏的數論與圖式建構，都在此二數值基礎下進行，而其推筮方式之改變，也立基於此大衍五十之數。

一、傳統的推筮之法

　　《繫辭傳》以大衍五十用其四十九為推筮的根本規範，而實際的操作，兩宋時期推筮之法的主張極為分歧，至朱熹推筮與筮儀的定調而為主流之說。

　　朱熹之法，其大略內容為：大衍五十之數，其用四十九，取其一不用，以象徵太極。四十九分為二以象徵天地兩儀，取右手其一扐於左指，為掛一以象三才之道，然後左右手揲之以四以象

四時，以四數之。

（一）第一變得 44 與 40 機率為 3:1

　　根據朱熹〈筮儀〉所記，第一變指出，「一變所餘之策，左一則右必三，左二則右亦二，左三則右必一，左四則右亦四。通掛一之策，不五則九。五以一其四而為奇，九以兩其四而為耦；奇者三而耦者一也」。[2]則第一變雙手餘數之可能，以及所扐之總數，乃至第一變之得數為：

　　　　左手餘 1，右手必餘 3→所扐之總數為 1＋1＋3＝5→第一變之數：49－5=44

　　　　左手餘 2，右手必餘 2→所扐之總數為 1＋2＋2＝5→第一變之數：49－5=44

　　　　左手餘 3，右手必餘 1→所扐之總數為 1＋3＋1＝5→第一變之數：49－5=44

　　　　左手餘 4，右手必餘 4→所扐之總數為 1＋4＋4＝9→第一變之數：49－9=40

　　第一變得到以 4 為一數之數為 44 與 40 兩種數，其機率為：

　　　　得到 44 之數的機率為 3/4

　　　　得到 40 之數的機率為 1/4

　　第一變所餘之策，有四種可能，即左一右三（1+3=4）、左二右二（2+2=4）、左三右一（3+1=4）、左四右四（4+4=8），也就是說，第一變餘 4 者有三次，餘 8 者有一次的機會。所以他說「以兩手取左右大刻之著合之，或四十四策，或四十策」，[3]雖

---

2 見朱熹《周易本義・筮儀》（臺北：大安出版社，2008 年 2 月 1 版 4 刷），頁 9。

3 見朱熹《周易本義・筮儀》，頁 9。

第一變合蓍之策爲 44 與 40 兩種，但 44 的機會有三次（即左一右三、左二右二、左三右一之 4 數），而 40 的機會則只有一次（即左四右四之 8 數）。

（二）第二變得 40、36 與 32 機率爲 6:8:2

朱熹於第二變指出，「二變所餘之策，左一則右必二，左二則右必一，左三則右必四，左四則右必三。通掛一之策，不四則八。四以一其四而爲奇，八以兩其四而爲耦；奇耦各得四之二焉」。第一變最後合蓍的可能，44 與 40 的機率爲 3:1，當以 44 進行二變的推定時，有四種可能爲：左一右二、左二右一、左三右四、左四右三，即得合蓍之策爲 40、40、36、36，但因爲第一變得 44 的機會有三次，故第二變以 44 策推定之機率，得 40 爲六次，得 36 亦爲六次。另外，當以 40 進行二變的推定時，亦同樣如前所言四種可能，爲：左一右二、左二右一、左三右四、左四右三，即得合蓍之策爲 36、36、32、32，由於第一變得 40 的機會爲一次，故第二變以 40 策推定之機率，得 36 爲二次，得 32 亦爲二次。因此，朱熹言第二變「取左右大刻之蓍合之」，其結果「或四十策，或三十六策，或三十二策」，[4]三種不同的策數，聯結第一變所形成的機率，得到 40 策的有六次，得到 36 策的有八次，得到 32 策的有二次。第二變的得數，機率已呈現出明顯的差異，40、36 與 32 的機率爲 6:8:2。

以下將第一變所得之 44 或 40 之數，再依第一變之法，分而爲二，掛一，再以四數之，則第二變雙手餘數之可能，以及所扐之總數，乃至第二變之得數，分作詳述：

---

4 見朱熹《周易本義・筮儀》，頁 9。

當第一變餘數爲 44 時：

左手餘 1，右手必餘 2→所扐之總數爲 1＋1＋2＝4→第二變之數：44－4=40

左手餘 2，右手必餘 1→所扐之總數爲 1＋2＋1＝4→第二變之數：44－4=40

左手餘 3，右手必餘 4→所扐之總數爲 1＋3＋4＝8→第二變之數：44－8=36

左手餘 4，右手必餘 3→所扐之總數爲 1＋4＋3＝8→第二變之數：44－8=36

當第一變餘數爲 40 時：

左手餘 1，右手必餘 2→所扐之總數爲 1＋1＋2＝4→第二變之數：40－4=36

左手餘 2，右手必餘 1→所扐之總數爲 1＋2＋1＝4→第二變之數：40－4=36

左手餘 3，右手必餘 4→所扐之總數爲 1＋3＋4＝8→第二變之數：40－8=32

左手餘 4，右手必餘 3→所扐之總數爲 1＋4＋3＝8→第二變之數：40－8=32

第二變得到以 4 爲一數之數爲 40、36 與 32 三種數，其機率爲：

得到 40 之數的機率爲 3/8

得到 36 之數的機率爲 4/8

得到 32 之數的機率爲 1/8

（三）第三變得 36、32、28、24 機率爲 3:7:5:1

進入到第三變，朱熹指出「三變餘策，與二變同」，最後「過

揲三十六策，而爲老陽」，「過揲三十二策，而爲少陰」，「過揲二十八策，而爲少陽」，「過揲二十四策，而爲老陰」。[5]也就是說，第三變餘策同第二變，即左一右二、左二右一、左三右四、左四右三。機率的推定同於第二變。最後得到 36 策、32 策、28 策、24 策的機率，36 策爲十二次，32 策的機率爲二十八次，28 策的機率爲二十次，24 策的機率爲四次，36 策爲老陽九，32 策爲少陰八，28 策爲少陽七，24 策爲老陰六，故九、八、七、六的機率爲 12:28:20:4＝3:7:5:1。

　　將第二變所得之 40、36 或 32 之數，再依前法分而爲二，掛一，再以四數之，則第三變雙手餘數之可能，以及所扐之總數，乃至第三變之得數，詳如下列所述：

當第二變餘數爲 40 時：

　　左手餘 1，右手必餘 2→所扐之總數爲 1＋1＋2＝4→第三變之數：40－4=36

　　左手餘 2，右手必餘 1→所扐之總數爲 1＋2＋1＝4→第三變之數：40－4=36

　　左手餘 3，右手必餘 4→所扐之總數爲 1＋3＋4＝8→第三變之數：40－8=32

　　左手餘 4，右手必餘 3→所扐之總數爲 1＋4＋3＝8→第三變之數：40－8=32

當第二變餘數爲 36 時：

　　左手餘 1，右手必餘 2→所扐之總數爲 1＋1＋2＝4→第三變之數：36－4=32

　　左手餘 2，右手必餘 1→所扐之總數爲 1＋2＋1＝4→第三

---

5 見朱熹《周易本義・筮儀》，頁 10。

變之數：36－4=32

左手餘 3，右手必餘 4→所扐之總數為 1＋3＋4＝8→第三
變之數：36－8=28

左手餘 4，右手必餘 3→所扐之總數為 1＋4＋3＝8→第三
變之數：36－8=28

當第二變餘數為 32 時：

左手餘 1，右手必餘 2→所扐之總數為 1＋1＋2＝4→第三
變之數：32－4=28

左手餘 2，右手必餘 1→所扐之總數為 1＋2＋1＝4→第三
變之數：32－4=28

左手餘 3，右手必餘 4→所扐之總數為 1＋3＋4＝8→第三
變之數：32－8=24

左手餘 4，右手必餘 3→所扐之總數為 1＋4＋3＝8→第三
變之數：32－8=24

第三變得到以 4 為一數之數為 36、32、28 與 24 四種數，其
機率為：

得到 36 數（即九，老陽之數）的機率為 3/16

得到 32 數（即八，少陰之數）的機率為 7/16

得到 28 數（即七，少陽之數）的機率為 5/16

得到 24 數（即六，老陰之數）的機率為 1/16

也就是說，此一筮法得到老陽、少陰、少陽、老陰之機率為
3：7：5：1，形成明顯不對等的狀況，尤其是占得老陰的機率，
16 次僅得 1 次的機會。然而在得到陽爻與陰爻的機率上，二者是
相同的；陽爻（即老陽與少陽）的機率為：3/16＋5/16＝8/16，得
到陰爻（即老陰與少陰）的機率為：1/16＋7/16＝8/16。

三變得數之簡易或然率推定架構，如表 5-1-1 所示：

表 5-1-1　朱熹推筮三變或然率架構表

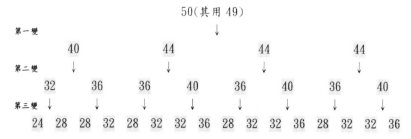

二、丁易東推筮之法的改造

　　南宋之後期，推筮聯結數學概念的關注，另一股不同於朱熹所代表的傳統推筮之法已然形成。丁易東對於筮得老陽（九）、少陰（八）、少陽（七）、老陰（六）前此 3：7：5：1 的或然率不均等之情形，採用楊忠輔（？-？年）之法提出修正，從掛扐上進行改變，並對元代雷思齊、張理等人產生一定之影響。[6]

　　丁易東認爲「揲法古今亦多，不同有六說焉」，「惟楊氏忠輔之法爲合于理」。[7]他肯定與採用楊氏（？-？年）之法，其筮法內容大要云：

　　　　其法止揲左而不揲右。初則信手中分之，此分而爲二也。

　　　　置右手之半于大刻之內不揲，以象地之靜；取左手一蓍，

6　雷思齊、張理等人所用之法，以及得到九、八、七、六筮數之機率，與丁易東大致相同。有關雷思齊的筮法，參見其著《易筮通變》，張理筮法見其《易象圖說》。晚近江弘毅先生針對張理之說，作了詳要之說明，見其博士論文《宋易大衍學研究》（臺北：國立臺灣大學中國文學系博士論文，1991 年 6 月），頁 85-90。

7　二括弧引見，見丁易東《周易象義》，卷十四，頁 731、732。「楊氏忠輔」原作「王氏忠輔」，此誤據改。

置于格東一小刻而不用，此掛一象三也。次以左手之蓍，
四四而撲之于右，象天在上而動運而西也。此「撲之以四」
也。末後一撲，餘一，則以右手三蓍歸之，足成一撲，此
奇也；餘二，則以右手六蓍歸之，足成二撲，此耦也；餘
三，則以右手一蓍歸之，足成一撲，此奇也；无餘，則以
右手八蓍歸之，足成二撲，此耦也。此名「奇」也，或奇
或耦，置于格東之次一刻，此「歸奇于扐」，以象三年之
閏也，是為一變。乃以右手餘蓍，與先所置大刻者，并而
為一，或四十四蓍，或四十蓍；信手中分之，置右手之半
于大刻，不撲，亦不掛一，直以左手之蓍，四四撲之于右。
末後一撲，餘一、餘二、餘三，或無餘，則以右手之蓍，
如前歸之，足成奇耦，置于格東次二刻，此閏後一扐，為
二變也。乃以餘蓍，與先第二次所置大刻者，并而為一，
或四十蓍，或三十六蓍；信手中分之，置右手之半于大刻，
不撲，亦不掛一，直以左手之蓍，四四撲之于右。末後一
撲，餘一、餘二、餘三，或無餘，則以右手之蓍，如前歸
之，足成奇耦，置于格東次三刻，此閏後再扐為三變而爻
成。乃以右手餘蓍，與第三所置大刻者，并而為一，或三
十六蓍，或三十二蓍，或二十八蓍，或二十四蓍，此名策
也。本撲之以四，故四六為老陰，四七為少陽，四八為少
陰，四九為老陽。然取先所置掛一及三扐之蓍，并入策數，
復再分掛以求次爻，所謂「再扐而後掛」也，此「再扐而
後掛」，象再閏也。[8]

　此一筮法，強調僅撲數左手之蓍。五十而用四十九，將此數

8 見丁易東《周易象義》，卷十四，頁732。

信手中分爲二，並取左手一蓍掛其一以象天地人三才之道；右手
全數不作揲數，而置於大刻之內，其掛一者，置於小刻中而不用。
然後再將左手之蓍，以四揲數之，並置於右手，用以象徵天之動
由東而西運行之狀。揲數以四，數後會有餘蓍，其情形爲：

> 當餘一時，則以右手三蓍合歸之；
>
> 當餘二時，則以右手六蓍合歸之；
>
> 當餘三時，則以右手一蓍合歸之；
>
> 當無餘時，則以右手八蓍合歸之。

　　餘一餘三爲奇，並右手之三或一蓍而爲一揲，亦爲奇；餘二
無餘爲偶，並右手之六或八蓍而爲二揲，亦爲偶。將此所餘之奇
或偶，亦即四或八蓍，置於次一刻中，這就是所謂的「歸奇于扐，
以象三年之閏」，也就是第一變。

（一）第一變得 44 與 40 機率爲 1:1

　　執行第一變的蓍數爲四十八，第一變最後剩餘之蓍數，爲右
手以四揲數之蓍，加上先前置於大刻中未作揲數的原來右手之蓍
數，二者合併之蓍數，不是四十四就是四十，其具體情形爲：

> 當餘一時，最終之得數爲：48-（1+3）=44
>
> 當餘二時，最終之得數爲：48-（2+6）=40
>
> 當餘三時，最終之得數爲：48-（3+1）=44
>
> 當無餘時，最終之得數爲：48-（0+8）=40

因此，第一變爲 44 或 40 之數，其機率皆爲 1/2。

第一變之掛一，不入於推數之中，第二變、第三變不再掛一。

（二）第二變得 40、36 與 32 機率爲 1:2:1

　　第二變乃將第一變所得之 44 或 40 之蓍數，再信手中分，同

樣將右手的部分置於大刻中不作揲數，以右手之著作四著一數，並置於右手之中，最後一揲會同第一變一般，餘一、餘二、餘三或無餘。當餘一時，以右手三著合歸之，最後所得之著數爲：

44-（1+3）=40，或 40-（1+3）=36

餘二時，以右手六著合歸之，最後所得之著數爲：

44-（2+6）=36，或 40-（2+6）=32

餘三時，以右手一著合歸之，最後所得之著數爲：

44-（3+1）=40，或 40-（3+1）=36

無餘時，以右手八著合歸之，最後所得之著數爲：

44-（0+8）=36，或 40-（0+8）=32

因此，第二變之餘數爲 40、36 或 32 等三個著數，其得數之機率爲：

40 數為 2/8，亦即 1/4；36 數為 4/8，亦即 1/2；32 數為 2/8，亦即 1/4

（三）第三變得 36、32、28 與 24 機率為 1:3:3:1

接著以 40、36 或 32 數進行第三變揲數，同於第一變與第二變之方法，當餘一時，最後之得數爲：

40-（1+3）=36；　36-（1+3）=32；　或 32-（1+3）=28

餘二時，最後之得數爲：

40-（2+6）=32；　36-（2+6）=28；　或 32-（2+6）=24

餘三時，最後之得數爲：

40-（3+1）=36；　36-（3+1）=32；　或 32-（3+1）=28

無餘時，最後之得數爲：

40-（0+8）=32；　36-（0+8）=28；　或 32-（0+8）=24

因此，第三變之餘數爲 36、32、28 或 24 等四個著數，三變

為一爻，此四數即表徵陰陽爻之數；36 為老陽「九」之筮數，32 為少陰「八」之筮數，28 為少陽「七」之筮數，24 為老陰「六」之筮數。

經過三變之後，得到此四個蓍數的演變機率，以表式呈現如表 5-1-2 所見：

表 5-1-2　丁易東推筮三變或然率架構表

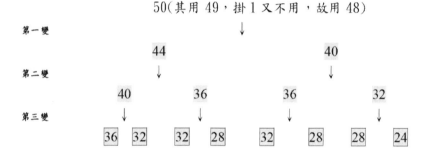

50（其用 49，掛 1 又不用，故用 48）

第一變

44　　　　　　40

第二變

40　　36　　36　　32

第三變

36　32　32　28　32　28　28　24

最後此四數經過三變的總機率為：

36 數：1/2 × 1/2 × 1/2 = 1/8

32 數：1/2 × 1/2 × 1/2 × 3 = 3/8

28 數：1/2 × 1/2 × 1/2 × 3 = 3/8

24 數：1/2 × 1/2 × 1/2 = 1/8

也就是說，36、32、28、24 等四數之或然率為：1/8：3/8：3/8：1/8＝1:3:3:1。得到陽爻之機率與得到陰爻的機率皆相等，即：

老陽＋少陽（1+3）＝老陰＋少陰（1+3）

原來朱熹筮法所得九、八、七、六等四個數的機率 3：7：5：1，而丁易東採楊氏之法，其機率改善為 1：3：3：1，明顯拉近了四個數的或然率，也使老陽與老陰的機率相等，而少陽與少陰

的機率也相等，使推筮的機率設定更趨合理。

三變得一爻，十八變而得六爻爲一卦；以三變得一爻之後，其餘各變推爻之法，同此前說。丁易東此一筮法，揲左而不揲右，藉由天西轉以共成萬有的概念推定揲數原理，也以筮法確定天性動健、地性靜順的陰陽本質，天陽的能動之性，具有主宰萬化的優先性意義。此一筮法，丁易東或有小疵之處，他說第二變所得之數爲「或四十蓍，或三十六蓍」，此當丁氏未慎之舛誤，當爲四十蓍、三十六蓍與三十二蓍等三種可能，非僅四十與三十六蓍等二種。

丁易東根據楊忠輔之法立說，雖然在筮法操作上，打破傳統的運數方式，但目的仍在尋求數理上的合理或然率。然而，其操作方式，卻也背離了《繫辭傳》的運筮方式，且從《易》之「唯變所適」的精神觀之，四數或然率的對等或不對等，用合理與否進行評價，則難以審確斷言。

朱熹所代表的傳統說法，雖有機率上的明顯不對等情形，並不代表此一推筮方式的合宜性較不如 1:3:3:1 的方式；而且，所呈現的陽爻與陰爻的機率皆相同，爲：（3+5）：（7+1）＝8：8＝1：1。丁、雷諸家之說，操作方式已不同於《繫辭傳》所載，並沒有得到普遍之認同，易學界仍以朱熹所代表的傳統《繫辭傳》之說爲主。

第二節　大衍筮數形成的基本結構與重要意義

大衍筮數藉由天地之數推定，丁易東透過圖式之制作，確立天地之數爲推定大衍之數的唯一用數來源，建立有關數值的形成

與結構的基本模式，試圖予以合理化的推定與變化規律之建構。

一、天地之數推定大衍之數

　　《繫辭傳》以自然的一切變化，天地的一切事理，皆由天地之數所表徵的陰陽之運化而顯其神妙之道，而代表陰陽變化的大衍之數、大衍之法，亦以天地之數爲本。此天地之數，「天數五，地數五，五位相得而各有合。天數二十有五，地數三十，凡天地之數五十有五，此所以成變化而行鬼神也」。[9]天地之數作爲一切存在的依據，其基本之規律爲「五位相得而各有合」，不論是大衍之用數，或是《河圖》、《洛書》之用數，丁易東肯定皆以此天地之數的相得相合；其相得者，即「天一與地二相得，天三與地四相得，天五與地六相得，天七與地八相得，天九與地十相得也」；其相合者，即「天一與地六合而居北，地二與天七合而居南，天三與地八合而居東，地四與天九合而居西，天五與地十合而居中也」。[10]以天地之數進行推衍，而得其相得有合之變化關係。同樣的，大衍五十之數亦同，同在天地之數的運用變化下形成。

　　然而，天地之數爲五十五，而大衍之數僅爲五十，二者之數值並不對等，故歷來學者各立其說，尋得合理之通解，已如第四章所述。丁易東特別指出，一般學者大多倡言虛五虛一之說，所謂「大衍虛天數之五，而其又虛大衍之一，皆不自然」。[11]大衍用數取天地之數的虛五又虛其一，爲不合自然之道。

　　大衍之數由天地之數所推衍，大衍所衍之數反映出天地自然

9　《繫辭傳》之文，見丁易東《周易象義》，卷十四，頁730。
10　見丁易東《周易象義》，卷十四，頁730。
11　《繫辭傳》之文，見丁易東《周易象義》，卷十四，頁730。

的變化之道，丁易東賦予其具體的數值關係，云：

> 蓋天地之數五十有五者，天地之積數也。大衍之數五十，其用四十有九者，天地之衍數也。一與二成三，二與三成五，三與四成七，四與五成九，五與六成十一，六與七成十三，七與八成十五，八與九成十七，九與十成十九。以其偶數言之為五者，五而得五十；以其奇數言之，則三、五、七、九、一、三、五、七、九，共得四十九。大衍置偶數而用奇數，故四十有九也。若掛天一而再以天數合之，則五與七合成十二，老陽之奇也；七與九合成十六，少陰之奇也；九與十一合成二十，少陽之奇也；十一與十三合成二十四，老陰之奇，亦老陰之策也；十三與十五合成二十八，少陽之策也；十五與十七合成三十二，少陰之策也；十七與十九合成三十六，老陽之策也。故四象之奇之策，皆自此變焉。[12]

此段話表達出幾個重要之意涵：

（一）天地之數五十五，為一切變化的根據與主體，大衍五十之數為天地之數的推衍之數，本質上仍是天地之數的推衍運用，也是陰陽變化的數值化理解。透過大衍之數推定一切的吉凶休咎，其最根本的概念，仍是藉由天地之數衍化出的相關數值來進行；不論是五十之數，或是所用四十九之數，都是天地之數的衍化運用之數。

（二）天地之數衍化出五十與四十九之數的具體方式，首先是天地之數依次兩兩、隔一個數相加，即一加二得三，二加三得五，三加四得七，四加五得九，五加六得十一，六加七得十三，七加八得十五，八加九得十七，九加十得十九；由天地之數推衍

---

12 見丁易東《周易象義》，卷十四，頁731。

合成出三、五、七、九、十一、十三、十五、十七、十九等九個數。這九個數以個位數與十位數個別關注其奇數與偶數，就偶數而言，十位數必爲偶數，包括十一、十三、十五、十七、十九等五個數的十位數，其十位數的量數皆爲十。丁易東所謂「五而得五十」，即五個十，亦即五個偶數皆十，合爲五十；就奇數而言，這九個數的個位數皆爲奇數，即包括三、五、七、九、一、三、五、七、九，此九奇數之合爲四十九。

（三）大衍之法，置偶數而用奇數，亦即置衍數五十（偶數）不用，而用衍數四十九（奇數）。置偶而用奇，偶爲陰，奇爲陽，強調用陽之重要性。

（四）推衍得其筮數之法，採取掛一再以天數之相加，則五與七相加爲十二，即老陽之餘，四十八減十二得三十六，即老陽之數，此亦爲十七合十八爲三十六策；少陽、老陰、少陰之餘與策數亦同。以奇數爲用，重視陽氣之主導性意義。

（五）在九個數值的運用上，由五與七加起，何以不用「三」數，缺乏完整的規律性與合理性。

二、推筮的基本數列結構

大衍推筮以五十數爲體，以四十九數爲用，作爲推衍的主體數值，透過此體用之數，進一步產生最後的四象之數，即三十六（九）、三十二（八）、二十八（七）、二十四（六）等四數，對於有關數值的關聯性，丁易東具體的建構出相關的圖式。

（一）五十用四十九之數列結構

朱熹對於陰陽的對待關係，指出「陰陽有相對而言者」，「先

對待底是體，流行底是用體，靜而用動」。[13]對待的概念相對為「靜」之體，而流行變化則為「動」之用，這種認識為丁易東所用，面對大衍五十之數與其用四十九之數，亦以動靜、體用的觀點進行理解。強調「大衍之數五十，藏諸用」，即五十為體，而藏有四十九之用，故「偶為大衍之體數，奇為大衍之用數，體靜而用動也」。[14]五十為偶為體，其性為靜，而四十九為奇為用，其性為動，陰陽之性以體靜而用動，以大衍筮法來呈現，亦以五十為陰偶之體，以四十九為陽奇之用。

體用之數，根本上仍是天地之數的推布，丁易東特別建構出一個結合占筮意義的數列結構，名為《大衍之數五十其用四十九圖》，其圖式與說明如下：

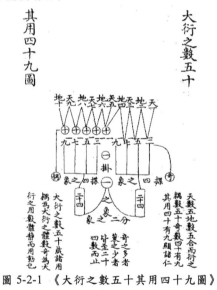

圖 5-2-1 《大衍之數五十其用四十九圖》

---

13 見程川《朱子五經語類・易一》，卷一（臺北：臺灣商務印書館文淵閣《四庫全書》本第 193 冊，1986 年 3 月初版），頁 8。
14 見丁易東《大衍索隱》，卷一（臺北：臺灣商務印書館文淵閣《四庫全書》本第 806 冊，1986 年 3 月初版），頁 320。

　　天地之數各五，合而衍之，通得九位：一與二為三，二與
　　三為五，三與四為七，四與五為九，五與六為十一，六與
　　七為十三，七與八為十五，八與九為十七，九與十為十九；
　　九位各有奇，而五位各有耦，置其五位之耦，是為五十大
　　衍之體數也，存其九位之奇，則得四十有九大衍之用數也。
　　一居其中，而左右之位各四，有掛一、分二、揲四之象焉。
　　三與九合，五與七合，皆成十二四，其十二即以四揲之而
　　合奇與策通，成十二之象也。左右各二十有四，二十有四
　　者，奇與策之中數；奇止於二十四，而策起於二十四也。
　　又二十四者，八卦之爻數也，二十四而又二十四，則八卦
　　之上又生八卦，而上下之體具，六十四卦之象黙寓於其中
　　矣。[15]

　　天地之數兩兩相合而成一、三、五、七、九、十一、十三、
十五、十七、十九等九個數，其中十一、十三、十五、十七、十
九等五個數寓有「十」之偶數，五個「十」，合為五十，正是大
衍五十之數，作為衍數之體，所用為四十九，即此九數之奇，為
三、五、七、九、一、三、五、七、九等九數，合為四十九而為
之用。

　　以五個「十」合為五十之體，丁易東強調「生成之數終於十，
十者生成之全數也」。全數不用作為衍數之體，乃「大衍之數非
十不能衍，故謂之體也。惟其體也，故遇十則藏焉；用藏於十，
此十之所以為體也」。數止於「十」，「十」又為體，故體數為
偶數而有「靜」之性，奇數則為動性之用。[16]

　　偶體不用，所用為九個奇數，其「一」居中，左右各有四數，

---

15 圖式與引文，見丁易東《大衍索隱》，卷一，頁320。
16 括弧引文，參見丁易東《大衍索隱》，卷一，頁321。

有掛一、分二、揲四之象。左右各有三、五、七、九等四數，三與九、五與七，各合十二，爲四揲之奇，以總數四十八去其奇爲三十六策；若以四數之合爲二十四而言，四十八去此二十四，則爲二十四策；二十四至三十六策皆爲陰陽爻數。左右皆二十四，象徵八卦之爻數，二十四又二十四，又象徵合八卦又八卦之概念。二十四數之重要意義，其一、奇止於二十四，則當奇爲二十四時，策數爲二十四；奇爲二十時，策數爲二十八；奇爲十六時，策數爲三十二；奇爲十二時，策數爲三十六。其二、策數起於二十四，尚有二十八、三十二、三十六。故以二十四概括奇或策的運作之數，也反映爲大衍五十之數，其用四十又九的筮數結果，所在推求的就是九、八、七、六四個表徵陰陽的數。

（二）四象形成的數列結構

丁易東構制《大衍合數生四象圖》，藉由衍數以生成四象之數，強調天地掛一於中，故起於地二，並依天地之數的次序而終於地十，此爲第一層之數。進一步變化爲第二層之數，由地二天三合爲五、天三地四合爲七、地四天五合爲九、天五地六合爲十一、地六天七合爲十三、天七地八合爲十五、地八天九合爲十七、天九地十合爲十九。由第二層進入到第三層的數值，即五與七合爲十二、七與九合爲十六、九與十一合爲二十、十一與十三合爲二十四、十三與十五合爲二十八、十五與十七合爲三十二、十七與十九合爲三十六，這樣的結果即爲四象之數，亦即陰陽筮數。

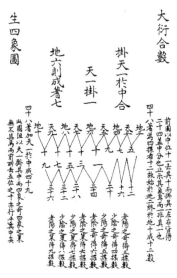

圖 5-2-2　《大衍合數生四象圖》

　　四乘三的三揲爲十二之數，爲「老陽之奇得三揲數」，可以視爲揲數之餘數，以四十八減之，亦得三十六的老陽策數。四乘四的四揲爲十六之數，即「少陰之奇得四揲數」，以此爲揲數之餘數，並以四十八減之而得三十二的少陰策數。四乘五的五揲爲二十之數，即「少陽之奇得五揲數」，以此爲揲數之餘數，並以四十八減之而得二十八的少陽策數。四乘六的六揲爲二十四之數，此數居中，含有二重身份，一方面爲「老陰之奇得六揲數」，以此爲餘數並以四十八減之而得二十四的老陰策數；一方面又爲「老陰之策得六揲數」，二十四數以後之數，由含偶之數（十）所合而成，直接表徵占筮所得之筮數，二十四即六之筮數，亦即老陰之數。四乘七的七揲之二十八筮數，即「少陽之策得七揲數」。四乘八的八揲之筮數爲三十二數，即「少陰之策得八揲數」。每一層之數列都有其一定的規律性，聯結的四象之策，呈現出某種

程度的神妙之脗合。[17]

第三節　大衍合乘數之變化圖式

天地之數相生之數列結構，確立大衍五十與四十九數之形成與基本結構。同時，藉由天地之數的乘數運用，建構出大衍推數的四象之數，以及有關數值的形成與重要意義。

一、以乘數生四象之數列結構

以天地之數之相乘得其四象之數，丁易東建構《大衍乘數生四象圖》，圖式第一層為天地之數各以其數乘方得：天一乘一為一，地二乘二為四，天三乘三為九，地四乘四為十六，天五乘五為二十五，地六乘六為三十六，天七乘七為四十九，地八乘八為六十四，天九乘九為八十一，地十乘十為一百。接著十數相推，則一生四，四生九，九生十六，十六生二十五，二十五生三十六，三十六生四十九，四十九生六十四，六十四生八十一，八十一生一百，此即丁易東所稱「乘數之相生」。

---

17 圖式與說明，參見丁易東《大衍索隱》，卷一，頁 321-322。

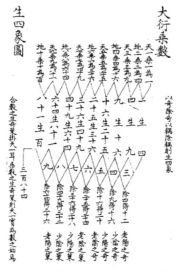

圖 5-3-1 《大衍乘數生四象圖》

　　丁易東認為一數乘一為一，故「一，無乘也」，所以「乘數之偶始於四，奇始於九」。在偶數方面，由四而十六、三十六、六十四，乃至一百；奇數始於九，而二十五、四十九、八十一。四象之奇與四象之策的產生，由十六減四得十二，為老陽之奇，以四而三揲；二十五減九得十六，為少陰之奇，以四而四揲；三十六減十六得二十，為少陽之奇，以四而五揲；四十九減二十五得二十四，為老陰之奇，亦為老陰之策，以四而六揲；六十四減三十六得二十八，為少陽之策；八十一減四十九得三十二，為少陰之策；一百減六十四得三十六，為老陽之策。四象之策數由是生焉。[18]

　　《大衍合數得乘數生四象圖》同樣以數之相乘得其四象之數，圖式之第一層為將天地之數兩兩相加，則天一地二為三，地

18 圖式與說明，參見丁易東《大衍索隱》，卷一，頁 324-325。

二天三爲五，天三地四爲七，地四天五爲九，天五地六爲十一，地六天七爲十三，天七地八爲十五，地八天九爲十七，天九地十爲十九。然後圖式之第二層，先以一加第一層之三爲四，再以此四再加第一層其次之五爲九，接著九加七爲十六、十六加九爲二十五、二十五加十一爲三十六、三十六加十三爲四十九、四十九加十五爲六十四、六十四加十七爲八十一、八十一加十九爲一百。最後一層爲所得之四象奇策之數，以後之偶減前一偶、後之奇減前一奇而得其數，則依次爲十六減四爲十二，是老陽之奇；二十五減九爲十六，是少陰之奇；三十六減十六爲二十，是少陽之奇；四十九減二十五爲二十四，是老陰之奇，亦爲老陰之策；六十四減三十六爲二十八，是少陽之策；八十一減四十九爲三十二，是少陰之策；一百減六十四爲三十六，是老陽之策。[19]

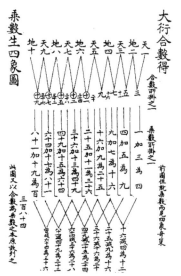

圖 5-3-2《大衍合數得乘數生四象圖》

---

19 圖式與說明，參見丁易東《大衍索隱》，卷一，頁 325。

二、大衍合數與乘數互繫之圖式結構

　　丁易東關注數列以合數及乘數相繫的變化之多元性與神妙之性，構制《大衍合數得乘數圖》與《大衍乘數生爻復得合數之圖》兩圖式，[20]可以反映出數列結構的內在邏輯與重要意義。其圖式與說明如下：

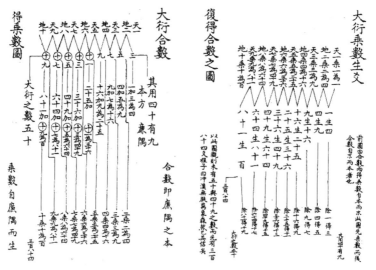

圖 5-3-3《大衍合數得乘數圖》　　圖 5-3-4《大衍乘數生爻復得合數之圖》

　　或問一與二為三，以至九與十為十九，其耦數之得五十，而奇數得四十九，則固然矣。然以其數之相繼者，比而合之，得非人力乎？曰：此豈人力之所為哉！蓋見之於用相乘數之所自生也。夫一一為一，不可變也，由一一之一，生二二之四，是自一而加其三也。由二二之四，生三三之

---

20 圖式與說明，參見丁易東《大衍索隱》，卷一，頁 322-324。

九，是自四而加其五也。由三三之九，生四四之十六，是
自九而加其七也。由四四之十六，生五五之二十五，是自
十六而加其九也。由五五之二十五，生六六之三十六，是
二十五而加其十一也。由六六之三十六，生七七之四十九，
是自三十六而加其十三也。由七七之四十九，生八八之六
十四，是自四十九而加其十五也。由八八之六十四，生九
九之八十一，是自六十四而加其十七也。由九九之八十一，
生十十之百，是自八十一而加其十九也。夫自一而加其三
者，一其本方而三其廉隅也。自四而加其五者，四其本方
而五其廉隅也。以至自六十四而加其十七者，六十四其本
方而十七其廉隅也。自八十一而加其十九者，八十一其本
方而十九其廉隅也。則其合數之中已寓乘數之妙矣。夫一一
之一既不可變，若由二二之四，至十十之百，其為數也通得
三百八十有四，則《易》之爻數具焉豈人力之所為哉！[21]

此二圖式透過天地十數之合數與結合乘數的運算，說明四十
九數、五十數與三百八十四爻數的形成模式。

（一）二圖式之基本內涵

《大衍合數得乘數圖》中，以天地之數兩兩相加而得三、五、
七、九、⊕一、⊕三、⊕五、⊕七、⊕九等九個數，此九個數中，
耦數之和為五個⊕，即五十，也就是大衍五十之數，而其奇數之
和為四十九，也就是：3+5+7+9+3+5+7+9=49，以奇數四十九為其
用。此九數同時對應天地之十個數，以天一、地二與合數為三，
以及天地之數的乘數之關係言，天一加地二為三，一之乘數加三

---

21 見丁易東《大衍索隱》，卷一，頁323。

為四，為廉隅之數，此廉隅「四」數，正為地二自乘之數，即合二乘二為四之數。又以地二、天三與合數為五，以及地三乘數之關係言，地二加天三為五，二乘二得四，加五則為九，四與五得廉隅之數，同時對應同於天三自乘為九之數。又以天三、地四與合數為七，以及天三自乘為九的關係言，三乘三得九，合七數則為十六，九與七為廉隅之數，同時對應同於地四自乘為十六之數。其它數值的關係，也準上說之法。

　　相鄰天地二數的廉隅之數，即其二數中第二數的自乘之數，如天五與地六的廉隅之數為二十五加十一，即地六自乘之數為三十六。此一圖式確立天地之數的合數，為構成有關廉隅之數的根本，即其所謂「合數即廉隅之本」。同時，其合數之對應等同天地之數的乘數，則其乘數又同於廉隅之數，即其所云「乘數自廉隅而生」。天地之數的合數，總合得奇耦為四十九與五十數，此乃自然推衍的結果，並「見之於用相乘數之所自生」，與天地之數的自乘之數相合而生，非人力之刻意作為。因此，五十之數與四十九之數，源於自然之天成，非人力之設作，自然之所成者，則可為一切自然現象與存在之依據。

　　《大衍乘數生爻復得合數之圖》亦具體展現天地之數自乘得數的另類結構，其背後仍隱藏天地之數的合數關係，也就是包含著「大衍之五十，其用四十有九」的內在結構。

　　天地十數，由天一生地二，再生天三、地四、……一直到天九生地十，合五行相配亦是如此，起於天一生水，終於地十生土，天地十數依序有相生之性。同樣的，天地十數自乘亦存在著相生的關係，天一乘一得一，地二乘二得四，地二得四生天三乘三得九，再而生地四乘四得十六，再次生天五乘五得二十五，再次生地六乘六得三十六，再次生天七乘七得四十九，再次生地八乘八

得六十四，再次生天九乘九得八十一，最後生地十乘十得一百。

　　已如前述，《大衍合數得乘數圖》說明任二天地之數之合，加上此二數之前一數的聯結二數之合，與加上此任二天地之數的前一數之自乘之數，則等同此二天地之數的後一數之自乘之數。例如地四與天五，二數合爲九，加上天三與地四合數七，則爲十六，此十六數又是地四自乘之數，十六再加上天三自乘之數，則爲十六加九等於二十五，此又等同於天五自乘之數。此圖式建立天地之數的合數與自乘之數的關係，而《大衍乘數生爻復得合數之圖》則透過乘數的推衍，並以除法回歸天地之數的合數關係，例如地二與天三的乘數，地二自乘爲四，生天三自乘爲九，二數的乘關係爲四生九，九以四除（減）之則得五，此五即地二與天三之合數；由天一至地十的連續二數之乘數得數後再以除（減）所得之數，即如「除一得三」之「三」、「除四得五」之「五」等，包括三、五、七、九、十一、十三、十五、十七、十九等九個數，此九個數爲天地之數之合數，其奇數之合爲四十九，耦數之合爲五十，此乃逆推回到大衍五十與所用四十九之數。又每一天地之數的自乘之數，等同於前一數自乘之數合二數自乘之數之差，如地四自乘爲十六，此數等於天三自乘爲九，加上十六減九爲七，九加七爲十六，即地四自乘之數。

　　天地之數自乘之數的生成關係，如天一乘一爲一，生地二乘二爲四，即一生四，生四之數回歸即「除一得三」，此「一」與「三」數與生四的關係，即丁氏所說的「自一而加其三者，一其本方而三其廉隅也」，「一」即一乘一之天一自乘之數，爲本方之位，並以三爲廉隅之數，即兩邊皆爲二，二二爲四之數，也就是地二自乘之數。又如地二乘二爲四，生天三乘三爲九，即四生九，生九之數回歸即「除四得五」，此「四」與「五」數與生九

的關係，即所謂「自四而加其五者，四其本方而五其廉隅也」，「四」即二乘二之地二自乘之數，為本方之位，並以五為廉隅之數，即兩邊皆為三，三三為九之數，也就是天三自乘之數。又如天三乘三為九，生地四乘四為十六，即九生十六，生十六之數回歸即「除九得七」，此「九」與「七」數與生十六的關係，即九加七為十六，「九」即三乘三之天三自乘之數，為其本方之數，而七則為廉隅之數，即兩邊皆為四，四四為十六之數，也就是地四自乘之數。一直到天地之最後兩個數也是如此，天九乘九為八十一，生地十乘十為一百，即八十一生一百，生一百之數回歸即「除八十一得十九」，此「八十一」與「十九」數與生一百的關係，即其所謂「自八十一而加其十九者，八十一其本方而十九其廉隅也」，八十一加十九為一百，「八十一」即九乘九之天九自乘之數，為其本方之數，而十九則為廉隅之數，即兩邊皆為九，九九為八十一之數，也就是天九自乘之數。因此，由二圖式所見，「則其合數之中，已寓乘數之妙矣」。

（二）天地自乘之數與有關數值的重要意義

一一為「一」之數，已如前述，具初始存在的太極地位，強調「夫一一為一，不可變也」，「一」具不可變之本質，作為一切存在的根本，以其不可變而能為萬變之體，包絡一切之變化。

至若地二之數，「二二為四者，天地之體數也，故以一為本，三為用也」。地二自乘為四，代表天地之時空主體，象徵四方與四時，而與之關係之「一」與「三」數，確立其「一」不變為本而不用、所用者為「三」之體用觀。

天三之數言，「三三為九者，老陽之數也，故以四為本，五為用也」。天三自乘為老陽之數，以四、五合為九，「四」已如

上言爲天地之體數，而「五」爲五行之沖氣，藉沖氣以生天地萬物。

地四之數言，「四四十六者，地體之析數也，故以九爲本，七爲用也」。「四」數爲體數，「析一爲四者，生物之體也」，爲萬物生成之主體，四自乘爲十六，即體數自乘之數，故邵雍（1011-1077 年）《皇極經世》有十六位之數，其數值之義同於此。十六之數，「九爲陽數之極，用七爲天之餘分」，二數合爲十六，其體用關係以九數爲體爲老陽極數，七數爲用爲陽數之餘分者。

天五之數言，「五五二十五者，天數也，故以十六爲本，九爲用也」。二十五爲天中自乘之數，以地體十六數（地四自乘之數）爲本，以老陽九數爲用。

地六之數言，「六六三十六者，老陽之策數也，故以二十五爲本，十一爲用也」。三十六爲老陽之策數，合天數二十五爲本，並以十一數爲用，而「十一」正爲合天中「五」數與地中「六」數，合此天地之中爲用。

天七之數言，「七七四十九者，蓍數也，故以三十六爲本，十三爲用也」。四十九爲大衍蓍用之數，以老陽策數三十六爲本，以十三數爲用；此「十三」爲「閏月之數」。

地八之數言，「八八六十四者，卦數也，故以四十九爲本，十五爲用也」。八數自乘即合六十四卦卦數，爲四十九與十五所合，四十九即推筮用數，而十五爲陰陽和合相交的合宜定數，丁氏特作釋說，指出「老陰六，少陰八，成十四，不及也。老陽九，少陽七，成十六，太過也。陰陽相交，七與八、九與六，皆成十五也」。陰陽相交合宜之數爲十五，即陰陽之合道，乃一陰一陽合爲十五之謂道，其組合爲七與八及九與六。

天九之數言，「九九八十一者，元範之數也，故以六十四爲

本，以十七爲用也」。九數自乘合八十一爲揚雄《太玄》所範定之數，亦即八十一首之數。八十一以六十四卦之數爲本數，並合十七數以爲用，丁氏以此「十七」即邵氏先天六十四卦中由乾卦至同人卦所歷十七卦之數。[22]

地十之數言，「十十爲百者，真數三變之極也，故以八十一爲本，十九爲用也」。十數自乘爲百，即真數三變之極數，[23]所合之數，以九九爲八十一，即生物之極數，作爲百數之本，而合十九數爲閏餘之數以爲用，此數即如《太玄》以八十一爲七百二十贊仍未合期年之數，另以蹢、嬴以補其所餘者之概念。[24]

（三）二圖式之重要意義

此二圖式傳遞出幾個重要的意義：

其一、大衍之數與其所用之相關數值，皆可由合數與乘數的變化中證成，建立起一定的邏輯性之數值變化關係，一種數值衍化與易學數說的可參照之合理展現。

其二、以四爲體，即以地之數爲體，強調陰柔之性爲體、地體載物的本質，雖未必試圖打破傳統上陽尊陰卑之認識，卻一方面肯定地之質性，也強化地「體」的重要性。

其三、確立每一數值之變化與運用，有其必然性，數值的呈現，也必有一定的意義；數字符號的象徵性與傳義性質，於此更爲強化。

---

22 先天卦序由乾至同人，所歷者十七卦，依序爲乾、夬、大有、大壯、小畜、需、大畜、泰、履、兌、睽、歸妹、中孚、節、損、臨、同人等十七卦。「九九八十一者，元範之數也」，語出自邵雍《皇極經世·觀物外篇》。
23 邵雍《皇極經世·觀物外篇》言真數之變，其三變爲八卦，其所極者爲百數。
24 以上諸括弧引文與說明，參見丁易東《大衍索隱》，卷一，頁323-324。

其四、每一數值的自乘之數，皆以其前數的自乘之數爲本，以其數值之差爲用，如十數自乘爲一百，以其前數九數自乘八十一爲本，數值差十九爲用，建立數之本與用之關係，也就是體用觀的另類展現。同時以前後數值的高度聯繫，也直接肯定天地之數的聯結關係，一種自然變化規律普遍定則的確立與不可逆性。

其五、諸多用數之觀念，採用邵雍之說法，多數屬於邵雍爲主的宋代易學觀，並爲關注於大衍用數的延續。

第四節　大衍合卦數與策數及老陰老陽之互變

天地之數推衍大衍之數，同時聯繫出八卦之爻數與六十四卦之卦數、陰陽之總策數，以及藉由大衍參天兩地而得其老陰老陽之互變。有關的圖式結構之衍數變化，仍然牢籠於易學的重要用數範疇中。

一、大衍生成合卦數之數說

丁易東建構《大衍生成合卦數圖》，[25]以說明天地之數的生成數之推衍，正合六十四卦的卦數。

---

25 圖式見丁易東《大衍索隱》，卷一，頁 327。

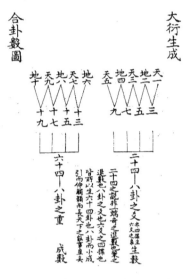

圖 5-4-1　《大衍生成合卦數圖》

　　此一圖式，分別從生數之合與成數之合，以其所推衍之數，說明合為八卦之爻數與六十四卦之卦數。在生數方面，天一合地二生三，地二合天三生五，天三合地四生七，地四合天五生九，三、五、七、九合為二十四，此二十四之形成，乃因天地之數分生數與成數而由生數之合所成者，故於此不以二十四視為大衍推筮之奇數二十四，也不視為老陰之策數，而是八卦之爻數，八卦每卦三爻，合為二十四爻；同時，此二十四數也是大衍推筮四揲生六爻之象，四六二十四，透過四揲以產生重卦之六爻。

　　在成數方面，地六合天七生十三，天七合地八生十五，地八合天九生十七，天九合地十生十九，合十三、十五、十七與十九而為六十四，六十四即六十四卦之卦數，也就是八卦相重而成六十四卦之卦數。

　　從天地之生成數的推衍，生數推成八卦，而成數推成六十四

卦，八卦乃陰陽變化初成的八個基本元素，並藉由此八個基本元素進一步推出六十四個具體的存在時態或向度，其生成變化有其一定的規律與程序，必由八卦而後爲六十四卦，也就是由象徵陰陽變化的天地之數之生數，而後才能進一步衍化爲成數，此「引而伸，觸類而長，天下之能事畢矣」，[26]大衍生成之數的推衍，反映卦的生成次序與存在的規律，這樣的變化形成結果，也正表示一切存在由此而見，一切的現象由此而畢顯。

二、大衍用數得策本體數之說

丁易東建構《大衍用數得策本體數圖》，[27]如圖 5-4-2 所示，藉以說明四象策數源自大衍五十之體數。

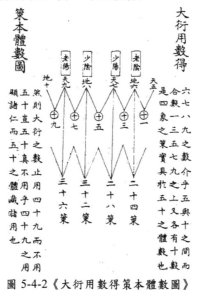

圖 5-4-2《大衍用數得策本體數圖》

---

26 此《繫辭傳》之言，丁易東此一圖式特別引作說明。
27 圖式與說明，參見丁易東《大衍索隱》，卷一，頁 327。

　　由天地之數的合數得五十之體數與四十九之用數，五十之體數取之於天地合數之⊕一、⊕三、⊕五、⊕七、⊕九中之五個⊕數合為五十，此五個合數乃透過天五、地六、天七、地八、天九、地十等六個數之兩兩合數而來，亦即天五合地六為⊕一，地六合天七為⊕三，天七合地八為⊕五，地八合天九為⊕七，天九合地十為⊕九，合此五十之數即大衍之體數。在天地六數中，六、七、八、九等四個數為四象，也就是老陰、少陽、少陰與老陽之數，此四象之數介於天五與地十之間。從圖式第一層與第二層，可以看出上述的有關數值關係。

　　另外，圖式的第三層也可看出，藉由第二層數值進一步的兩兩相合，可以得到二十四、二十八、三十二與三十六等四個數，也就是四象的策數；四象的策數之上，有五個⊕數，「是四象之策，實具於五十之體數也」。此「五十之體，藏諸用也」，[28]五十為體，卻能藏諸於生四象策數之用。因此，大衍五十為體之數，來自於天地之數的天五至地十的合數的五個⊕數，且這幾個合數又是推衍形成四象策數之來源，故藏諸用的五十之數作為本體之數，四象之策數由是生焉。

三、大衍掛一生二篇策數之說

　　丁易東建構《大衍掛一生二篇策數圖》，以說明二篇策數聯繫老陰、老陽、少陰、少陽等四象之策數。其圖式與說明如下：

28　括弧引文見《大衍用數得策本體數圖》圖式內之文字說明。

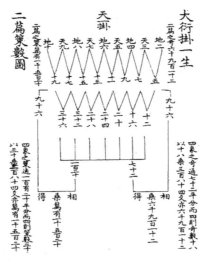

圖 5-4-3　《大衍掛一生二篇策數圖》

二篇之策，萬有一千五百二十，先儒以為三百八十四爻之中，一百九十二為老陽，一百九十二為老陰，老陽每策三十有六，老陰每策二十有四，合而言之，則萬有一千五百二十也；然此但以動爻言之耳，而未及其靜者。又以靜者言之，則一百九十二為少陽，一百九十二為少陰，少陽每策二十有八，少陰每策三十有二，合而言之，亦得萬有一千五百二十也；然此又專以靜者言之，而未及其動者。吾嘗合動靜而觀，蓋二篇之爻，共三百八十有四，若以四象分之，則九十六為老陽，九十六為老陰，九十六為少陽，九十六為少陰；老陽三十六乘九十六，得三千四百五十六；老陰二十四乘九十六，得二千三百四；少陽二十八乘九十六，得二千六百六十八；少陰三十二乘九十六，得三千七十二，亦得萬有一千五百二十。要其原本，固亦自前圖中

來也。蓋九十九之數，[29]若掛其一則但成九十有六故耳；若夫奇數六千九百一十二，亦故是推之。以九十六乘四象之策，百二十為策數，以九十六乘四象之奇，七十二為奇數。[30]

《繫辭傳》於大衍之數的說明中，指出「二篇之策，萬有一千五百二十，當萬物之數也」，此「萬有一千五百二十」之數，即合六十四卦三百八十四爻之策數，以此數含括萬有之存在。歷來學者多以萬有之數的形成，為三百八十四爻各有老陽與老陰一百九十二，老陽之總策數為六千九百一十二，即：192x36=6912，老陰之總策數為四千六百零八，即：192x24=4608，合老陽與老陰之總策數為萬有之數：9612+4608=11520；此乃針對可變之爻，即丁氏所說的「動爻」而言。亦有針對不變之爻，即靜之爻而言者，乃少陽與少陰之爻各一百九十二，少陽之總策數為五千三百七十六（192x28=5376），少陰之總策數為六千一百四十四（192x32=6144），少陽與少陰之總策數亦為萬有之數（5376+6144=11520）。如此之總合策數，言動者之爻則不及靜者，言靜者之爻則不及動者。丁氏以動靜合觀，認為二篇之爻三百八十四，由四象分之，則老陽、老陰、少陽、少陰各為九十六，老陽之策數為三千四百五十六（96x36=3456），老陰之策數為二千三百零四（96x24=2304），少陽之策數為二千六百八十八（96x28=2688），少陰之策數為三千零七十二（96x32=3072），陰陽動靜之總策數同為一萬一千五百二十（3456+2304+2688+3072=11520）。

丁易東以萬有之策數來自四象策數之總合，所言者較過去學

---

29 「九十九之數」，疑當為「九十七之數」，唯有此數掛其一方能成九十六數。然九十七數之由來為何，固又有疑。

30 圖式與說明，參見丁易東《大衍索隱》，卷一，頁 326-327。圖式左下文字說明「二百八十四」為誤，當為「三百八十四」。

者普遍之說法更爲合理，兼顧老陽、老陰、少陽、少陰之共合，使能更具體的含有陰陽動靜的變化之道，方可視爲一切之總合。這樣的認識，丁氏特別透過《大衍掛一生二篇策數圖》予以清楚的展現。天地之數，以天一掛一不用，餘九數兩兩相加，而成五、七、九、十一、十三、十五、十七、十九等數，此八數合爲九十六，此九十六數即三百八十四爻分而爲四象之爻數，合其四象之策數即如前述之一萬一千五百二十。如圖式所見，天地之數之合數即第二層之八數，此八數再兩兩相合，得第三層之十二、十六、二十、二十四、二十八、三十二、三十六等七個數，此七數含有四象之奇數與四象之策數，其中「二十四」數具奇數與策數之雙重身份，則四象之奇數爲十二、十六、二十與二十四，四數之合爲七十二；七十二爲四象之奇數之合，平均一象之奇爲十八（72÷4=18），十八乘三百八十四爻，則得其奇數爲六千九百一十二。另外，四象之策數爲二十四、二十八、三十二與三十六，四數之合爲一百二十，此一百二十即四象之策數，平均一象之策數爲三十（120÷4=30），三十乘三百八十四爻，得一萬一千五百二十，即四象之總策數。此圖式所呈現的藉由掛一再將天地之數以合數推衍，最後所得奇數與策數以推定出總策數之法，即同於上一段落所述之概念。

四、大衍參天兩地得其老陰老陽之互變圖說

丁易東藉由天地之數的生數，以參天兩地之法而得其老陰與老陽的數值之互變關係，其《大衍參天兩地得老陰老陽互變圖》[31]

31　圖式見丁易東《大衍索隱》，卷一，頁327。

如下所示：

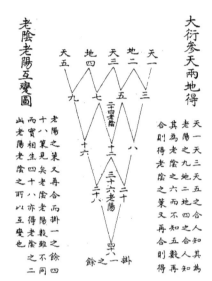

圖 5-4-4　《大衍參天兩地得老陰老陽互變圖》

　　天一、天三、天五等參天之數的合，得老陽「九」數，地二、地四等兩地之數的合，得老陰「六」數。參天兩地等天地之生數再進一層推衍，天一地二合為三，地二天三合為五，天三地四合為七，地四天五合為九，得三、五、七、九等四個數，此四數之合為老陰二十四之策數。此三、五、七、九之數再進一層推衍，則三與五合為八，五與七合為十二，七與九合為十六，八、十二、十六等三數之總合為老陽三十六之策數。八、十二、十六之數再進一層的推衍，八與十二合為二十，十二與十六合為二十八，二十與二十八總合為四十八；此四十八即大衍五十虛一與掛一之餘，又為老陰之二。此老陰老陽在天地之生數的推衍中彼此互變，具有規律性的聯結關係。因此，天地之數的十數可以推出完整的筮數，而天地之生數，可以推出陰陽六九之數，二數之策數為二

十四與三十六，也同樣可以藉由生數推出，數值建立起具有結構性的關係。

第五節　大衍數四十九用得五十數之變化

　　丁易東以大衍數的四十九用數為七乘七得四十九數的組合而來，四十九數排序出七組各有七個數的圖式結構，分置出二種不同的結構型態，圖式並名為《大衍數四十九用得五十數變圖上》與《大衍數四十九用得五十數變圖下》，圖式如後所見。

　　丁易東指出「大衍之數四十九，七七之數也。六包一為七，而七七之數，皆以六包七，[32]故曰『蓍之德圓而神』。前圖順布，後圖一順一逆而錯綜之，相對之位皆得五十」。[33]二圖式皆以大衍用四十九位數進行佈列，以六包一為七數位以形成七個數組的有序結構，七個小數組，每個數組為七數位，合七七為四十九數位，而其錯綜相對之位的合數皆為五十，合於大衍之數五十，以四十九為用的概念。

32　疑「皆以六包七」之「七」當為「一」之誤。

33　二圖式與引文，見丁易東《大衍索隱》，卷二，頁345。《大衍數四十九用得五十數變圖上》圖式之右下的六包一之七數值中，其右下數當為「三十三」，然圖式作「三十五」，此圖式製作之誤，當改作「三十三」。又同圖正中的六包一之數值中，其右下數當為「三十二」，但圖式作「三十三」，此誤當改之。《大衍數四十九用得五十數變圖下》圖式之正下方的七個數組中的左下原作「四十三」，當為「四十二」；中間的七個數組之右下數似標作「三十三」，當為「三十二」；右下的七個數組之左下似標作「二十八」，當為「三十八」。

一、《大衍數四十九用得五十數變圖上》

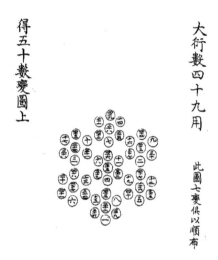

五十二百五橫縱

圖 5-5-1 《大衍數四十九用得五十數變圖上》

　　《大衍數四十九用得五十數變圖上》將四十九數由最下方「一」數開始，依次「二」、「三」、「四」、「五」、「六」、「七」，形成一個六包一的大布局，其中「四」數居中，「四」數又適為七個數之中數，合居中之位。又依次再以「八」為起始，返置於「一」數之數組中，並再依次為「九」、「十」、「十一」、「十二」、「十三」、「十四」，分置於第一輪數列的各數組之中；「八」至「十四」數中，「十一」數為中數，同樣置於居中之位。其它「十五」至「四十九」數也按照相同的序列排序，最後形成七個以六包一的數組，其中中間之數組皆為各輪數值的中數，而居四十九個數的數列之至中者為「二十五」數，「二十五」

數又適爲四十九數的中數。此圖式中三列縱橫數組之數值的總合各爲五百二十五，即：

（1+29+8+43+15+36+22）＋（4+32+11+46+18+39+25）＋（7+25+14+49+21+42+28）=525

（6+34+13+48+20+41+27）＋（4+32+11+46+18+39+25）＋（2+30+9+44+16+37+23）=525

（5+35+12+47+19+40+26）＋（4+32+11+46+18+39+25）＋（3+31+10+45+17+38+24）=525

中間縱線之九數，對應二數之合爲五十，包括「一」與「四十九」、「二十二」與「二十八」、「四十三」與「七」、「四」與「四十六」等各合爲五十。斜橫之二組九數，對應二數之合亦爲五十：左上右下之組包括「十七」與「三十三」、「二十六」與「二十四」、「十九」與「三十一」、「三十二」與「十八」等皆合爲五十；右上左下之組包括「四十一」與「九」、「二十七」與「二十三」、「十三」與「三十七」、「三十九」與「十一」等亦合爲五十。

另外，各兩相對二面的相對各二數之合爲一百，例舉如下：

（17+41）＋（9+33）=100

（1+41）＋（9+49）=100

（1+33）＋（17+49）=100

（6+45）＋（5+44）=100

（10+34）＋（16+40）=100

（21+36）＋（14+29）=100

（24+27）＋（23+26）=100

任意相對兩相對二面的對應個數之合爲 100，100 數即同百莖之蓍草之數，即平均一面的二數合爲五十，也就是大衍五十之數。

　　七個數組，每一個數組之數值皆爲 7 的等差數列關係，以最下數組爲例，七個數分別爲「一」、「八」、「十五」、「二十二」、「二十九」、「三十六」、「四十三」，除了最小的第一數「一」外，餘六個數皆爲第一數加上 7 的倍數。因此，各數組之數值，可以下列數學式表之：

　　　　$a + 7 \times (n-1)$

　　a 爲各數組的第一數，n 爲各數組由小而大排列次序的第幾位數。以圖式右下數組「五」、「十二」、「十九」、「二十六」、「三十三」、「四十」、「四十七」而言，第四序列之數爲「二十六」，即：5+7x（4-1）=5+21=26，各個數值皆以其首數與 7 的倍數關係下推求。

二、《大衍數四十九用得五十數變圖下》

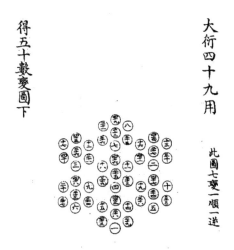

圖 5-5-2 《大衍四十九用得五十數變圖下》

　　《大衍數四十九用得五十數變圖下》同《大衍數四十九用得五十數變圖上》將四十九位數之「一」由最下方開始，亦依次同《大衍數四十九用得五十數變圖上》「二」、「三」、「四」、「五」、「六」、「七」之相同位置排列，同樣以「四」數居中為中數，然而次一循環「八」至「十四」數之排列則不同於前圖，採取逆行的方向布局，「八」與「七」同在一數組，次而「九」與「六」同數組、「十」與「五」同數組、「十一」與「四」同數組、「十二」與「三」同數組，「十三」與「二」同數組、「十四」與「一」同數組。再下一循環「十五」又回到與「十四」和「一」同數組，之後「十六」至「四十九」之排列皆同此法，為順行排序一輪之後則再逆行排列，順逆完成四十九數的排序。

　　此圖中間數組之七數與《大衍數四十九用得五十數變圖上》相同，七個數皆為各輪數值的中數，「二十五」居圖式之正中，為四十九數的中數。此圖式中三列縱橫數組之數值的總合各為五百二十五，數值亦與前圖相同，即：

　　　　（1+29+14+43+15+42+28）＋（4+32+11+46+18+39+25）＋（7+35+8+49+21+36+22）＝525

　　　　（6+34+9+48+20+37+23）＋（4+32+11+46+18+39+25）＋（2+30+13+44+16+41+27）＝525

　　　　（5+33+10+47+19+38+24）＋（4+32+11+46+18+39+25）＋（3+31+12+45+17+40+26）＝525

　　中間縱線之九數，數值與《大衍數四十九用得五十數變圖上》相同，只不過部份相對應之數對調而已，故對應二數之合亦為五十，包括「一」與「四十九」、「二十八」與「二十二」、「四十三」與「七」、「四」與「四十六」等各合為五十。斜橫之二組九數，對應二數之合亦為五十：左上右下之組包括「三十三」

與「十七」、「二十四」與「二十六」、「十九」與「三十一」、「三十二」與「十八」等皆合爲五十；右上左下之組包括「三十七」與「十三」、「二十三」與「二十七」、「九」與「四十一」、「三十九」與「十一」等亦合爲五十。

各兩相對二面的相對各二數之合爲一百，例舉如下：

（37+17）+（33+13）=100

（1+37）+（13+49）=100

（1+33）+（17+49）=100

（6+45）+（5+44）=100

（34+12）+（38+16）=100

（21+36）+（14+29）=100

（42+29）+（21+8）=100

任意相對兩相對二面的對應個數之合爲 100，與《大衍數四十九用得五十數變圖上》之數值合相同，合數 100 即同蓍草百莖之數，亦即平均一面的二數合爲五十，也就是百莖之半的大衍五十之數。

第六節　衍數取「一」之義

大衍五十，其用四十九數，在四十九數之外的「一」數，爲丁易東所關注的數值，在其圖式建構之中，特別重視「一」數之定位，賦予它在數值變化結構中的重要的意涵。

一、五十不用之「一」的重要哲學概念

大衍五十之數，丁易東認爲是五與十相乘所得，而其虛一之

數為太極，「一」雖為數值存有的呈現，卻又為一「理」。云：

> 天地之數五十有五，而大衍五十，先儒於此每失之鑿，獨
> 朱子以五乘十之說近之。至於四十有九，率不過歸之虛一
> 而已，未有得夫五十數與四十九之全者。予竊病焉。比游
> 浙右，有謂邵子先天兩儀、四象、八卦，合四十九，所虛
> 之一，是為太極，其說雖異先儒，要無牽合傅會之病，予
> 始以為大衍之說，不過此耳。[34]

接受朱熹所延續的五乘十為五十之說，也肯定邵雍五十之數
以其不用之「一」為「太極」的「虛一」之概念。虛其一為太極，
為大衍之本體，而四十九則為其用，衍其用則一在四十九之中，
四十九中皆有一太極。關於五乘十而為大衍五十的說法，為宋代
學者常見的說法，且這種說法並不以朱子為專，早在朱子之前的
南宋前期學者每可見說，如張浚（1097-1164 年）、林栗（1120-1190
年）即是。張浚指出「一、三、五、七、九，合之為天數，而天
數不過五；二、四、六、八、十，合之為地數，而地數不過五。
天地奇耦生成數，總之為十。五其十而為五十」。[35]天地之數一
至十共十個數，天數與地數各有五個數，五乘以天地十數，合五
十的大衍之數。林栗論述大衍五十之數，「參取於天，一、三、
五也，兩取於地，二與四也。一、三、五合而為九，二與四合而
為六，參兩者五也，九六者十五也，十而五之者五十也，是參天
兩地之積也」。[36]取天地之數的生數以陰陽參兩之合得陽九與陰
六，二數之合為十五，十與五之積而得大衍五十之數。丁易東否

---

34 見丁易東《大衍索隱》，卷一，頁 319。

35 見張浚《紫巖易傳》，卷十（臺北：廣文書局《易學叢書續編》影印自成
　　德校訂鍾謙鈞重刊本，1974 年 9 月初版），頁 735。

36 見林栗《周易經傳集解》，卷三十五（臺北：臺灣商務印書館文淵閣《四
　　庫全書》本第 12 冊，1986 年 3 月初版），頁 481。

定歷來五十數的附會之說，特認同朱子以五乘十的說法；然此一
說法，非朱子所先創，前人已多有見說，文獻所見，當以劉歆（前
50？-23 年）爲先，宋人並多有以之爲用。[37]此五乘十而得大衍五
十之說，爲丁易東所重，並藉以推衍出諸多數值變化的數列結構，
相關圖式後文將作介紹。五十之得數，歷來言說者眾，丁易東匯
輯五十七家，並作出個人之評論，而鍾情於朱子之法，但以五乘
十得五十以合大衍之數，亦無必然合數之根據，除了擬準於其認
定之推衍邏輯概念外，嚴格而言，仍無法跳脫附會之窠臼。[38]

　　五十之數，由天地之數而來，亦即由天地之數的轉化，而其
「虛一」不用以象徵太極，此一「太極」並非只是一種純粹氣化
的概念而已，而是接受朱熹的觀點，具有規律性或主導一切存在
的「道」或「理」的本體之意義，故「《易》一太極而已矣，太
極一理之極至而已矣」。[39]以「一」爲太極，則此「一」又爲一
理；太極爲理之極致，爲一切之根本，太極之內核本質以理爲第
一性存在。

　　丁易東又云：

> 太極者，總天地萬物之理而名之，所謂極至之理也。有太

---

37 清代張文虎採「大衍之取數五十」之主張，考查認爲此主張源自劉歆，指
　出「劉歆五十相乘之說爲近」，「皆從五十相乘之數變化，以生五十者」。
　（參見張文虎《舒藝室雜著‧甲編‧大衍用數解》，卷上（臺北：文海出
　版社近代中國史料叢刊 97 輯，1973 年 12 月初版），頁 1。）另外，班固
　於《漢書‧律曆志上》，亦以五乘十合大衍之數。除此之外，丁易東又舉
　宋代包括程頤、呂大臨、楊時、葉夢得、袁樞、項安世、朱熹、蔡淵、呂
　樸卿等人，皆從五乘十之說。（參見丁易東《大衍索隱》，卷三，頁 358-369。）
38 五十七家，除了上註所列五乘十之說的諸家之外，亦有如京房、《乾鑿度》
　取十日、十二辰、二十八星宿之合數；馬融取太極、兩儀、日月、四時、
　五行、十二月、二十四氣合爲五十等等。有關之內容，已於前面章節，作
　了詳細之說明，不再一一贅舉。眾說取其諸元，皆在合五十之數，不能究
　其實然，難免穿鑿附會。
39 見丁易東《周易象義‧易統論下》，頁 483。

極則生兩儀，有兩儀則生四象，有四象則生八卦，此以揲
蓍言之。分而為二，兩儀也；揲而得老陽、老陰、少陽、
少陰，四象也；既得四象，則乾、坤、震、巽、坎、離、
艮、兌由此生焉，此以蓍策言之也。先儒以此為加一倍法，
以伏羲八卦言之，謂太極生一奇一耦為兩儀，兩儀之上各
加一奇一耦成四象，四象之上加一奇一耦成八卦者。……
八卦既生，則或吉或凶，由此而定矣。吉凶由此而定，則
天下可以趨吉避凶，大業由此生矣。[40]

太極就是「極至之理」，為一切的本體，落實於人人物物之
中，可以為形下之器，並為立其制用之法者，成為「總天地萬物
之理」者，而得其神妙之性，則天下之吉凶休咎，皆能本其神妙
之理而予趨吉避凶。此一太極，非形下之義所牢籠者，更重要的
是形上之主體。太極作為形上的主宰地位，從占筮系統的推定意
義上看，八卦的形成皆為此太極的主宰，由太極制用於兩儀之陰
陽，陰陽之中又各推生陰陽為四象，在筮數上以各加一奇一耦作
為表徵，然後加倍推生成八卦，這正是丁易東根據北宋邵雍之說
所強調的加一倍法的觀點。丁易東認為「《易》之生數，止於加
一倍法，其蓍數止於大衍五十」。[41]天地之生數所推定的太極、
兩儀、四象、八卦的聯結方式，即邵氏所言的加一倍之法。

八卦之形成，乃至六十四卦的推衍，皆根源於太極，此種作
為一切生成的根源，確有實存的氣化存在，但更具有抽象的「理」
之規律性意義與主宰的本質。由太極而兩儀、四象至八卦，此變
化歷程即萬物生成演變的數化推衍；根源於太極、根源於一理，
而加倍推定不論是二、四或八，也都含有一「理」，此觀點即為

---

40 見丁易東《周易象義》，卷十四，頁738。
41 見丁易東《周易象義‧易統論上》，頁480。

朱子思想的肯定與延續，認爲「萬物體統一太極」，「一物各具一太極」。[42]

　　統體之太極與物物皆有一太極，其具體的意義爲何，丁易東從太極生化推衍，作了更進一步的說明，萬物之存在統於一太極，而太極推衍兩儀、四象、八卦、六十四卦、三百八十四爻、四千零九十六卦，皆由此太極而生，太極便在諸數值之中，也就是諸數值皆各有一太極，這便爲丁易東所強調的「一物各具一太極」。物物皆具一太極，此一太極即爲根源義的太極，稱之爲「統體之太極」；統體之太極具存於物物之中，則物物皆有一太極，皆屬統體之太極。太極化生萬物，萬物皆由太極所生，則萬物皆有一太極，萬物的此一太極，亦即根源性的太極，也就是統體的太極、全《易》的太極。[43]丁易東依準於朱熹倡論的太極同於「理」之觀點，則物物皆有一太極，亦即物物皆有一理，亦即其所謂「一物之理，徧在萬物之中，而萬物之理，具在一物之中」。[44]

　　藉由「太極」與「陰陽」以分判形下與形上之別，丁易東認爲「陰陽，形而下者也；太極，形而上者也。有太極而後有陰陽。形而上者謂之道，太極也；形而下者謂之器，陰陽也，即此太極之理。因其陰陽之化而裁制，則謂之變；推此太極之理而行之，則謂之通」。[45]太極以其形上的道性，作爲最高之本體，一切的創生源，進一步推衍陰陽，以代太極行形下器用之功，陰陽的變化流行即太極的變化流行，而其變化流行亦有其規律，亦即有其一定之理，他說：

42　見丁易東《周易象義·易統論下》，頁 484。
43　具體之內容，參見丁易東《周易象義·易統論下》，頁 484。
44　見丁易東《周易象義·易統論下》，頁 484。
45　見丁易東《周易象義》，卷十四，頁 740。

太極流行有動有靜，不變其靜而變其動也。陰而變靜中之
動，陽而變動中之動也。陽而不變動中之靜，陰而不變靜
中之靜也。或動或靜，或變或不變，一太極之流行耳。[46]

太極運化推衍，有其動靜之性，變其動性而不變其靜。太極
推布陰陽，陰陽皆有一太極，亦即陰陽皆內含動靜之性，則陰雖
以靜為主，但靜中仍有動有靜，陽雖以動為主，動中亦有動有靜。
陰陽動靜，其變與不變者，陰以變靜中之動，其靜中之靜不變，
即占筮用數的「六」數為靜極而動之性，故為靜中之動者當變，
相對的「八」數為靜中之靜的不變之數；陽以變動中之動，不變
為動中之靜，即「九」數為動極所當變者，「七」為動中之靜的
不變者。此太極之流行，即陰陽的動靜變化，太極本身原是「无
思无為」、「寂然不動」者，但經陰陽的流行變化之後，而能通
天下之人人物物。[47]

太極為「道」、為「理」，既為形上之體，亦主宰形下之用，
故能窮其變通之道。此太極之本質，在筮法的推布上，以大衍五
十而其一不用，此「虛一」不用者，即表徵太極，以虛其一概稱，
以抽象的形上存在，固為實存之義，但總括萬有，具存於萬有之
中，展現其无思无為的神妙之性而無所不包、無所不在。

以「道」以「一」或「太極」所同義於「理」作為形上本體
之概念，而以「氣」或「陰陽」作為變化生成之根源，丁易東並
沒有具體釐清「理」與「氣」之關係，片面繼承朱熹之主張，無
形成完整之論述體系。

---

46 見丁易東《周易象義・易統論下》，頁 485。
47 參見丁易東《周易象義・易統論下》，頁 485。

二、大衍合數增「一」之說

五十之數的形成與認識體系，丁易東以具體的圖式呈現，包括如《大衍之數五十其用四十九圖》、《大衍合數生四象圖》等等皆有明白的展現。大衍用四十九數，實際合成爲五十之數，乃至以四十八數的揲數，實合爲四十九數，有其「一」數之差，這種情形爲數值變化的常態，並直接反映在大衍數的運用上。對於「一」的定位，他在《大衍用四十九合成五十數圖》、《大衍五十位數合用四十九圖》、《大衍除掛四十八著合成四十九圖》等圖式中，肯定「一」數在衍化中的重要性與存在的必然性。

（一）「一」作爲不易者之存在

對於大衍用四十九數，實際合成爲五十之數，乃至以四十八數的揲數，實合爲四十九數，有其「一」數之差，這種情形爲數值變化的常態，並直接反映在大衍數的運用上。丁易東指出：

> 大衍之數五十，其用四十九，而不用五十，何也？曰：大凡合數，每每餘一，蓋自一與言爲二，二與一爲三，已然矣，如先天八卦乾一之與乾八，[48]兌二之與艮七，離三之與坎六，震四之與巽五，皆合而成九，是名爲八卦，而實得九數也。若以《洛書》九宮言之，則一與九合，二與八合，三與七合，四與六合，數皆成十，以中五自配，亦能成十，是名爲九宮，而實得十數也。故先天之卦止八，則九在所虛，《洛書》之宮止九，則十在所虛。是以大衍之

---

48 「乾八」爲誤，當作「坤八」。

數若用五十，則其為數得五十一，必用四十有九，乃能成
五十也，而掛一之後，揲四十八又可以不失四十九焉。或
曰：子於前圖既以五十為耦數之五十，四十九為奇數之四
十九，似非四十九之下之五十也，若此圖之五十乃四十九
下之五十，而非四十九外之五十，毋乃自為矛盾乎？曰：
以奇耦分而言之，則五十自為五十，四十九自為四十九，
以奇耦而相形，則四十九後之五十，即全數之五十，與彼
四十九外之五十，其為數何以異哉！前圖嘗及之矣。或者
又曰：「分而為二以象兩，掛一以象三」，皆信手而中分，
不知其為多且寡焉，故能隨揲而求奇。今子掛一在二十五，
而平分二十四著於兩旁，毋乃非信手中分之謂乎？曰：揲
著之際，信手中分，所以求奇也。吾之圖不過揭掛一分二
之象，以明其五十之數所由成耳。大凡言數有一定而不易
者，有隨時而變易者，以隨時變易者言之，吾所謂掛一分
二之象也，必先有不易者，而後有變易者焉，此吾圖之所
以作也。[49]

　　數值變化的合數運用，普遍存在以「一」作為餘數，餘數之
「一」往往具有衍化結構的關鍵概念，此「一」數的價值地位，
特別透顯在易學系統中，又尤其以大衍數值為盛。丁氏指出在先
天八卦數列系統中，對應數值下的乾與坤、兌與艮、離與坎、震
與巽等八卦之數，兩兩合數為九；以八卦布列為「八」個數值，
對應關係的呈現卻為合數「九」數，所餘為「一」，「一」即反
映出必然的數值差之重要意義，並存在於各對應兩卦之合當中。
又如《洛書》九宮格數，雖以九宮賦予「九」數為名，卻在對應

---

[49] 圖式與引文，見丁易東《大衍索隱》，卷二，頁341-343。

數值中以「十」數呈現，九宮與十數也同有「一」之數值差。

　　大衍推筮之法，也一樣有「一」數之意義存在。以五十作爲推筮的總合之數，所用爲四十九數，亦有「一」數之差；推衍用四十九數，實際揲數運用爲四十八數，其「一」數以「掛一」的方式於最初揲數時確立。因此，衍用四十九，必以五十爲總數，揲以四十八，又必以四十九數，皆有「一」數之別。「一」數爲體、爲函於眾數之中者，在數值的變化意義下，「一」具優先性位階，「必先有不易者」的「一」數之存在結構，「而後有變易者」的變化體系。

（二）衍數存「一」之具體圖式

　　在《大衍用四十九合成五十數圖》中，以大衍用數爲四十九，掛一於中而示之圖式上端（二十五），左右各分二十四數，相對之左右二數與掛一總合皆得五十。四十九數於掛一之後，剩四十八數，左右各二十四個數，即分而爲二的左右有二十四種可能的組合，當右爲「一」時，則左爲「四十八」，二數合爲四十九，再合掛一之數則爲五十，餘各相對之數的組合仿此；右「二」則左「四十七」，右「三」則左「四十六」，右「四」則左「四十五」，右「五」則左「四十四」，依次類推共二十四種變化組合，任意一種組合皆四十九，並合掛一而爲五十，故雖用四十九，「而隱然五十數之存也」。

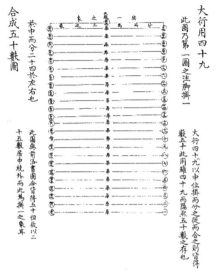

圖 5-6-1 《大衍用四十九合成五十數圖》

　　《大衍五十位數合用四十九圖》中，大衍五十位數，由一至二十五依序排列爲同一行列，二十六至五十爲另一行列，兩行列之數兩兩相耦，其合數皆得五十一，如一合五十、二合四十九、三合四十八、四合四十七等等，合數皆爲五十一。大衍五十之數，其一不用，所用四十九，則衍數之本數爲五十，亦必有增一得五十一之數的存在。藉由此圖的圖式推衍，以五十用數得五十一之總數，可以旁證大衍之數必用四十九方可得其五十之衍數，若推用五十，則必爲五十一合數。

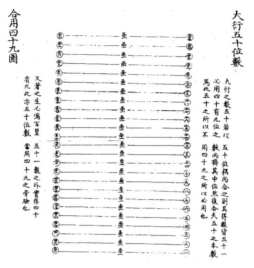

圖 5-6-2　《大衍五十位數合用四十九圖》

　　《大衍除掛四十八蓍合成四十九圖》主要在說明大衍所用四十九數，在掛一之後為四十八，以四十八進行揲數，則四十八位分立二行列，其一行列依次為一至二十四，另一行列為二十五至四十八，兩兩相耦之數合為四十九，即一合四十八、二合四十七、三合四十六、四合四十五……，二十四組合之合數皆為四十九。大衍筮法所用四十九，合其掛一之數，揲數分置左右手，當左手為一時，右手則為四十八，當左手為二時，右手則為四十七，雙手總合必為四十九，即：

　　　　a＋b＝49　　a 與 b 為正整數

　　在掛一之外，實際置用者為四十八。四十八數為四之倍數，推筮之用，即求得四之倍數的數值，並由四除之，以得六、七、八、九的可能揲筮之數。

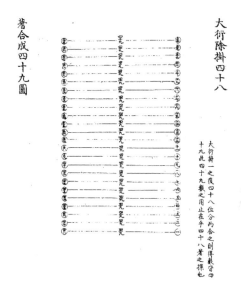

圖 5-6-3《大衍除掛四十八著合成四十九圖》

　　由上三圖式的數值衍化可以得知，「一」數存在於各個對應數之組合中，各合數含「一」，「一」具普遍存在性，為中庸之常數，同於「理」存在於事事物物之中的超越地位一般。

第七節　小　結

　　丁易東以其自身數學之根柢，具有高度數學知識之素養，理解傳統推筮之法本身存在著推筮操作數值運用上的缺陷，即體察陰陽筮數的機率之運作上，朱熹之法於陰陽筮數或然率的嚴重不對等，故不用朱熹的筮法，採用新修定的推筮方式，使陰陽筮數的或然率更趨合理，但未必合於傳統筮法之運作模式，也未必更

趨近於《易》之變化精神。然而，至少展現出屬於楊忠輔至丁易東所代表的宋元之際所建構的另一預判吉凶休咎的超驗之占筮系統，給予後人一種相對合理的參照。

　　五十與四十九數作爲核心的數值，也成爲丁易東建構數論與圖學系統的主體，強化天地之數與大衍之數的變化本質。大衍數列結構，仍爲天地之數所範圍下的陰陽變化之理解。天地之數與大衍之數彼此嚴密相繫，而大衍之數的生成變化，也正爲天地之數運用的有機體系，甚至與《河圖》和《洛書》也聯結出必然的關係，構築出透過數值符號所描繪出的宇宙圖式，在高度數值邏輯性的背後，仍有其豐富的哲學觀。除了本身變化的主體特性外，其中包括規律性的意涵、體用之概念、動靜之認識、根源性的意義等，皆爲宇宙觀所關注的重要命題。

　　天地之數以五十五數爲其合積之數，而大衍之數五十，所用四十九者，爲天地之衍數。不論是五十或四十九數，皆由天地之數的推衍所得，其最普遍而具體的模式爲一合二成三，二合三成五，三合四成七，四合五成九，五合六成十一，六合七成十三，七合八成十五，八合九成十七，九合十成十九。透過天地十數之和合推衍而成其五十與四十九數，取天地和合的偶數者，即十一、十三、十五、十七、十九等五數中之「十」數，合五個十數爲五十；而和合之數中的奇數總合爲四十九，並置偶數用奇數，則所用爲四十九數。此五十之衍數與四十九之所用之數的來由，便是由此天地之數的推衍所致，甚至推著所用之策數，亦本諸天地之數的推衍運用而構築形成。

　　天地之數之合或乘積，衍變出大衍五十與四十九數之數列結構，以及推著所得四象之奇策之數，乃至卦爻之數，從丁易東建構之有關基本運化圖式，及合數與乘數的變化圖式中，得以充份

之透顯，並且高度反應出邏輯運用的神妙之性。數值間彼此推定的關係，其規律定則之背後，也體現自然生成的普遍確立之依準與不可逆性之本質。數值關係網絡並非僅爲機械化的概念而已，其傳義的可能性，仍可待後之來者予以豐富化之詮解。

第六章　陰陽黑白子數列結構與
大衍變化之具體時空圖式

　　丁易東肯定宇宙自然的一切，皆爲陰陽變化所致，正爲天地之數所表徵的變化之性。大衍之數也是天地之數所構築的具體運式，而其最基本的屬性即陰陽二元；丁易東專以黑白子作爲陰陽符號概念，聯繫大衍之數以建立有關數列的變化結構，陰陽變化的特性，彼此相生，彼此互根，丁氏以圖式的形式，確立有關的陰陽變化關係。丁易東同時藉由大衍之數的多元變化，也創制出具體的時空圖式，述明宇宙變化的時空意涵。因此，本章主要從天地之數的陰陽相生圖說、天地之數的陰陽互根圖說、大衍合乘之數的廉隅構列圖說，以及大衍變化的具體時空圖式等四個方面進行說明。

第一節　天地之數的陰陽相生圖說

　　丁易東將天地之數之十數，進行乘數（即平方數）的圖式建構，推定出天地之數的合數與廉隅之數的聯結，並以之視爲陰陽變化的相生關係。制作包括《大衍天一生地二圖》、《大衍地二生天三圖》、《大衍天三生地四圖》、《大衍地四生天五圖》、

《大衍天五生地六圖》、《大衍地六生天七圖》、《大衍天七生地八圖》、《大衍地八生天九圖》，以及《大衍天九生地十圖》等九個圖式，並總名爲《陰陽相生之圖》。[1]

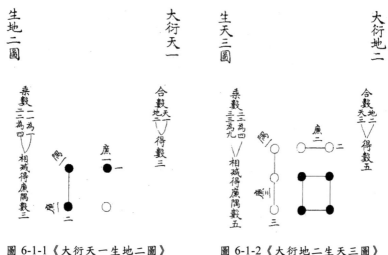

圖 6-1-1《大衍天一生地二圖》　　圖 6-1-2《大衍地二生天三圖》

一、《大衍天一生地二圖》

圖 6-1-1《大衍天一生地二圖》中，其廉隅之數爲三，即天一與地二之合數（1+2=3），亦即天一之乘數與地二之乘數的相減所得之數（2×2-1×1=3，或爲 $2^2-1^2=3$）。天一之乘數與地二之乘數，進行數列之重合，則地二之數溢出三數，即凸出隅一與兩側各廉一之情形。

二、《大衍地二生天三圖》

　　圖 6-1-2《大衍地二生天三圖》中，其廉隅之數爲五，即地二與天三之合數（2+3=5），亦即地二之乘數與天三之乘數的相減所得之數（3×3-2×2=5，或爲 $3^2-2^2=5$）。地二之乘數與天三之乘數，進行數列之重合，則天三之數溢出五數，即凸出隅一與兩側各廉二之情形。[2]

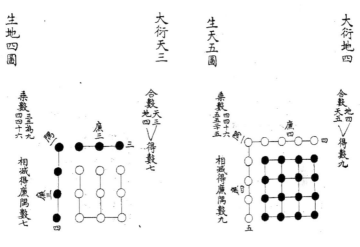

圖 6-1-3《大衍天三生地四圖》　　　圖 6-1-4《大衍地四生天五圖》

三、《大衍天三生地四圖》

　　圖 6-1-3《大衍天三生地四圖》中，其廉隅之數爲七，即天三與地四之合數（3+4=7），亦即天三之乘數與地四之乘數的相減

---

2 丁易東《大衍地二生天三圖》中，於左側之廉數標作「三」，當爲「二」。

所得之數（4×4-3×3=7，或爲 $4^2-3^2=7$）。天三之乘數與地四之乘數，進行數列之重合，則地四之數溢出七數，即凸出隅一與兩側各廉三之情形。

四、《大衍地四生天五圖》

圖 6-1-4《大衍地四生天五圖》中，其廉隅之數爲九，即地四與天五之合數（4+5=9），亦即地四之乘數與天五之乘數的相減所得之數（5×5-4×4=9，或爲 $5^2-4^2=9$）。地四之乘數與天五之乘數，進行數列之重合，則天五之數溢出九數，即凸出隅一與兩側各廉四之情形。

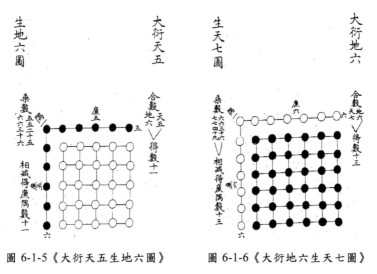

圖 6-1-5《大衍天五生地六圖》　　　　圖 6-1-6《大衍地六生天七圖》

五、《大衍天五生地六圖》

圖 6-1-5《大衍天五生地六圖》中，其廉隅之數爲十一，即天

五與地六之合數（5+6=11），亦即天五之乘數與地六之乘數的相減所得之數（6×6-5×5=11，或為 $6^2-5^2=11$）。天五之乘數與地六之乘數，進行數列之重合，則地六之數溢出十一數，即凸出隅一與兩側各廉五之情形。

六、《大衍地六生天七圖》

圖 6-1-6《大衍地六生天七圖》中，其廉隅之數為十三，即地六與天七之合數（6+7=13），亦即地六之乘數與天七之乘數的相減所得之數（7×7-6×6=13，或為 $7^2-6^2=13$）。地六之乘數與天七之乘數，進行數列之重合，則天七之數溢出十三數，即凸出隅一與兩側各廉六之情形。

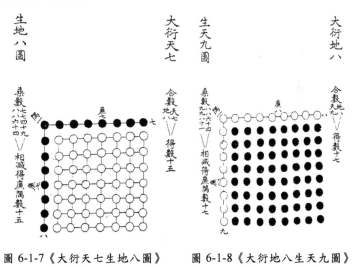

圖 6-1-7《大衍天七生地八圖》　　圖 6-1-8《大衍地八生天九圖》

七、《大衍天七生地八圖》

圖 6-1-7《大衍天七生地八圖》中，其廉隅之數爲十五，即天七與地八之合數（7+8=15），亦即天七之乘數與地八之乘數的相減所得之數（8×8-7×7=15，或爲 8^2-7^2=15）。天七之乘數與地八之乘數，進行數列之重合，則地八之數溢出十五數，即凸出隅一與兩側各廉七之情形。

八、《大衍地八生天九圖》

圖 6-1-8《大衍地八生天九圖》中，其廉隅之數爲十七，即地八與天九之合數（8+9=17），亦即地八之乘數與天九之乘數的相減所得之數（9×9-8×8=17，或爲 9^2-8^2=17）。地八之乘數與天九之乘數，進行數列之重合，則天九之數溢出十七數，即凸出隅一與兩側各廉八之情形。

九、《大衍天九生地十圖》

圖 6-1-9《大衍天九生地十圖》中，其廉隅之數爲十九，即天九與地十之合數（9+10=19），亦即天九之乘數與地十之乘數的相減所得之數（10×10-9×9=19，或爲 10^2-9^2=19）。天九之乘數與地十之乘數，進行數列之重合，則地十之數溢出十九數，即凸出隅一與兩側各廉八之情形。

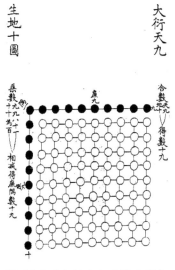

圖 6-1-9《大衍天九生地十圖》

　　丁氏指出上列「九圖分列，所以見合數爲乘數之所由生，而廉隅之數即合數也。凡開平方者，正方之外必增兩廉，而加一隅然後成方，蓋兩廉皆傍本方，而隅者所以補其不足也」。[3]天地之數的前後二數之相加的合數，同於天地之數的前後二數自乘之數（即平方數）相減後之數值，即上列九圖式所呈現之結果，不論是相加的合數或是乘數相減後的數，即圖式的廉隅之數；也就是說，廉隅之數即前後兩個天地之數的合數，或爲前後兩個天地之數的乘數之相減所得之數。

　　連續兩個天地之數的相加，或是連續兩個天地之數的乘數相減，爲廉隅之得數，在數值變化的邏輯關係下，也反應出陰陽的相生意義。

3　見丁易東：《大衍索隱》，卷一，頁 332。

第二節　天地之數的陰陽互根圖說

　　丁易東以天地之數建構出陰陽互根的圖式，並表現出老陽、老陰、少陽、少陰的奇數與策數之數值概念，包括《大衍生老陽奇數圖》、《大衍生少陰奇數圖》、《大衍生少陽奇數圖》、《大衍生老陰奇數策數圖》、《大衍生少陽策數圖》、《大衍生少陰策數圖》，以及《大衍生老陽策數圖》等七個圖式。丁易東並指出此「七圖分列所以見四象之奇之策所由生，蓋皆由除隔位之奇耦而成也。以上七圖總名陰陽互根之圖」。[4]由前後相續的天地之數，建立四象之數，並藉以說明陰陽互根的關係。同時，七個圖式總成爲《大衍虛中得四象奇數圖》與《大衍虛中得四象策數圖》，藉以說明老陽、少陰、少陽、老陰之奇數與策數。

一、《大衍生老陽奇數圖》

　　圖 6-2-1《大衍生老陽奇數圖》以天三爲基準，與其前後相續之天地之數建立聯結的關係，即天三與地二、地四共構出一個數值變化的邏輯系統。從合數的關係言，天三加地二爲五，天三加地四爲七，則（天三＋地二）＋（天三＋地四）＝5+7=12；a 爲天三，b 爲地二，c 爲地四，以數學式表示，其式子爲：

　　（a+b）＋（a+c）=2a+b+c=（3+2）＋（3+4）=6+2+4=12

　　天三數值與前後地數的結合，所得之十二數，恰爲大衍五十

---

4 圖式與引文，見丁易東：《大衍索隱》，卷一，頁 333-334。

筮數左右手歸奇於扐之數，亦即老陽之奇數，亦即揲之以四所餘之十二數，以四十八減十二數得三十六數，正爲老陽策數，也就是老陽（九）之數。

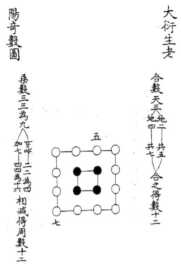

圖 6-2-1　《大衍生老陽奇數圖》

天三乘數爲 3x3=9，與地二乘數爲 4（即 2x2）及地四乘數爲16（即 4x4），也建立另一種數值關係，即建立在地二乘數與地四乘數所重合出的正方之廉隅關係的基礎上；地二乘數爲 4，加上其右上的廉隅之數爲 5，等同於天三之乘數，亦即：（2x2）+5=3x3＝9。同時，天三之乘數爲 9，加上左下的廉隅之數爲 7，等同於地四之乘數，亦即：（3x3）+7=4x4=16。地二、天三、地四三個天地之數的乘數與其構築的廉隅之數的相合，形成平衡對等的「互根」關係。並且，此相連天地三數的前後二後之乘數的相減，所得之數亦同爲老陽之奇數，即：（4x4）-（2x2）=16-4=12。12 爲老陽之奇數。從這裡也可以看出連續之天地三數的合數關係與

乘數關係下的數值同爲十二，此二種結構的數值彼此也爲對等的「互根」關係。

二、《大衍生少陰奇數圖》

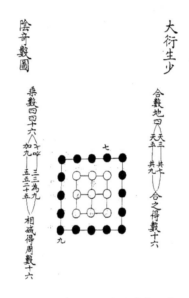

圖 6-2-2《大衍生少陰奇數圖》

　　圖 6-2-2《大衍生少陰奇數圖》以地四爲基準，與天三、天五共構出一個數值變化的邏輯系統。在合數的關係上，地四加天三爲七，地四加天五爲九，則（地四＋天三）＋（地四＋天五）＝7+9=16；地四與前後天數的結合，所得之十六數，爲大衍五十歸奇於扐之筮數，即少陰之奇數，亦即撲之以四所餘之十六數，以四十八減十六數得三十二數，正爲少陰策數，也就是少陰（八）之數。

地四乘數爲 4x4=16，與天三乘數爲 9（即 3x3）及天五乘數爲 25（即 5x5），也建立另一種數值關係，即建立在天三乘數與天五乘數所重合出的正方之廉隅關係的基礎上；天三乘數爲 9，加上其右上的廉隅之數爲 7，等同於地四之乘數，亦即：（3x3）+7=4x4＝16。同時，地四乘數 16，加上左下的廉隅之數爲 9，等同於天五之乘數，亦即：（4x4）+9=5x5=25。天三、地四、天五三個天地之數的乘數與其構築的廉隅之數的相合，形成平衡對等的「互根」關係。並且，此相連天地三數的前後二後之乘數的相減，所得之數亦同爲少陰之奇數，即：（5x5）-（3x3）=25-9=16。16 爲少陰之奇數。這裡同樣可以看出連續之天地三數的合數關係與乘數關係下的數值同爲十六，此二種結構的數值彼此也爲對等的「互根」關係。

三、《大衍生少陽奇數圖》

圖 6-2-3《大衍生少陽奇數圖》中，以天五爲基準，與地四、地六共構出一個數值變化的邏輯系統。在合數的關係上，天五加地四爲九，天五加地六爲十一，則（天五＋地四）＋（天五＋地六）＝9+11=20；天五與前後地數的結合，所得之二十數，爲大衍歸奇於扐之數，即少陽之奇數，亦即揲之以四所餘之二十數，以四十八減二十數得二十八數，正爲少陽策數，也就是少陽（七）之數。

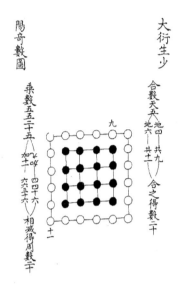

圖 6-2-3 《大衍生少陽奇數圖》

　　天五乘數為 5x5=20，與地四乘數為 16（即 4x4）及地六乘數為 36（即 6x6）,也建立另一種數值關係，即建立在地四乘數與地六乘數所重合出的正方之廉隅關係的基礎上；地四乘數 16 加上其右上的廉隅之數為 9，等同於天五之乘數，亦即：（4x4）+9=5x5＝25。天五乘數 25 加上左下的廉隅之數為 11，等同於地六之乘數，亦即：（5x5）+11=6x6=36。地四、天五、地六三個天地之數的乘數與其構築的廉隅之數的相合，形成平衡對等的「互根」關係。並且，此相連天地三數的前後二後之乘數的相減，所得之數亦同為少陰之奇數，即：（6x6）-（4x4）=36-16=20。20 為少陽之奇數。這裡同樣可以看出連續之天地三數的合數關係與乘數關係下的數值同為二十，此二種結構的數值彼此也為對等的「互根」關係。

四、《大衍生老陰奇數策數圖》

圖 6-2-4《大衍生老陰奇數策數圖》以地六為中，聯結天五與天七之數值，得二十四數，適為老陰之奇數，也是老陰之策數，故此圖含老陰之奇數與策數之圖式結構。

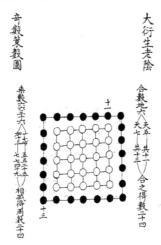

圖 6-2-4《大衍生老陰奇數策數圖》

在合數的關係上，地六加天五為十一，地六加天七為十三，則（地六＋天五）＋（地六＋天七）＝11＋13＝24；地六與前後天數的結合，所得之二十四數，為大衍歸奇於扐之數，即老陰之奇數，亦即揲之以四所餘之二十四數，以四十八減二十四數得二十四數，正為老陰策數，也就是老陰（六）之數。此二十四數既為老陰之奇數，同時為老陰之策數，策數二十四，即老陰六數。

地六乘數為 6×6＝36，與天五乘數為 25（即 5×5）及天七乘數為 49（即 7×7），也建立另一種數值關係，即建立在天五乘數與天七乘數所重合出的正方之廉隅關係的基礎上；天五乘數 25 加上

其右上的廉隅之數爲 11，等同於地六之乘數，亦即：（5x5）+11=6x6＝36。地六乘數 36 加上左下的廉隅之數爲 13，等同於天七之乘數，亦即：（6x6）+13=7x7=49。天五、地六、天七三個天地之數的乘數與其構築的廉隅之數的相合，形成平衡對等的「互根」關係。並且，此相連天地三數的前後二天數之乘數的相減，所得之數同爲老陰之奇數，也是老陰之策數，即：（7x7）-（5x5）=49-25=24。這裡同樣可以看出連續之天地三數的合數關係與乘數關係下的數值同爲二十四，此二種結構的數值彼此也爲對等的「互根」關係。

五、《大衍生少陽策數圖》

　　圖 6-2-5《大衍生少陽策數圖》之圖式結構，以天七爲中，聯結地六與地八之數值，得二十八數，適爲少陽（七）之策數。

　　在合數的關係上，天七加地六爲十三，天七加地八爲十五，則（天七＋地六）＋（天七＋地八）＝13+15=28；天七與前後地數的結合，所得之二十八數，爲筮數推衍少陽（七）之策數。

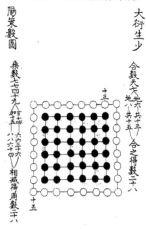

圖 6-2-5《大衍生少陽策數圖》

　　天七乘數爲 7x7=49，與地六乘數爲 36（即 6x6）及地八乘數
爲 64（即 8x8），也建立另一種數值關係，即建立在地六乘數與
地八乘數所重合出的正方之廉隅關係的基礎上；地六乘數 36 加上
其右上的廉隅之數爲 13，等同於天七之乘數，亦即：（6x6）+13=7
x7＝49。同時，天七乘數 49 加上左下的廉隅之數爲 15，等同於
地八之乘數，亦即：（7x7）+15=8x8=64。地六、天七、地八三
個天地之數的乘數與其構築的廉隅之數的相合，形成平衡對等的
「互根」關係。並且，此相連天地三數的前後二地數之乘數的相
減，所得之數同爲少陽之策數，即：（8x8）-（6x6）=64-36=28。
連續之天地三數的合數關係與乘數關係下的數值同爲二十八，此
二種結構的數值彼此也爲對等的「互根」關係。

六、《大衍生少陰策數圖》

　　圖 6-2-6《大衍生少陰策數圖》之圖式結構，以地八爲中，聯
結天七與天九之數值，得三十二數，適爲少陰（八）之策數。

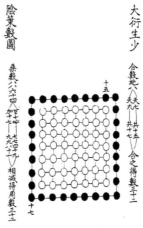

圖 6-2-6《大衍生少陰策數圖》

在合數的關係上，地八加天七爲十五，地八加天九爲十七，則（地八＋天七）＋（地八＋天九）＝15+17=32；地八與前後天數的結合，所得之三十二數，爲筮數推衍少陰（八）之策數。

地八乘數爲 8x8=64，與天七乘數爲 49（即 7x7）及天九乘數爲 81（即 9x9），也建立另一種數值關係，即建立在天七乘數與天九乘數所重合出的正方之廉隅關係的基礎上；天七乘數 49 加上其右上的廉隅之數爲 15，等同於地八之乘數，亦即：（7x7)+15=8x8=64。地八乘數 64 加上左下的廉隅之數爲 17，等同於天九之乘數，亦即：（8x8)+17=9x9=81。天七、地八、天九三個天地之數的乘數與其構築的廉隅之數的相合，形成平衡對等的「互根」關係。並且，此相連天地三數的前後二天數之乘數的相減，所得之數同爲少陰之策數，即：（9x9)-（7x7）=81-49=32。連續之天地三數的合數關係與乘數關係下的數值同爲三十二，此二種結構的數值彼此也爲對等的「互根」關係。

七、《大衍生老陽策數圖》

圖 6-2-7《大衍生老陽策數圖》以天九爲中，聯結地八與地十之數值，得三十六數，適爲老陽（九）之策數。

在合數的關係上，天九加地八爲十七，天九加地十爲十九，則（天九＋地八）＋（天九＋地十）＝17+19=36；天九與前後地數的結合，所得之三十六數，爲筮數推衍老陽（九）之策數。

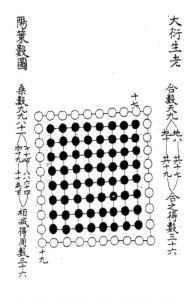

圖 6-2-7《大衍生老陽策數圖》

　　天九乘數為 9x9=81，與地八乘數為 64（即 8x8）及地十乘數
為 100（即 10x10），也建立另一種數值關係，即建立在地八乘數
與地十乘數所重合出的正方之廉隅關係的基礎上；地八乘數 64
加上其右上的廉隅之數為 17，等同於天九之乘數，亦即：（8x8）
+17=9x9＝81。天九乘數 81 加上左下的廉隅之數為 19，等同於地
十之乘數，亦即：（9x9）+19=10x10=100。地八、天九、地十三
個天地之數的乘數與其構築的廉隅之數的相合，形成平衡對等的
「互根」關係。並且，此相連天地三數的前後二地數之乘數的相
減，所得之數同為老陽之策數，即：（10x10）-（8x8）=100-64=36。
連續之天地三數的合數關係與乘數關係下的數值同為三十六，此
二種結構的數值彼此也為對等的「互根」關係。

　　天地之十數以連續之三數共構出奇數與策數的關係，形成七

個有序的圖式，其中第四圖《大衍生老陰奇數策數圖》為居中之圖，亦為唯一含有奇數與策數雙重數值的圖式結構。其它六個圖式也都透過連續三數以生成奇數與策數的數理邏輯關係，從數值推衍的機械化結構，表現出陰陽的互根關係。

八、虛中得四象之圖說

《大衍虛中得四象奇數圖》與《大衍虛中得四象策數圖》，此二圖為前述陰陽互根的七圖縮影，取有關圖式的外圍陰陽布列之黑子，進行重合而為二圖，藉以述明四象之數。丁易東指出「二圖專以虛中而成，但以奇策分而為二，而各以四象合為一圖耳」。[5]以陰陽互根圖式虛中得其外層陰陽數列，重合而成為專明老陽、少陰、少陽、老陰等四象的奇數與策數之數列結構。

（一）《大衍虛中得四象奇數圖》

丁易東取《大衍生老陽奇數圖》、《大衍生少陰奇數圖》、《大衍生少陽奇數圖》與《大衍生老陰奇數策數圖》等四圖之重合，虛其四圖之中，也就是取四圖之各圖最外層一環，而總成為圖 6-2-8《大衍虛中得四象奇數圖》，專門表明老陽、少陰、少陽、老陰之奇數。取《大衍生老陽奇數圖》之最外層陽數十二，即《大衍虛中得四象奇數圖》之最內層，此十二數為老陽之奇，亦即三十六策數。取《大衍生少陰奇數圖》之最外層陰數十六，即《大衍虛中得四象奇數圖》由內而外之第二層，此十六數為少陰之奇，亦即三十二策數。取《大衍生少陽奇數圖》之最外層陽數二十，

即《大衍虛中得四象奇數圖》由內而外之第三層，此二十數爲少陽之奇，亦即二十八策數。又取《大衍生老陰奇數策數圖》之最外層陰數二十四，即《大衍虛中得四象奇數圖》之最外層，此二十四數爲老陰之奇，亦即二十四策數。取四象奇數的四圖式之最外層數值，納四象之奇數合爲一圖，虛其原來四個奇數圖式之中而爲之，成爲一個合體的四象奇數圖式。

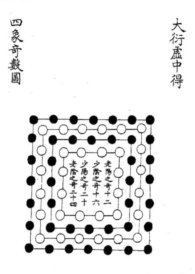

圖 6-2-8《大衍虛中得四象奇數圖》

　　藉由大衍推筮所用四十八數，分別減去四象之奇數，即得四象之策數。亦即老陽之策數乃四十八減其奇十二爲三十六，少陰之策數爲四十八減其奇十六爲三十二，少陽之策數爲四十八減其奇二十爲二十八，老陰之策數爲四十八減其奇二十四爲二十四。合奇策之數爲四十八，亦爲合《大衍虛中得四象奇數圖》與《大衍虛中得四象策數圖》二圖相對各層之合數。

（二）《大衍虛中得四象策數圖》

　　丁易東取《大衍生老陰奇數策數圖》、《大衍生少陽策數圖》、《大衍生少陰策數圖》與《大衍生老陽策數圖》等四圖重合後，同樣虛其四圖之中，也就是取四圖之各圖最外層一環而總成為圖6-2-9《大衍虛中得四象策數圖》，專門表明老陽、少陰、少陽、老陰之策數。《大衍生老陰奇數策數圖》之最後層為老陰二十四之策數，入於《大衍虛中得四象策數圖》之最內層。《大衍生少陽策數圖》之最後層為少陽二十八之策數，入於《大衍虛中得四象策數圖》之由內而外之第二層。《大衍生少陰策數圖》之最外層為少陰三十二之策數，入於虛中圖式由內而外之第三層。《大衍生老陽策數圖》之最外層為老陽三十六之策數，入於虛中圖式之最外層。如此藉由四個四象策數圖式之外層，重合而為整體的四象策數圖式，確立推筮得老陰、少陽、少陰、老陽之策數，分別為二十四、二十八、三十二、三十六，亦即四象之數同為四之倍數，得數為六、七、八、九等天地之數的成數。

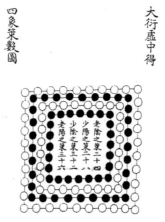

圖 6-2-9《大衍虛中得四象策數圖》

　　《大衍虛中得四象奇數圖》與《大衍虛中得四象策數圖》相重，合四象奇策之數各皆爲四十八，即老陰之位爲二十四合二十四，少陽之位爲二十合二十八，少陰之位爲十六合三十二，老陽之位爲十二合三十六。四十八數正爲大衍推筮掛一之外，所推衍的大衍之用數。

第三節　大衍合乘之數的廉隅構列圖説

　　丁易東制作《大衍合數之圖》、《大衍生乘數平方圖》、《大衍生乘數圭方圖》、《大衍乘數開方總圖》、《大衍廉隅周數總圖》，以及《大衍乘數四方各得合數之圖》等六個圖式，指出「第一圖明合數，第二圖明合數之生乘數，第三圖即第二圖變，第四圖專明乘數，第五圖明周數，而其東南之位則廉隅數也，第六圖又見大衍之數四方皆合焉」。[6]六個圖式彼此概念相繫，在說明大衍合數與乘數之變化，以及藉廉隅的構列關係，述明其間變化的內涵。圖式與說明分述如下。

一、《大衍合數之圖》[7]

　　圖 6-3-1《大衍合數之圖》以天地之數由天一到地十之陰陽變化，推布爲五十五個黑白子之三角形之數列形狀，圖式右側標明陰陽之合數，即天一與地二合爲三，地二與天三合爲五，天三與地四合爲七，地四與天五合爲九，天五與地六合爲十一，地六與

6　見丁易東《大衍索隱》，卷一，頁 330。
7　圖式見丁易東《大衍索隱》，卷一，頁 328。

天七合爲十三，天七與地八合爲十五，地八與天九合爲十七，天九與地十合爲十九。

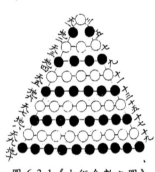

圖 6-3-1《大衍合數之圖》

　　天地之數的合數一、三、五、七、九、十一、十三、十五、十七、十九等數，總合爲一百，與蓍爲百莖之數相合。天地之數依序相合，其合數皆以陽數呈現，也就是奇偶相合所得者皆爲奇數，並以規則有序的方式遞增。十個天地之合數，其奇數之合爲一、三、五、七、九、一、三、五、七、九等十數之合，即大衍五十，其始「一」未因陰陽而合，故不入其合數，故合四十九之用數。其耦數者，乃五個十數而合爲五十，正爲大衍五十之數。

二、《大衍生乘數平方圖》[8]

　　圖 6-3-2《大衍生乘數平方圖》建構出天地之數的乘數（平方）

---

8 圖式見丁易東《大衍索隱》，卷一，頁 328。

關係，其結構由右下角天一的單一之數，依次外衍天地之數，每一層反應出每一天地之數的乘數或平方之總合。天一之數單一存在；地二之數為 2×2（或 2^2）為 4；天三之數為 3×3（或 3^2）為 9；地四之數為 4×4（或 4^2）為 16；天五之數為 5×5（或 5^2）為 25；地六之數為 6×6（或 6^2）為 36；天七之數為 7×7（或 7^2）為 49；地八之數為 8×8（或 8^2）為 64；天九之數為 9×9（或 9^2）為 81；地十之數為 10×10（或 10^2）為 100。天地之數的乘數總合為 1+4+9+16+25+36+49+64+81+100=385，虛其一數為 384，即合六十四卦之總爻數。

　　天一之數得一單數；地二之數得其廉隅之數為三；天三之數得其廉隅之數為五；地四之數得其廉隅之數為七；天五之數得其廉隅之數為九；地六之數得其廉隅之數為十一；天七之數得其廉隅之數為十三；地八之數得其廉隅之數為十五；天九之數得其廉隅之數為十七；地十之數得其廉隅之數為十九。

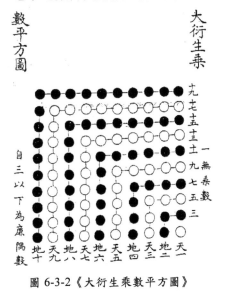

圖 6-3-2《大衍生乘數平方圖》

每廉隅之數恰爲該天地之數與其前一天地之數的合數，如地二的廉隅之數爲三，即地二合天一之數；天三的廉隅之數爲五，即天三合地二之數；餘各數仿此得之。天地十數之廉隅之數的總合爲一百，即天地之數的合數之總合。

三、《大衍生乘數圭方圖》[9]

圖 6-3-3《大衍生乘數圭方圖》，即前圖《大衍生乘數平方圖》之另類呈現的圖式，將前圖廉隅之數以平列方式展開，即相得之合數依序形成一個由一、三、五、七、九、十一、十三、十五、十七、十九等數共十個列位的方式排列，天地之數之本數也就無法顯示出來。

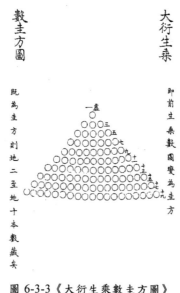

圖 6-3-3《大衍生乘數圭方圖》

---

9 圖式見丁易東《大衍索隱》，卷一，頁 328。

　　此一圭方數列之最頂端為一，稱作「虛一」，數列之總合同為一百。此十個列數，其各個列數的該列數與前此之列數的總合，適為該列數處於第幾列的平方數。「虛一」處第一列不計，第二列與前此之合，即第一列與第二列之合，為 1+3=4，亦同於第二列處位為「二」（即第二列）的平方，即 2^2=4。同樣的，第三列亦本此法，第三列與其前此之數列之總合為 1+3+5=9，亦即第三列處位為「三」之平方，即 3^2=9。其他各列與其前此各列之總合亦同：

　　　前四列之總合：1+3+5+7=4^2=16

　　　前五列之總合：1+3+5+7+9=5^2=25

　　　前六列之總合：1+3+5+7+9+11=6^2=36

　　　前七列之總合：1+3+5+7+9+11+13=7^2=49

　　　前八列之總合：1+3+5+7+9+11+13+15=8^2=64

　　　前九列之總合：1+3+5+7+9+11+13+15+17=9^2=81

　　　全部十列之總合：1+3+5+7+9+11+13+15+17+19=10^2=100

　　最底層的第十列，即表徵全部數列之總合為一百，亦即整個圖式之全數。

四、《大衍乘數開方總圖》[10]

　　圖 6-3-4《大衍乘數開方總圖》將天地之數以乘數方形環繞方式呈現，形成最內層（亦即最上層）由一數而後四數、九數、十六數、二十五數、三十六數、四十九數、六十四數、八十一數，一直到最後層之一百數的重合圖式結構，使每一天地之數的乘數

---

10 圖式見丁易東《大衍索隱》，卷一，頁 329。

之最外層皆能展出，則天一展出同爲一，地二展出爲四，天三展
出爲八，地四展出爲十二，天五展出爲十六，地六展出爲二十，
天七展出爲二十四，地八展出爲二十八，天九展出爲三十二，地
十展出爲三十六，十個方格展出之數，除了「一」之外，都是四
的倍數，同時此最外四層之數即合大衍老陽、老陰、少陽、少陰
之策數。

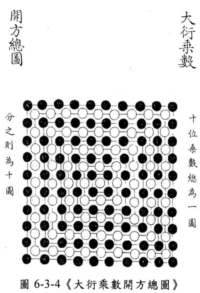

圖 6-3-4《大衍乘數開方總圖》

每一天地之數之乘數，重合此數之前的所有與之同性質的陰
陽之成數：

天數一之乘數爲 1，以其自身 1 數爲數。

地數二之乘數爲 4，以其自身 4 數爲數。

天數三之乘數爲 9，重合了天一之乘數 1。

地數四之乘數爲 16，重合了地二之乘數 4。

天數五之乘數爲 25，重合了天一乘數 1 與天三乘數 9。

地數六之乘數為 36，重合了地二乘數 4 與地四乘數 16。

天數七之乘數為 49，重合了天一乘數 1、天三乘數 9 與天五乘數 25。

地數八之乘數為 64，重合了地二乘數 4、地四乘數 16 與地六乘數 36。

天數九之乘數為 81，重合了天一乘數 1、天三乘數 9、天五乘數 25 與天七乘數 49。

地數十之乘數為 100，重合了地二乘數 4、地四乘數 16、地六乘數 36 與地八乘數 64。

　　十個數之乘數重合總為一圖，分開即為十個乘數圖式，故丁氏於圖側述明「十位乘數總為一圖，分之則為十圖」。此一圖式，已如上引丁氏所言，「東南之位則廉隅數也」，也就是圖式之左邊與上邊合為廉隅之數，即最外圍為地十乘數之廉隅十九數，亦同於 $10^2-9^2=19$；向內其次為天九乘數之廉隅十七數，亦同於 $9^2-8^2=17$；再其次為地八乘數之廉隅十五數，亦同於 $8^2-7^2=15$；再其次為天七乘數之廉隅十三數，亦同於 $7^2-6^2=13$；再其次為地六乘數之廉隅十一數，亦同於 $6^2-5^2=11$；再其次為天五乘數之廉隅九數，亦同於 $5^2-4^2=9$；再其次為地四乘數之廉隅七數，亦同於 $4^2-3^2=7$；再其次為天三乘數之廉隅五數，亦同於 $3^2-2^2=5$；再其次為地二乘數之廉隅三數，亦同於 $2^2-1^2=3$；最內為天一乘數之廉隅為一數，亦同於 $1^2=1$。

五、《大衍廉隅周數總圖》[11]

　　圖 6-3-5《大衍廉隅周數總圖》其總合之數為三百八十五數，

─────────────

11　圖式見丁易東《大衍索隱》，卷一，頁 329。

即天地十位之數之自乘的總合之數；此三百八十五位數重新以四方環繞方式呈現，環繞之周數爲十周，即本於天地之數的推衍概念。

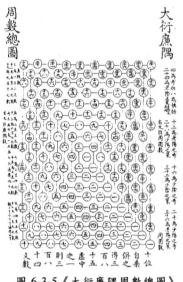

圖 6-3-5《大衍廉隅周數總圖》

其核心爲〇，第二周爲〇〇〇四，第三周爲〇〇〇四五六七八，一直外推到最後一周的三十六個數。此十周之數，由內而外，依序爲一、四、八、十二、十六、二十、二十四、二十八、三十二、三十六，除了虛一之位外，餘九周之數皆爲四之倍數，同於大衍揲數「揲之以四以象四時」的變化觀點。每周之乘數即同於前圖《大衍生乘數平方圖》的認識，如最後一周，四方皆以十數呈現，其乘數即 10x10（亦即 10^2）=100；第九周亦同，乘數即 9 x9（亦即 9^2）＝81；餘各周乘數仿此。

已如上述，每一周圈總數，除了「一」之外，餘各爲四、八、十二、十六、二十、二十四、二十八、三十二與三十六等數，這些數值適爲圖式所見中間「四」至斜右下角的斜線數值。丁易東

述明有關數字表徵之意義，正爲大衍揲蓍之扐數、四象之奇數與
策數：「四」爲揲蓍奇扐之數，「八」爲耦扐之數，「十二」爲
老陽之奇，「十六」爲少陰之奇，「二十」爲少陽之奇，「二十
四」爲老陰之奇，亦爲老陰之策數，「二十八」爲少陽之策數，
「三十二」爲少陰之策數，「三十六」爲老陽之策數。[12]

　　以中間「一」之數字爲基準，順左上角的斜線之數列爲三、
五、七、九、十一、十三、十五、十七、十九，此各數正爲天地
之數前後相接兩數的合數，即其圖式左側之說明，三爲一生二之
數，五爲二生三之數，七爲三生四之數，九爲四生五之數，十一
爲五生六之數，十三爲六生七之數，十五爲七生八之數，十七爲
八生九之數，十九爲九生十之數，亦即一合二爲三，二合三爲五，
其餘以此類推，至九合十爲十九。此九個數值，正爲大衍四十九
與五十數的來由：其奇者爲三、五、七、九、一、三、五、七、
九，合爲四十九；其耦者爲十、十、十、十、十等五個十而爲五
十。[13]

　　丁易東又於圖式之下方亦指出，「十位自乘併之，得三百八
十五。虛中之一，則三百八十四爻數」。[14]天地十數自乘總合爲：

$$(1\times1)+(2\times2)+(3\times3)+(4\times4)+(5\times5)+(6\times6)+$$
$$(7\times7)+(8\times8)+(9\times9)+(10\times10)=385$$

　　三百八十五數，虛其中之「一」數，則所得三百八十四數，
正爲六十四卦之爻數。此圖式的數值布列，也正表徵六十四卦之
總爻數。

12　參見丁易東圖式右側之說明。見丁易東《大衍索隱》，卷一，頁329。
13　參見丁易東圖式左側之說明。見丁易東《大衍索隱》，卷一，頁329。
14　參見丁易東圖式下方之說明。見丁易東《大衍索隱》，卷一，頁329。

六、《大衍乘數四方各得合數之圖》[15]

　　圖 6-3-6《大衍乘數四方各得合數之圖》以天地之數的乘數建
構出的正四方體圖式結構，同前述可分為十個乘數之正方體圖
式，其四邊等同，每一邊都可作為廉隅之數的基準，故可得出四
個相同的廉隅之數，天地十數的乘數重合為一圖，即如圖 6-3-6
所見，則每一邊皆含天地十數的廉隅之數。丁氏指出此一圖式即
前述《大衍生乘數圭方圖》之二合。

　　天地之數前後二數相合的廉隅之數，由一、三、五、七、九、
十一、十三、十五、十七至十九，總合為一百，展開之後即同於
《大衍生乘數圭方圖》之數列，而此圖二合，其中中間十九之數
（亦即天地之數九與十之合數）重疊，故二合之圖式即如《大衍
乘數四方各得合數之圖》，僅見一百八十一數。

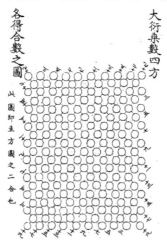

圖 6-3-6《大衍乘數四方各得合數之圖》

15　圖式見丁易東《大衍索隱》，卷一，頁 330。

第四節　大衍變化的具體時空圖式

　　天地之數與大衍之數的變化，本身即是一種宇宙時空圖式的呈現，並且成爲丁易東的宇宙時空觀。丁氏指出：

　　《大傳》曰「歸奇於扐以象閏，五歲再閏，故再扐而後掛」，先儒多謂三歲必一閏，又兩歲而再閏，周而復始；朱子畫爲定圖，亦止如此。蓋於歷法，未嘗深攷故也。惟韓康伯謂十九年七閏爲一章，五歲再閏者二，故畧舉大凡者，爲得之而未詳。余嘗攷之歷法，則自入章之始，三歲而逢首閏，又三歲而逢次閏，又三歲而逢第三閏；爲三歲而一閏者，三然後兩歲而始逢第四閏，此兩載逢閏之後，又三歲而逢第五閏，又三歲而逢第六閏；爲三歲一閏者，二然後兩歲而又逢第七閏。蓋一章之中，通有七閏，三歲一閏者五，兩歲一閏者二耳。若以五歲再閏言之，則第三閏之三歲，第六閏之三歲，皆在五歲之中，則爲三歲一閏者三，而五歲再閏者二也。然則大衍掛扐，所以象閏者，非謂三歲一閏之後，必有五歲之再閏也，不過言閏有三歲而一者，有五歲而再者，故以一扐而象其一閏者，以再扐而象其再閏者耳。若夫以奇當閏，則河南楊氏乘除之說盡之，惜不見於圖，世多未曉，併以其法圖之，右方庶覽者，可一見而決焉。[16]

　　《繫辭傳》記載推筮過程中，其「歸奇於扐」者，用以象徵

閏月之用。《淮南子‧天文訓》指出「月日行十三度七十六分度之二十六，二十九日九百四十分日之四百九十九而爲月，而以十二月爲歲。歲有餘十日九百四十分日之八百二十七，故十九歲而七閏」。[17]閏月之用，以今日的曆法觀點而言，簡單地說，即在調合陽曆與陰曆之差異。陽曆一年約 365.3 日，陰曆約 354.4 日，相差約 10.9 日，十九年約差 207 日（19x10.9=207.1），故傳統上以十九歲七閏，目的即在調整二者之差異。《周髀算經》提到「十九歲爲一章」，以十九歲爲一章，爲漢代以來普遍的計歲之法，所計者仍在歲差之考量，所以不論《四分曆》或《三統曆》等曆法皆採十九歲爲一章，十九歲主七閏。[18]針對《繫辭傳》所言「五歲再閏」，即涉及所閏者何年的問題；丁易東認爲學者多以三歲爲一閏，又兩歲再閏，合即「五歲再閏」，朱熹亦以此爲說，又韓康伯認爲「五歲再閏者二」，皆未能深考曆法，以致有所舛誤或語焉不詳之情形。

　　丁氏自奉考諸曆法，從入章之始，三年逢首閏，再三年（即第六年）逢次閏，再三年（即第九年）逢三閏，再兩年（即第十一年）逢四閏，再三年（即第十四年）逢五閏，再三年（即第十七年）逢六閏，最後再兩年（即第十九年）逢七閏。在此十九年中，三年一閏者有五次，兩年一閏者有兩次。所謂「五歲再閏」，即指第三閏與第四閏的五年，以及第六閏與第七閏的五年；在一

---

17 見劉安《淮南子‧天文訓》。引自劉文典《淮南鴻烈集解‧天文訓》，卷三，北京：中華書局，1997 年 1 月 1 版北京 2 刷，頁 104-105。

18 見《周髀算經》，卷下云：「十九歲爲一章。」地球繞行太陽一周，即天文上太陽在黃道線上一周之時間，一般稱之爲一回歸年。1 回歸年=365.2421990741 日==365 天 5 小時 48 分 46 秒。19 個回歸年的時間長度和 235 個朔望月幾乎完全相同：19 回歸年=6939.602 日，235 朔望月=6939.688 日，若以每十九年加入七個閏月，就可以調和太陽曆和陰曆，故一般慣以 19 年閏 7 月。

章十九年中，「五歲再閏」者有二。丁氏之說，早見於《漢書‧律歷志》之記載，明確的指出，「閏法十九，因爲章歲」，「三歲一閏，六歲二閏，九歲三閏，十一歲四閏，十四歲五閏，十七歲六閏，十九歲七閏」。[19]丁氏所言，合於傳統上閏月之說法。大衍掛扐以象徵閏月的時間意義，並不在說三年一閏後，必有五年之再閏，而在指說閏法有三年一閏，也有五年再閏者，因此以一扐象其一閏，再扐而象其再閏，透過揲策之法，以章閏之說象徵時間運轉變化合乎自然的規律，大衍筮法的操作運式，正是效法此自然的時間變化法則。

　　丁易東透過大衍推著之圖式建構，確立數值變化與時空的具體關係。以下特別針對有關圖式進行說明。

一、《大衍四十九著分奇掛策數圖》[20]

　　圖 6-4-1《大衍四十九著分奇掛策數圖》反應出四十九著的衍用，可以形成四種不同的推衍結果。形成老陽之象者，四十九用數，以掛一之外的四十八數進行揲數，歸奇於扐者爲十二，所得之策數爲三十六，即老陽策數。形成老陰之象者，掛其二而以四十八數揲之以四，歸奇於扐者二十四，得二十四策即老陰策數。形成少陽之象者，四十九用數，掛一之外，進行揲數而歸奇於扐者二十，得二十八策數即少陽策數。形成少陰之象者，四十九用

---

19 見班固《漢書‧律歷志》。《康熙字典》引《正字通》之說，指出「古曆，十九歲爲一章。章有七閏，三年閏九月，六年閏六月，九年閏三月，十一年閏十一月，十四年閏八月，十七年閏四月，十九年閏十二月」。（見張玉書等編《康熙字典‧戌集上‧門部》，上海：上海書唐出版社，2002 年4 月1 版17 刷，頁1488。）明白指出十九歲之七閏，每閏所屬之月。
20 見丁易東《大衍索隱》，卷二，頁351。

數，掛一揲數得其奇者十六，亦即得少陽三十二策數。

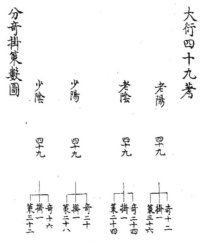

圖 6-4-1《大衍四十九蓍分奇掛策數圖》

　　其奇者十二、二十四、二十或十六，象徵時間衍化下的歲閏之時，雖無意於具體指出所閏歲時，卻代表著歲閏變化的時間衍化意義，有其一定的規律與所指，就如同四象所現一般，所歸奇於扐者之不同，正反應出得象（老陽、老陰、少陽、少陰）之不同，故四象所得之一定取向，也正是時空變化的規律定則。

二、《大衍四十九蓍均奇掛策數圖》[21]

　　圖 6-4-2《大衍四十九蓍均奇掛策數圖》主要從揲蓍之奇數、策數，以及掛一之數，展示老陽、老陰、少陽、少陰等四象的數值布列情形。

---

21 見丁易東《大衍索隱》，卷二，頁 351。

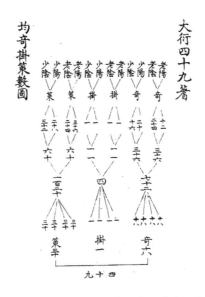

圖 6-4-2《大衍四十九蓍均奇掛策數圖》

在歸奇之數方面，如圖式右側所示，老陽得數十二、老陰二十四、少陽二十、少陰十六，老陽與老陰合數爲三十六，少陽與少陰亦合爲三十六，兩兩共合七十二數，平均得其歸奇之數各爲十八。

在掛數方面，如圖示中間所示，老陽與老陰各掛一合而爲二，少陽與少陰各掛一亦合爲二，合四象掛一之數爲四，再平均得其掛數仍爲一。在四象策數方面，老陽得策數三十六，老陰二十四，二者合爲六十；少陽得策數二十六，少陰三十二，二者之合亦爲六十；再兩兩共合爲一百二十，四象均其策數爲三十。

將奇數、掛數及策數之平均相加，總合爲四十九（18＋1＋30＝49），此即大衍四十九用數，也就是說，推筮的過程中，得到老陽、老陰、少陽或少陰中的任一象，皆必以四十九數爲用。

得策之數，皆爲四之倍數，象徵四時之變化，而得其歸奇之

數，亦爲四之倍數，同時反應出時間的變化意義，但以其爲餘數之合，用其奇數（餘數），更象徵四時變化下的用閏之法，以歲閏之用，強調用時的嚴整性與規律性。

三、《大衍相得有合生閏數圖》[22]

圖 6-4-3《大衍相得有合生閏數圖》藉由天地之數的生成數與奇耦數，確立「有合」與「相得」的數值關係。

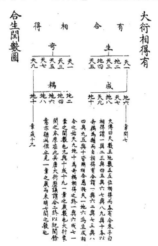

圖 6-4-3《大衍相得有合生閏數圖》

「有合」與「相得」之概念，源自《繫辭傳》所說天地之數的「五位相得而各有合」之說法，丁氏本於朱熹之說，於「相得」者，如圖式左半部，將天地之數分爲奇耦之別，天一與地二、天三與地四、天五與地六、天七與地八、天九與地十，連續奇耦兩兩相得，

天九與地十為奇耦相得之終，得為十九，此乃一章十九歲之數。

　　於「有合」者，如圖式右半部所示，分天地之生成數，各取生數與成數之一數進行相合，天一與地六相合，地二與天七相合，天三與地八相合，地四與天九相合，天五與地十相合；天一與地六為相合之始，合為七數，此七數即一章之閏數。由此一圖式反應出大衍相得有合而可得一章十九章與一章七閏之數，衍數之用，可以清楚的看出此時間衍化的數值推衍規律，天地之數的簡易變化，正展示出時間變化的具體數值意義。

四、《大衍歸奇於扐以象閏圖》[23]

　　圖6-4-4《大衍歸奇於扐以象閏圖》為繼《大衍四十九蓍均奇掛策數圖》而來，歸奇於扐的平均數為十八，圖式右側以奇數十八乘一章之十九歲，得奇歲之數為三百四十二（18×19=342）。

圖 6-4-4《大衍歸奇於扐以象閏圖》

23　見丁易東《大衍索隱》，卷二，頁351。

　　中間數列爲掛一之數，乘一章之數仍爲一（1×1=1）。奇數十八併掛一之數，合爲十九，適爲十九歲之數。奇數乘歲得三百四十二併掛一乘章得一之數，合爲三百四十三，此數適爲圖式左側蓍數乘閏之數；蓍數四十九乘閏七得三百四十三之數（49×7=343），此數同爲前說之數，因此，《繫辭傳》所言「歸奇於扐以象閏」，反應在數值的具體概念上，歸奇之數能夠象徵閏數，二者數值應當是相等的，這個相等之數即是三百四十三，丁易東以圖式作了明確的釋說，展現出數值變化運用的合理性及邏輯性，與其背後的神秘性意義。

五、《一章十九歲七閏辨一閏再閏數圖》

　　圖 6-4-5《一章十九歲七閏辨一閏再閏數圖》即透過圖式說明一章十九歲七閏的閏序，認爲學者普遍稱說「三歲必一閏，五歲必再閏」，以茲周始迭替，是一種錯誤的認知，立此圖式強調「三歲一閏，五歲再閏，各有攸當，非周而復始之謂矣」。[24]十九歲中，前九歲每三歲一閏，接著第十、十一歲爲二歲之閏，也就是十九歲中的第四閏，一般所說的「五歲再閏」，即指第三閏與第四閏所合之五歲；再接著爲第十二至十四歲爲三歲一閏之第五閏，再接著爲第十五至十七歲爲三歲一閏的第六閏，最後爲第十八至十九歲爲二歲一閏的第七閏，第六閏與第七閏合爲五歲，亦指「五歲再閏」者。十九歲當中有前述之二處「五歲再閏」。

---

24 括弧引文，見圖式之文字說明。

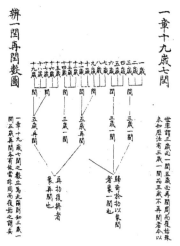

圖 6-4-5《一章十九歲七閏辨一閏再閏數圖》

　　丁氏同時指出，「歸奇於扐以象閏者，象一閏也」，歸奇所象爲一閏，所言者即爲三歲一閏之三處，爲第一至三歲、第四至六歲，以及第十二至十四歲；「再扐後掛者，象再閏也」，乃就「五歲再閏」而言。[25]一閏所指爲三歲之閏，再閏爲三歲之閏後的二歲之閏。

六、得三百八十五數與生章數的重要時間圖式

　　《大衍一百八十一數得三百八十五數圖》及《大衍生章數圖》二個圖式，與天地十數的乘數值有密切的關聯性，其說明如下：

　　　　二圖以乘數三百八十五併而積之。前圖以奇望奇、以耦望耦，得一百八十一位。後圖奇耦相併，止得一百位，故其

――――――――――

25 括弧引文，見圖式之文字說明。

位數不同如此，然皆不越於三百八十五數而已。三百八十
五者，虛其中之一數，則為爻數，為閏歲之日故也。後圖
則三百六十六為重用之位，而十九者為單用之位，又足以
應朞之日與章之歲，則大衍象閏之理已寓於此矣。

三百八十四為閏歲日數者，指十三月所得之日而言；三百六
十六為朞歲日數者，指二十四氣所跨之日而言。前圖三百八
十四便得爻數，不待虛一者，蓋止用乘數，而一無乘故也。[26]

丁氏強調此二圖式「以乘數三百八十五併而積之」，本質上
仍隱含著 385 數的概念，385 數即天地十數之乘數總合，即：

1+4+9+16+25+36+49+64+81+100=385。

上列圖式言「皆不越於三百八十五數」，此 385 數虛其 1 數
則為 384，即六十四卦之三百八十四爻之爻數，也是閏年之日數，
即十三個月所得之日。

圖 6-4-6《大衍一百八十一數得三百八十五數圖》

---

26 圖式與引文，見丁易東：《大衍索隱》，卷一，頁 335-336。《大衍生章數
圖》之圖側，丁氏附加說明文字，所云「大衍乘數二百八十五」，當為字
誤或刻誤，當為「大衍乘數三百八十五」。

　　圖 6-4-6《大衍一百八十一數得三百八十五數圖》採取一至五之生數，進行二重之布列，形成「以奇望奇、以耦望耦」的情形，所得爲 181 位，由內而外張之合數爲：

　　　　1+4+8+12+16+20+24+28+32+36=181

　　此 181 數同於其《大衍乘數開方總圖》、《大衍乘數四方各得合數之圖》的數值，[27]也就是天地十數的乘數之重合圖式，此 1、4、8、12、16、20、24、28、32、36 等十個數，就是天地十數的乘數之重合，取每一個數值結構的最後一層者，虛其 1 數，餘每一個數皆以四的倍數遞增，反應出四時變化的意涵。

　　此一圖式所得 385 數，除了可以透過上述十數之乘數總合得到外，亦可藉由生數乘積得之，即取得由外而內之方圖乘積：

　　最外層之乘積（一）：1×36=36

　　向內第二層之乘積（一）：1×32=32

　　向內第三層之乘積（二）：2×28=56

　　向內第四層之乘積（二）：2×24=48

　　向內第五層之乘積（三）：3×20=60

　　向內第六層之乘積（三）：3×16=48

　　向內第七層之乘積（四）：4×12=48

　　向內第八層之乘積（四）：8×8=32

　　向內第九層之乘積（五）：5×4=20

　　最內層之乘積（五）：5×1=5

　　總合之數即：36+32+56+48+60+48+32+20+5=385

---

27 參見丁易東：《大衍索隱》，卷一，頁 329-330。前面章節已針對二圖作詳細述說，請參見有關之說明。

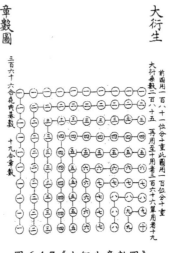

圖 6-4-7《大衍生章數圖》

在圖 6-4-7《大衍生章數圖》方面，天地十數各立一廉隅數列，則依前述乘數之法，可以得到：

⊖：10×10=100

⊜：9×9=81

⊜：8×8=64

⊗：7×7=49

⊕：6×6=36

⊗：5×5=25

⊕：4×4=16

⊗：3×3=9

⊗：2×2=4

⊕：1×1=1

其總合之數為：

100+81+64+49+36+25+16+9+4+1=385

　　此 385 數即同於天地十數乘積所布列之數，以圖式右下角作
爲基準所進行的重合之實數。此一圖式所形成的廉隅數列，由外
而內之數爲 19、17、15、13、11、9、7、5、3、1，進行有序的
數列組合，天地十數由㊀至㊉以數值呈現，其另類的乘積組合，
亦可得總合之數爲 385 之數值；其分別之乘積爲：

　　　㊀的乘積：1x19=19

　　　㊁的乘積：2x17=34

　　　㊂的乘積：3x15=45

　　　㊃的乘積：4x13=52

　　　㊄的乘積：5x11=55

　　　㊅的乘積：6x9=54

　　　㊆的乘積：7x7=49

　　　㊇的乘積：8x5=40

　　　㊈的乘積：9x3=27

　　　㊉的乘積：10x1=10

　　總合之數即：

　　　19+34+45+52+55+54+49+40+27+10=385

　　385 虛其一爲 384，即六十四卦爻數，也是閏年之日數。385
減去最後之廉隅數 19，則爲：385-19=366。丁氏指出 366 即合《堯
典》所說一年之日數，也是「二十四氣所跨之日」。至於 19 數，
即其所言合章歲之數，也就是傳統歷法以十九歲爲一章之說。

七、《大衍四十九用數合分至黃赤道圖》的時空意涵

　　丁易東透過大衍之數，聯結天體太陽之運行，以太陽黃道線
對應赤道所在之位，以分判出夏至與多至的二至之時，作爲四時

變化之象徵，建構出圖 6-4-8《大衍四十九用數合分至黃赤道圖》，
其圖式與說明如下：[28]

圖 6-4-8《大衍四十九用數合分至黃赤道圖》

有理而後有象，理如此則象如此，象未形而理已具。……
蓋四時之所由成者，皆以日道之相去遠近為之也。冬至之
日，所行黃道在赤道南二十四度；夏至之日，所行黃道在
赤道北二十四度。惟二分黃道與赤道交，故日夜分。夫二
十四度環於赤道之兩旁，則赤道云者，掛一之象也，南北
各得二十四度者，分而為二之象也，二分二至於焉得之。
揲而為四之象也，故以掛一分二之間已具二至二分之候，
則四時之象不已著乎！惟其藏是用也，故揲以象之而顯諸
仁耳。

---

28 見丁易東：《大衍索隱》，卷二，頁 344。

　　「理」作爲自然之道，作爲一種規律，甚至可以視爲一種認識概念，唯有「理」存在，然後才有「象」可形，「象」依「理」而形成，故「象」尚未成形，「理」已存在。從現象或認識的觀點云，丁氏賦予「有理而後有象」的「理」與「象」關係的先後之理解，這種理解爲延續程朱之思想而來，明確的說，爲源自程頤之主張。張閎中問「《易》之義本起於數」，程子回答指出「《易》之義本起於數，謂義起於數則非也。有理而後有象，有象而後有數，《易》因象以明理，由象以知數，得其義則象數在其中矣。必欲窮象之隱微，盡數之毫忽，乃尋流逐末，術家之所尚，非儒者之所務也，管輅、郭璞之學是也」。又進一步指出，「理無形也，故因象以明理。理見乎辭矣，則可由辭以觀象，故曰得其義則象數在其中矣」。[29]程子明白的認爲先有「理」而後有「象」，有「象」然後有「數」，「理」先於「象」，而「象」先於「數」，「數」因「象」而生，而「象」又因「理」而形，「理」本無形，因「象」有形以明「理」。聖人作《易》，以卦爻辭見其理義，《易》之義《易》之理，見乎卦爻辭之中，《易》辭以明其理，而其辭理又由觀象用數以見之，儒者論《易》，專在《易》之大義，體察聖人之理，而非窮於若管、郭之學的象數末流。丁氏於此理解時空意涵的象數概念，採用程子之說，並具體認爲象之所用，以明日夜之分與四時分判及運行之理，此日夜迭替，四時變化循環的自然之理，藉由數值變化所展現的四時之象的運用以展現出來。

　　以赤道處位爲大衍「掛一」之象，南北各得二十四度者，爲「分而爲二」之象；事實上，太陽運行的黃道線，處位爲南北緯

29　見程顥、程頤：《二程集・二程遺書》，卷二十一上，北京：中華書局，2006 年 9 月北京 1 版 4 刷，頁 271。

23 度 26 分，當太陽處於北緯 23 度 26 分時，正是北半球畫長最
長之時，也正是夏至之時，當太陽處於南緯 23 度 26 分時，為北
半球畫長最短之時，也就是冬至之時。二至已立，則四時之變化
確然律定。這樣的圖式，反應出時空變化的具體存在意義。

第五節　小　結

　　天地之數作為宇宙自然存在的基本元質（陰陽）的概念，其
本質主要反應在變化的特性上，此亦《易》道變化的主體特色，
一切存在皆在陰陽的變化當中確立。陰陽的變化確立存在的意
義，而陰陽的變化，有其自身一定的規律與秩序，而規律與秩序
也就肯定定宇宙自然之道的永恆性之可能，也因此一規律與特
性，證成唯有陰陽之變化，方可確立存在的必然性。

　　陰陽的變化，規律而有序的自然之道，正為天地之數所構築
的大衍數列之陰陽變化關係所繫結之宇宙圖式，作為其具永恆性
的變化之道，其神聖而可以理性認知者，丁易東藉由數值變化的
圖式建構，從機械化的數列中，帶引出高度邏輯而可在多元證驗
的數值變化之運式中證成。

　　丁易東透過天地之數的陰陽相生圖式之呈現，反應出從陰陽
的相生確立陰陽有序的前後相生軌跡，形成三、五、七、九、十
一、十三、十五、十七、十九等數值的變化，進一步確立大衍之
數存在的必然性，以及此一存在而作為確立一切存在與推布吉凶
休咎的當然與可能。丁易東並且以陰陽互根圖式，同時確立大衍
變化中老陰、少陽、少陰、老陽等四象奇策的衍生之合理的邏輯
實況，也就是大衍推變的形成，便是天地之數變化的實況。丁易

東以理性的數值推布，進行層層的考驗與證實，以數值推衍，說明陰陽變化的特質，以及變化的規律定向；大衍之數正足以作為宇宙生成圖式確立的毋庸置喙者，便在於此諸變化圖式中落實。

除了以天地之數陰陽相生與互根確立大衍推布的實然性外，也從廉隅構列的方式，以合乘之數的數值變化與布列方式，確立大衍之數的變化、規律及內在結構，根本上仍是天地之數的陰陽變化之布列結果，有效的將大衍用數、四象奇策之數、六十四卦及三百八十四爻數等數值，進行有機之結合，此亦再次證成天地之數、大衍之數的推衍宇宙存在之神聖性與必然性之可能。

存在的本身便是時空的概念，天地之數聯繫出大衍推布的確立，並具體反應在有關的時空圖式之中。事物的存在本身即是一種時空共構的概念，而宇宙正作為包攝一切存在的時空場域，也就是由廣闊無際的空間意識與古往今來、無終無始的時間意涵所並顯，所以霍金特別強調「宇宙是動態、擴張的」，是不斷在變化的，從時間與空間表現其變化的主體，「空間和時間不僅是影響宇宙中發生的一切，而且也被發生的一切所影響」。[30]空間與時間作為表述動態變化的宇宙的主要概念，這種認識可以藉由丁易東的圖式理解中深刻而具體的獲得，特別是表徵天地之數的黑白子數列結構，以及大衍變化之相關具體時空圖式。天地之數、大衍五十之體與四十九之用，視為陰陽落實在時空變化的基本數值，亦可視為變化的原型與根源。五十與四十九及四象形成的數列結構圖式，也反應出八卦、六十四卦的生化成象，吉凶由斯分判，時空存在也進而確立。陰陽的相生與互根圖式，除了展現數值化的陰陽概念作為生成變化的主體，同時證成運動變化的規律

---

30 見史蒂芬‧霍金著，吳忠超譯《時間新簡史》，臺北：藝文印書館，2006年9月初版，頁43-44。

性。並且，《大衍相得有合生閏數圖》、《一章十九歲七閏辨一閏再閏數圖》、《大衍生章數圖》等諸圖式，具體描繪與彰顯此一動態而擴張的宇宙時空性意識，由數字建構的符號圖式，透現此時空變化的存在事實。

第七章　大衍變化與河洛及先後天圖式之聯繫

　　河洛之學，從北宋陳摶（？-989 年）之傳授，至劉牧（1011-1064年）以降，普遍以大衍之數聯繫《河圖》與《洛書》而立說，爲宋代數論與圖書之學的重要議題。同時「河十洛九」或「河九洛十」的不同主張，也是南宋以來一直爭論不休者；丁易東（？-？年）採取朱熹（1130-1200 年）「河十洛九」之觀點，其圖式建構又取五位配用的數值結構，皆本此觀點下推布述說。

　　丁易東確立大衍合《河圖》與《洛書》之基本形態，以《河圖》衍五十，《洛書》衍四十九。同時以《河圖十位自乘之圖》、《河圖十位成大衍數用圖》、《洛書九位自乘之圖》、《洛書九位成大衍數用圖》、《洛書九數乘爲八十一圖》、《九宮八卦綜成七十二數合洛書圖》等圖式，又取五位配用的數值結構所構成之圖式，皆反映乘除的數值變化關係，即《河圖》十數以及《洛書》九數，透過乘除的概念，與大衍用數進行數值變化的結合。此外，丁易東又將《河圖》、《洛書》與先後天及《洪範》進行高度的數值邏輯之聯繫，根本於天地之數與大衍之數的運用。

第一節　大衍合《河圖》與《洛書》
之基本變化形態

　　丁易東慣於用數，以衍數合《河圖》與《洛書》，建構出二十九個圖式，並進行有關的釋說。丁易東同時延續朱熹「河十洛九」的主張，認為「曰《河圖》者，天一至地十者是也。《洛書》者，戴九履一、左三右七、二四為肩、六八為足者是也。先儒或誤以《河圖》為《洛書》，《洛書》為《河圖》，至朱子而後正之，然其所謂劉牧誤置，則未詳也」。[1]接受朱熹之主張，以朱熹之說為正，而以原劉牧之說為誤置，但朱熹之正所據為何，並未詳作說明，且此朱子為正者，非為劉牧之本然面貌。不論是《河圖》或《洛書》，所用皆天地之數與大衍用數進行密切之聯結。

一、《河》衍五十與《洛》衍四十九的基本形態

　　丁易東強調《河圖》五十五數，《洛書》四十五數，「以五衍之之圖，《河圖》止得五十，《洛書》止得四十九」。[2]也就是說，《河圖》衍得五十，而《洛書》衍得四十九，各有所別。他作具體說明，並制成《河圖五十五數衍成五十位圖》與《洛書四十五數衍四十九用圖》二圖式。其云：

　　　　《河圖》之數五十五，《洛書》之數四十五，何以衍之成

1　見丁易東《周易象義》，卷十四（臺北：臺灣商務印書館文淵閣《四庫全書》本第 21 冊，1986 年 3 月初版），頁 739。

2　見丁易東《大衍索隱》，卷二（臺北：臺灣商務印書館文淵閣《四庫全書》本第 806 冊，1986 年 3 月初版），頁 337。

五十與四十九也？曰《河圖》之數雖五十五，實則十位，《洛書》之數雖四十五，實則九位。若各以五衍之，則其十位之數至五十而止，九位之數至四十九位而止矣。先儒但以其數五十五與四十五者衍之，每牽強而不合，若以位衍之，則其數自然配合，非一毫人力之所能為矣。蓋先儒所衍者，天數二十五，地數三十之五十五者也。此所衍者，天數五，地數五之十位者也。曰《河圖》之數十位，以五衍之，則得五十信矣。《洛書》九位，以五衍之，亦止得四十有五，謂之四十九，何哉？曰《洛書》虛十而不用，故十無所附，而所謂一十、二十、三十、四十者，特虛包於數中而已。故九與十一之間，即十也；十九與二十一之間，即二十也；二十九與三十一之間，即三十也；三十九與四十一之間，即四十也。四位之十，隱然於其間，則其為數自然四十九矣。[3]

　　此段話反映出《河圖》與《洛書》的不同數值變化概念，即《河圖》五十五數布列五十位衍數，而《洛書》四十五數布列四十九位數。

3　二圖式與引文，見丁易東《大衍索隱》，卷二，頁338。

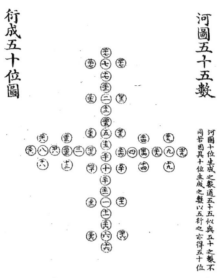

圖 7-1-1《河圖五十五數衍成五十位圖》

　　《河圖五十五數衍成五十位圖》（如圖 7-1-1 所示）反映出《河圖》五十五之數，實際上為十位數，也就是天地之數一、二、三、四、五、六、七、八、九、十等十個數，一般稱五十五數，即此十個數的總和，但真正面對《河圖》之數，當以十位數為準；十位數的布列，生數一、二、三、四、五布於內，成數六、七、八、九、十布於外，生成之數各以其五數進行推衍，也就是十個生成數各以其上、下、左、右再進行推衍，則得五十位衍數。十位數的推衍情形，1 數的四方推衍出 11、21、31、41，共為五個數；2 數的四方推衍出 12、22、32、42，亦為五個數；其它 3 至 10 數推衍的方式亦同，合其本數也各推出五個數。天地之數十個數，各領包括本數共五個數，則天地之數合衍五十個數。所以，一般所謂《河圖》的天地之數五十五數，實則衍成五十位數，即衍成一至五十的五十個數。生成數的十個數，彼此共成一個小系

統，十個數也就形成十個不同的小系統，並藉以共構爲一個五十位數的大系統，也就是《河圖》的數列系統。在這個數列系統中，最高的數是五十，數列總數即是五十，五與十居其列位之中，餘各數居其所處，此即《河圖》之數。

　　將《河圖》十個小系統作數值的總合，各得到不同的總合之數：

　　　天一衍數的總合：1+11+21+31+41=105

　　　地二衍數的總合：2+12+22+32+42=110

　　　天三衍數的總合：3+13+23+33+43=115

　　　地四衍數的總合：4+14+24+34+44=120

　　　天五衍數的總合：5+15+25+35+45=125

　　　地六衍數的總合：6+16+26+36+46=130

　　　天七衍數的總合：7+17+27+37+47=135

　　　地八衍數的總合：8+18+28+38+48=140

　　　天九衍數的總合：9+19+29+39+49=145

　　　地十衍數的總合：10+20+30+40+50=150

　　每個總合之數由五位（個）數所聯結，每個總合之數各差 5 數，也就是由天地之數一至十所聯結的總合之數，以 5 數遞增，即由 105、110、115……，一直最終爲 150。天五居中，函中之數，即以五數爲中庸常數，亦爲《洛書》九數之中數。最高的總合之數爲地十所衍的 150 數，最低的總合之數爲天一所衍的 105 數，以 150 數減 105 數，則得 45 數，此 45 數又合《洛書》的四十五位數。在這樣的數值差異下，使《河圖》與《洛書》，又進行某種具有聯繫關係的可能性。

圖 7-1-2《洛書四十五數衍四十九用圖》

《洛書四十五數衍四十九用圖》（如圖 7-1-2 所示）中指出
《洛書》所用天地之數，虛十不用，僅用九位數，雖然九位數總
加爲四十五，但實際上是四十九位數的布列；以九位數各衍五位
數，則九五四十五，合四十五位數。虛十不用，則二十、三十、
四十、五十之數亦虛，此五個數，在九與十一之間、十九與二十
一之間、二十九與三十一之間、三十九與四十一之間，乃至四十
九之後的最後位數爲五十，皆虛而不用。十數既虛而不同，則數
列布局，五居其中，而其布列的最高之數爲四十九，故《洛書》
四十五數，衍列四十九位數以爲用。

《洛書》取其龜象，其數之布列爲戴九履一，左三右七，二
四爲肩，六八爲足，[4]各得其九位三方的幻方十五之數，四九二、

---

4 見朱熹《周易本義·圖說》（臺北：大安出版社，2008 年 2 月 1 版 4 刷），
 頁 16。

三五七、八一六、四三八、九五一、二七六、四五六、二五八等
組合之數皆爲十五。九宮之數擴大爲四十九個數的布列，不論是
縱數之合或是橫數之合，也都爲一百九十五數。縱數三組，其一
如　42+2+47+7+17+46+6+16=195，餘二組得數亦同；橫數三組，
其一如 34+4+24+39+9+29+31+2+21=195，餘二組亦同。

　　《洛書》以天地之數虛其「十」數，餘九數分列九宮，各宮
所得的總合之數：

　　　　天一衍數的總合：1+11+21+31+41=105

　　　　地二衍數的總合：2+12+22+32+42=110

　　　　天三衍數的總合：3+13+23+33+43=115

　　　　地四衍數的總合：4+14+24+34+44=120

　　　　天五衍數的總合：5+15+25+35+45=125

　　　　地六衍數的總合：6+16+26+36+46=130

　　　　天七衍數的總合：7+17+27+37+47=135

　　　　地八衍數的總合：8+18+28+38+48=140

　　　　天九衍數的總合：9+19+29+39+49=145

　　總合之數去其百，其最小者爲 5，最大者爲 45，5 加 45 即 50，
合大衍五十之位數，45 之數，合於《洛書》四十五之數。在四十
九個數當中，以 49 爲最末之數，亦即大衍之數，合其用四十有九
之數。

　　不論《河圖》或《洛書》之數，皆與大衍之數有直接的聯繫
關係，同時，此二圖式亦存在著體用的關係與性質，即「《河圖》
又爲《洛書》之體，《洛書》又爲《河圖》之用，而大衍之數所
以合夫《河圖》，而大衍之用所以合諸《洛書》也」。[5]《河圖》

---

5 見丁易東《大衍索隱》，卷二，頁 339。

爲體，《洛書》爲用，大衍本數五十合於《河圖》，大衍四十九
之用合於《洛書》。

二、《洛書》四十九位圖式

前述《河圖五十五數衍成五十位圖》與《洛書四十五數衍四
十九用圖》二圖，「但見數之四十九，未見位之四十九」，也就
是未列四十九位之用的四十九位圖式結構，丁易東進一步制作三
幀《洛書》的四十九位圖式：[6]

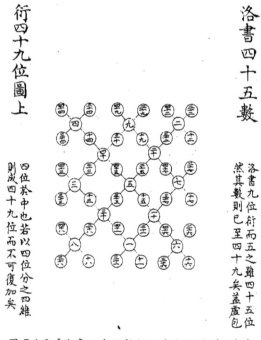

圖 7-1-3《洛書四十五數衍四十九位圖（上）》

6 三圖式，見丁易東《大衍索隱》，卷二，頁 339-340。

圖 7-1-3《洛書四十五數衍四十九位圖（上）》，此一圖式丁易東認為「止是前圖倚數之變，添其四位云耳」。[7]亦即《洛書四十五數衍四十九用圖》的變圖，於九宮各五位之數合為四十五位數之外，另由一十、二十、三十、四十等四位之數聯結此九宮位數，合此四位之數則此一圖式為四十九位數。

圖 7-1-4《洛書四十五數衍四十九位圖（下）》

圖 7-1-4《洛書四十五數衍四十九位圖（下）》，圖 7-1-3《洛書四十九位得大衍五十數圖》，兩圖式皆以四十九位數進行布列。《洛書四十五數衍四十九位圖（下）》中之九位數，即《洛書》九宮之數，五居其中，五之外的一至九數布列周圍，然後以此周

7 見丁易東《大衍索隱》，卷二，頁 340。

圍的這八個數爲依次之基準，自十至四十九數依位數次序排列，則一之後爲十，二之後爲十一，三之後爲十二，四之後爲十三，五居中央而無其後之列，六之後爲十四，七之後爲十五，八之後爲十六，九之後爲十七，十之後爲十八，十一之後爲十九，十二之後爲二十，……一直到四十之後爲四十八，四十一之後爲四十九，即位數之終。這樣的數列排序，反映出四十九位數皆圍繞九宮之數而排列，以五爲中心，一層一層以八位數呈同心之圍繞；五向外布列八方，各統六位，其「八」象徵八卦，其「六」象徵六爻，六十四卦亦變化在其中。

圖 7-1-5《洛書四十九位得大衍五十數圖》

　　圖 7-1-5《洛書四十九位得大衍五十數圖》，中宮九位數，「以五爲一，故一爲五，二爲十，三爲十五，四爲二十，五爲二十五，

六爲三十，七爲三十五，八爲四十，九爲四十五，各隨《洛書》戴履左右肩足之位布之」。[8]中宮九數，其五即一，處中宮之下；其四十五即九，處中宮之上；其十五即三，處中宮之左；其三十五即七，處中宮之右；其四十即八，三十即六，處中宮下之二足；其二十爲四，十即二，處中宮上之二肩；二十五即五，處中宮之中。《洛書》「三三而比」，即每一列爲三個數，五居其中，而其周圍爲八個數，此一圖式正是《洛書》九數之推布，其核心同爲九數，以五除之，同於《洛書》原來之九數，五居其中，外圍同是八個數，此一圖式之周圍亦是八個數之展開，八個數聯結八個方位，每一個方位之列又各有六個數，丁易東認爲「每位各統其六，則六爻之象也。其周圍之數，每重各統其八，則八卦之象也」。[9]六數附六爻之象，八數合八卦之象，此大衍五十之數所推衍的《洛書》之位，可以再進一步的知其「六十四卦在其中」，且「四千九十六卦之變皆自此出」。故「聖人作《易》，所以本諸《洛書》」，其神妙即在於此。[10]

　　以大衍數值聯結《洛書》進行推衍變化，成爲丁易東變化運用的重要部份。這些數值的運用，不外乎以天地之數或大衍之數作爲變化的主體，但仍以《洛書》九數作爲其基礎的架構，以數值的衍化，展現出多元變化下具有規律性意義的邏輯化數列結構。

三、《洛書》陰陽變易之九宮模式

　　丁易東建構《陰陽變易成洛書圖》，透過天地之九數的依序

8　見丁易東《大衍索隱》，卷二，頁340。

9　見丁易東《大衍索隱》，卷二，頁341。

10 參丁易東《大衍索隱》，卷二，頁341。

排列，並以奇偶之數的移動，說明陰陽的變易以形成洛書九宮圖式。其圖式為圖 7-1-6 所示：

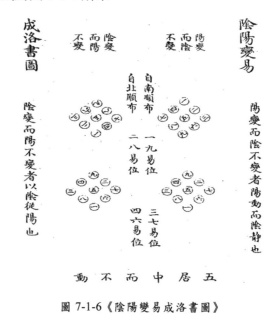

圖 7-1-6《陰陽變易成洛書圖》

丁氏說明云：

> 《河圖》以一二三四分而四方，六七八九隨而合之，其數則自然矣。《洛書》之數三四六七則皆相依，一二八九則不相從，毋乃强合十五之數乎？曰：此亦自然天成，非人力為之也，何者？自一至九順而布之，自南而北則一九三七之位必變易，而後合此陽變陰合、陽動陰靜之義也。自一至九順而布之，由北而南則二八四六之位亦必變易，而後合此陽為主而陰聽命、陰能從陽、陽不能從陰之義也。此分而言之也。若合而言之，則陰陽之位有互為變易之妙焉，此吾謂《河圖》為易之體，《洛書》為易之用者，蓋

　　一為「不易」之「易」，一為「變易」之「易」故也。[11]

　　《河圖》與《洛書》由天地之數的布列，其數值分布的結構是自然天成的，也就陰陽之氣的運動變化，為不假外力的自然狀態。《河圖》以陰陽之生氣布於四方，始於天一的北方之水，接著為地二的南方之火，再而為天三的東方之木，再而為地四的西方之金，天五居於中土之位；陰陽之成氣並隨而合之，即地六與天一相合，天七與地二相合，地八與天三相合，天九與地四相合，地十與天五相合。這樣的陰陽氣化結構，亦即數列之組合，是合乎自然之道。同樣的，《洛書》的數值布列也是透過陰陽的變易而產生。《洛書》九數由初始的天地之數的九數依序布列，進一步變化成為戴九履一、左三右七、二四為肩、六八為足的陰陽合為十五的數值結構；在此數值結構上，三與四、六與七彼此皆兩兩相依，一、二、八、九卻對望而不相隨從，如此的布列形勢，並非為了強合十五之數而作，而是順隨陰陽之數的自然變化形成。

　　《洛書》的形成，在於陰陽之數的自然變化，有其一定的變化模式，也就是說，陰陽的變易有其一定的規律；在數值的表現上，主要有兩種變化的結構與方式：其一、當九宮之數自南而北進行順布時，其陰陽變易為陽變而陰不變、陽動而陰靜的原則，其具體方式為將天地之數以有序的布列方式開展，進一步再行陰陽之變易，即一與九、三與七易位，以及二、四、六、八不變的布列方式；其二、當九宮之數自北而南順布時，為陰變而陽不變、陰動而陽靜的原則，且以二與八、四與六易位，以及一、三、七、九不變的方式實施。藉由此二種不同的方位與陰陽變易的方式，自然形成《洛書》的陰陽之布列模式。

---

11 圖式與引文，見丁易東《大衍索隱》，卷二，頁354。

　　另外，《洛書》在此陰陽變化之中形成，丁氏再一次強調《洛書》變化性之「變易」特色，並且對應到《河圖》，認為《河圖》的結構毋須透過數值（陰陽）的變化來形成，所以《河圖》具有「不易」之特質；在體用觀的理解上，《河圖》以其不易為「易之體」，《洛書》則專其變易之性為「易之用」，體用互攝，又與天地之數、大衍之數具體聯繫，而為宇宙自然的變化圖式。

第二節　大衍合《河圖》與《洛書》 之乘除變化圖式

　　數值的變化，乘與除有其密切的對應關係，丁易東認為「大凡巧歷布算，乘必有除，一乘者一度除之，再乘者兩度除之，《河圖》、《洛書》之數，各以再自乘而得，故必用再除而後得大衍之數」。[12]強調數值之變化運用，「乘」與「除」必相應對等運算，方能建構出合宜的邏輯演化關係，不管是《河圖》或《洛書》，二次乘法而得數，必再以二次除法而得其大衍之數；藉由天地之數的乘與除之數值變化運用，使《河圖》、《洛書》與大衍之數建立彼此聯繫的關係。

一、《河圖》之數自乘除與大衍四十九數之聯結

　　有關《河圖》之數自乘除與大衍四十九數的聯結關係，丁易東制作圖式如圖 7-2-1 與圖 7-2-2，並說明如下：[13]

12　見丁易東《大衍索隱》，卷二，頁 347。
13　圖式與說明見丁易東《大衍索隱》，卷二，頁 345-347。

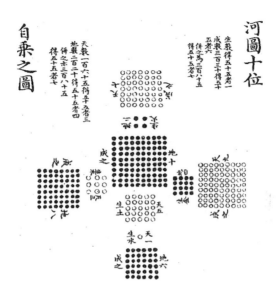

圖 7-2-1《河圖十位自乘之圖》

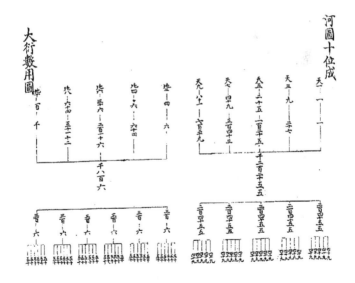

圖 7-2-2《河圖十位成大衍數用圖》

夫《河圖》之數十，而以五、六天地之中為本數，初乘得三百八十五為天數者，一百六十五為地數者，二百二十又以五十五各再乘之，天數得一千二百二十五，地數得一千八百；各分之而以天地五、六中數各兩度除之，則天數皆得四十九，地數皆得五十矣。

《河圖》十數的乘除運算，可以形成大衍五十與四十九用數。在圖 7-2-1《河圖十位自乘之圖》中，天地十數各自乘而布列於《河圖》十位之中，也就是十數各以其自數而平方得之：

天一生水居於北方：$1 \times 1 = 1^2 = 1$

地二生火居於南方：$2 \times 2 = 2^2 = 4$

天三生木居於東方：$3 \times 3 = 3^2 = 9$

地四生金居於西方：$4 \times 4 = 4^2 = 16$

天五生土居於中央：$5 \times 5 = 5^2 = 25$

地六成之（水）居於北方：$6 \times 6 = 6^2 = 36$

天七成之（火）居於南方：$7 \times 7 = 7^2 = 49$

地八成之（木）居於東方：$8 \times 8 = 8^2 = 64$

天九成之（金）居於西方：$9 \times 9 = 9^2 = 81$

地十成之（土）居於中央：$10 \times 10 = 10^2 = 100$

丁易東指出生數一至十之和為五十五，亦為天地之數之和，至於成數之和，則為天地之數自乘之和，亦即天地之數的平方和，並減去生數之和，即：

（1+4+9+16+25+36+49+64+81+100）-55=330

生數和五十五，自以五十五除之則為一（55÷55=1），成數三百三十以五十五除之則為六（330÷55=6）。丁氏又指出「天數一百六十五得五十五者三，地數二百二十得五十五者四，併之亦三百八十五，得五十五者七」。天數自乘之和為：

1+9+25+49+81=165

天數自乘之和以五十五除之則爲三（165÷55=3）。地數自乘之和爲：

4+16+36+64+100=220

地數自乘之和以五十五除之則爲四（220÷55=4）。天地自乘之數的總和爲一百六十五加上二百二十得三百八十五（165+220=385），以五十五除之則爲七（385÷55=7）。

圖 7-2-2《河圖十位成大衍數用圖》，進一步進行自乘除的數列推衍，以確立大衍之數與《河圖》的關係之具體存在。在天數方面，天數五個數三次之自乘，亦即天數的三次方，分別爲：

天一：$1 \times 1 \times 1 = 1^3 = 1$

天三：$3 \times 3 \times 3 = 3^3 = 27$

天五：$5 \times 5 \times 5 = 5^3 = 125$

天七：$7 \times 7 \times 7 = 7^3 = 343$

天九：$9 \times 9 \times 9 = 9^3 = 729$

天一＋天三＋天五＋天七＋天九＝1+27+125+343+729=1225，1225 再以天數之中數「五」除之，則每個天數爲二百四十五（1225÷5=245）；二百四十五再以五除之，則每個天數各有五個四十九數（245÷5=49）。從這樣的數值變化，可以看出天數與大衍所用四十九數，建立了數值的邏輯關係。

在地數方面，地數五個數三次之自乘，亦即地數的三次方，分別爲：

地二：$2 \times 2 \times 2 = 2^3 = 8$[14]

地四：$4 \times 4 \times 4 = 4^3 = 64$

---

14 《河圖十位成大衍數用圖》中作「六」爲誤，當爲「八」。

地六：6×6×6=6³=216

地八：8×8×8=8³=512[15]

地十：10×10×10=10³=1000

地二＋地四＋地六＋地八＋地十＝8+64+216+512+1000=1800，1800 再以地數之數中「六」除之，則每個地數爲三百（1800÷6=300），三百再以六除之，則每個地數各有六個五十數（300÷6=50）。在此數值變化上，可看出地數與大衍之數的五十數，建立數值的邏輯關係。

二、《洛書》之數自乘除與大衍五十數之聯結

有關《洛書》之數自乘除與大衍五十數的聯結關係，丁易東制作《洛書九位自乘之圖》與《洛書九位成大衍數用圖》（如圖7-2-3 與圖 7-2-4 所示），展現出《洛書》用數方式及其與《河圖》的差異：[16]

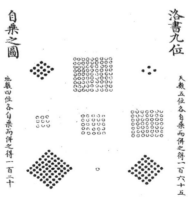

圖 7-2-3《洛書九位自乘之圖》

---

15 《河圖十位成大衍數用圖》中作「五十一十二」爲誤，當爲「五百一十二」。
16 圖式見丁易東《大衍索隱》，卷二，頁 345-347。

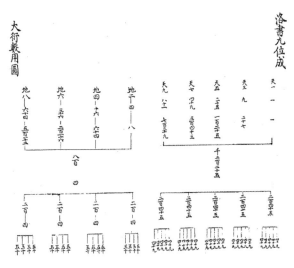

圖 7-2-4《洛書九位成大衍數用圖》

《洛書》之數九，雖五為天中，而六不為地中，故但以天之五位、地之四位為本數；天數初乘再乘之數與《河圖》同，而地數則與《河圖》異，何者？《河圖》地數有五，而《洛書》止四故也。地數初乘得一百二十，再自乘得八百，故以天數五位、地數四位各兩度而除，則天數亦各得四十九，而地數亦各得五十也。[17]

圖 7-2-3《洛書九位自乘之圖》中，天地十數中除了「十」之外的九個數各自乘而布列於「戴九履一，左三右七，二四為肩，六八為足，五為腹心」的圖式列位上，九個數各以其自數而平方得之：

天一處履一之位：$1 \times 1 = 1^2 = 1$

---

17 見丁易東《大衍索隱》，卷二，頁 347。

地二處右肩之位：2x2=2^2=4

天三處正左之位：3x3=3^2=9

地四處左肩之位：4x4=4^2=16

天五處腹心之位：5x5=5^2=25

地六處右足之位：6x6=6^2=36

天七處正右之位：7x7=7^2=49

地八處左足之位：8x8=8^2=64

天九處戴九之位：9x9=9^2=81

《洛書》天地之數的數值，「天數五位各自乘而併之得一百六十五」，即天數五位的平方和數爲一百六十五：

（1x1）+（3x3）+（5x5）+（7x7）+（9x9）=1^2+3^2+5^2+7^2+9^2=1+9+25+49+81=165

至於地數則僅爲四位，「地數四位各自乘而併之得一百二十」，即其平方和數爲一百二十：

（2×2）+（4×4）+（6×6）+（8×8）=$2^2$$4^2$+$6^2$+$8^2$=4+16+36+64=120

圖7-2-4《洛書九位成大衍數用圖》進行自乘除的數列推衍，確立大衍之數與《洛書》的關係之具體存在。同於《河圖》一般，在天數方面，天數五個數三次之自乘，亦即天數的三次方，分別爲：

天一：1x1x1=1^3=1

天三：3x3x3=3^3=27

天五：5x5x5=5^3=125

天七：7x7x7=7^3=343

天九：9x9x9=9^3=729

天數五數之總和爲一千二百二十五，即：

（1x1x1）+（3x3x3）+（5x5x5）+（7x7x7）+（9x9x9）=

1+27+125+343+729=1225

　　一千二百二十五再以天數五數之「五」除之，則每個天數爲
二百四十五（1225÷5=245）；二百四十五再以五除之，則每個天
數各有五個四十九數（245÷5=49）。從這樣的數值變化，可以看
出《洛書》天數與大衍所用四十九數，建立了數值的邏輯關係。

　　在《洛書》的地數方面，地數只有四個數，各自三次之自乘
分別爲：

　　地二：$2 \times 2 \times 2 = 2^3 = 8$

　　地四：$4 \times 4 \times 4 = 4^3 = 64$

　　地六：$6 \times 6 \times 6 = 6^3 = 216$

　　地八：$8 \times 8 \times 8 = 8^3 = 512$

地數四數之總和爲八百，即：

　　（2x2x2）+（4x4x4）+（6x6x6）+（8x8x8）=8+64+216+512=800

　　八百之數再以地數四位數之「四」除之，則每個地數爲二百
（800÷4=200），二百再以四除之，則每個地數各有四個五十數
（200÷4=50）。在此數值變化上，可看出《洛書》地數與大衍之
數的五十數，建立數值的邏輯關係。

　　《洛書》天地之數僅九位，不同於《河圖》有十位數，其相
異者在地數方面，《河圖》爲五位，《洛書》僅四位，故自乘總
和爲四位之和，其所除者，不同於《河圖》取其地位之中數「六」
除之，而是以其四位之數以除之，最終同於《河圖》得五十之數。

三、《洛書》乘除的變化之性

　　《河圖》與《洛書》性質上的差異，丁易東指出：

《易》之數以《河圖》為體，以《洛書》為用，體則一定而不易，用則萬變而不窮。惟其一定而不易，故衍之之數，雖不一而不能易其本體；惟其萬變而不窮，故衍之成大衍，而猶有餘用焉。此上二圖之作，皆所以明《洛書》之變也。其第一圖每宮為九，凡九九八十一位，一依《洛書》次序而布，縱橫各得三百六十九，對位皆得八十二，八十一而有餘，猶子雲《太元》之有畸、贏也。第二圖以先天八卦合九宮之位而布之，凡八九七十二，縱橫皆得八百七十六，九宮之數各得二百九十二，中合四宮數亦如之，每宮之數皆自左而右，自上而下，合先天圓圖之序，總九宮之數，則戴履、左右、肩足之象，無一不本於《洛書》。蓋一一為一，無可圖者，二二為四，縱橫不等，三三為九，乃可妙縱橫之布，而為變之始也。夫《洛書》之變，神妙如此，而世鮮知之，吾故列此二圖，右方以為通變之本。噫！子雲之《太元》，蔡氏之內篇，皆由《洛書》九數而出者，亦未嘗知此二圖之變也。學者能精思之，則《易》可擬《元》可續《疇》可衍，而《潛虛》、《洞極》不足為奇矣。[18]

賦予《河圖》與《洛書》在易學用數上的體用觀，認為《河圖》為體，而《洛書》為用，《河圖》以體為見，體性固定而不可改易，如同大衍以五十數為主體的無可異易之本質。至於《洛書》則為用，以其用而可以萬化無窮，丁易東藉由《洛書九數乘為八十一圖》與《九宮八卦綜成七十二數合洛書圖》二圖（如圖7-2-5 與圖 7-2-16 所示），展現《洛書》萬化之性。《洛書》以大衍之用，窮其變化之性，由二圖之數值變化，以示其所以然者。

---

18 見丁易東《大衍索隱》，卷二，頁 353-354。

（一）《洛書九數乘為八十一圖》[19]

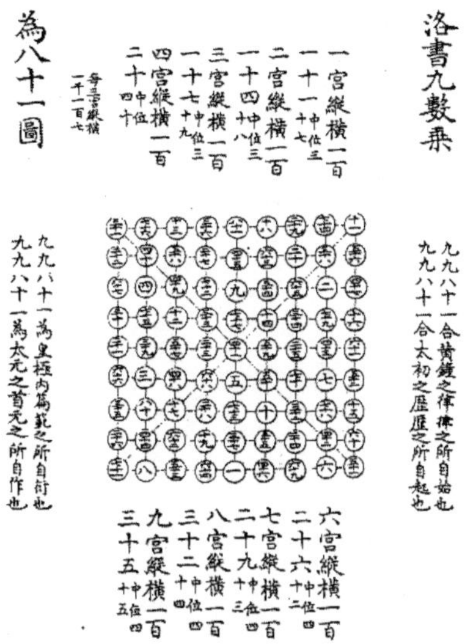

圖 7-2-5《洛書九數乘為八十一圖》

　　以《洛書》九數乘九為八十一數進行布列，依原本《洛書》九數區分為九個宮局，每一宮局各有九數，數字之次第仍依《洛書》之數列進行排序，一宮居北布列於下，《洛書》九數之「一」居此宮之正下，其上為「七十三」，左「三十七」右「三十五」，「二十八」與「十」為肩，「六十四」與「四十六」為足，中為「三十七」，其縱橫皆為一百一十一。二宮布列於右肩，中位為「三十八」，餘八位如圖示之數，而其縱橫之數皆為一百一十四。三宮布列於左，中位為「三十九」，餘八位如圖示之數，而其縱

19　圖見丁易東《大衍索隱》，卷二，頁353。該圖式中第五宮局左上之數字原作「三十三」為誤，當為「三十二」，第六宮局左上之數字原作「三十二」為誤，當為「三十三」。

橫之數皆為一百一十七。四宮布列於左肩，中位為「四十」，餘八位如圖示之數，而其縱橫之數皆為一百二十。五宮布列於中，中位為「四十一」，餘八位如圖示之數，而其縱橫之數皆為一百二十三。六宮布列於右足之位，中位為「四十二」，餘八位如圖示之數，而其縱橫之數皆為一百二十六。七宮布列於右，中位為「四十三」，餘八位如圖示之數，而其縱橫之數皆為一百二十九。八宮布列於左足之位，中位為「四十四」，餘八位如圖示之數，而其縱橫之數皆為一百三十二。九宮布列於上，中位為「四十五」，餘八位如圖示之數，而其縱橫之數皆為一百三十五。各九宮局之九數，每一個數與各宮局的相對位置之數，依《洛書》九數的次第成一的等差遞增，如九宮局的各自之中數，由「三十七」、「三十八」、「三十九」、……至「四十五」的次序列位。在此九中數中，「四十一」正為八十一位數之中，並處於圖式正中之位。其它各數之列位，亦同此中數之規則。

《洛書》之九宮，每一邊各三個位數，其排列所得縱橫和數皆為十五，即：（1+2+……+9）/3=15，這種數字方陣的排列，傳統的數學家稱之為「縱橫圖」，[20]《洛書》所呈現者，即為三階之縱橫圖。縱橫圖之縱橫和數，如四階縱橫圖的和數為：（1+2+……+16）/4=34；五階縱橫圖的和數為：（1+2+……+25）/5=65；六階縱橫圖的和數為：（1+2+……+36）/6=111。其它各階縱橫圖之縱橫和數之推算皆循此法，然數字多而煩瑣，故可以

---

20 南宋楊輝（約 1238-約 1298 年）是第一個對縱橫圖有深入探究的數學家，《續古摘奇算法》便有《縱橫圖》一節，並且首先說明洛書的作法，無非是「九子斜排，上下對易，左右相更，四維挺出」。其書中記載三階、四階以至九階等造陣方法，將方陣圖不斷推衍能得出多種不同排列圖樣。此縱橫圖，西方稱作幻方或魔方。杜勒（Dürer, 1471-1528）的版畫「憂鬱」（Melencolia I）即有四階之圖式呈現。

下列公式作爲運算之法：

$$C = \frac{n(n^2+1)}{2}$$

（C 爲縱橫之和數，n 爲階數）

《洛書》作爲三階之縱橫圖，其縱橫和數透過此公式之推法則爲：

$$[3 \times (3^2+1)] \div 2 = 15$$

至於丁氏《洛書九數乘爲八十一圖》所呈現者，亦屬縱橫圖之結構，每一邊有九個位數，屬九階縱橫圖，其縱橫和數爲其所謂「縱橫各得三百六十九」，以上述公式求之即：$[9 \times (9^2+1)] \div 2 = 369$；如圖式最右之縱線和數爲：

11+56+47+16+61+52+15+60+51=369

又如圖式最左之縱線和數爲：

31+22+67+30+21+66+35+26+71=369

又如圖式左下至右上的斜線和數爲：

71+44+17+68+41+14+65+38+11=369

任一縱線、橫線或斜線之和數皆爲三百六十九，所和之數爲九個數之總和，亦即九階縱橫圖之數值和。

《洛書九數乘爲八十一圖》即一般所說之九階縱橫圖，或言九次幻方（魔方）。拙自另制圖式如圖 7-2-6 所見。

31	76	13	36	81	18	29	74	11
22	40	58	27	45	63	20	38	56
67	4	49	72	9	54	65	2	47
30	75	12	32	77	14	34	79	16
21	39	57	23	41	59	25	43	61
66	3	48	68	5	50	70	7	52
35	80	17	28	73	10	33	78	15
26	44	62	19	37	55	24	42	60
71	8	53	64	1	46	69	6	51

圖 7-2-6《洛書》八十一數合九階縱橫圖

八十一數列，區分爲九個區組爲九宮，每個區組（宮）又分九宮，41 處九個區組之正中間，已如前述又爲八十一數之中數，其他各個區組之中數如圖中粗方框之數。每個區組之九數，數值由小而大，正爲《洛書》九數（三階縱橫圖）由 1 至 9 之處位。

八十一數的排列，由 1 至 81 數，依九個區組與九宮之位有序排入，以下制作排入圖式，分別以九個數依序排入，第一組由 1 至 9 等九個數字之排列，以九個區組爲九宮之次序依次排入，如圖 7-2-7 所示；第二組由 10 至 18 等九個數，同樣以九個區組爲九宮之次序排入，如圖 7-2-8 所示；第三組由 19 至 27 等九個數，亦同前法排入，如圖 7-2-9 所示；第四組由 28 至 36 等九個數，排列情形如圖 7-2-10 所示；第五組由 37 至 45 等九個數，如圖 7-2-11 所示；第六組由 46 至 54 等九個數，如圖 7-2-12 所示；第七組由 55 至 63 等九個數，如圖 7-2-13 所示；第八組由 64 至 72 等九個數，如圖 7-2-14 所示；第九組由 73 至 81 等九個數，如圖 7-2-15 所示。

	4			9			2	
	3			5			7	
	8			1			6	

圖 7-2-7《洛書》
八十一數填入（一）

		13			18			11
	4			9			2	
		12			14			16
	3			5			7	
		17			10			15
	8			1			6	

圖 7-2-8《洛書》
八十一數填入（二）

圖 7-2-9《洛書》

		13			18			11
22			27			20		
	4			9			2	
		12			14			16
21			23			25		
	3			5			7	
		17			10			15
26			19			24		
	8			1			6	

圖 7-2-9《洛書》
八十一數填入（三）

圖 7-2-41《洛書》

31		13	36		18	29		11
22			27			20		
	4			9			2	
30		12	32		14	34		16
21			23			25		
	3			5			7	
35		17	28		10	33		15
26			19			24		
	8			1			6	

圖 7-2-41《洛書》
八十一數填入（四）

圖 7-2-11《洛書》

31		13	36		18	29		11
22	40		27	45		20	38	
	4			9			2	
30		12	32		14	34		16
21	39		23	41		25	43	
	3			5			7	
35		17	28		10	33		15
26	44		19	37		24	42	
	8			1			6	

圖 7-2-11《洛書》
八十一數填入（五）

圖 7-2-12《洛書》

31		13	36		18	29		11
22	40		27	45		20	38	
	4	49		9	54		2	47
30		12	32		14	34		16
21	39		23	41		25	43	
	3	48		5	50		7	52
35		17	28		10	33		15
26	44		19	37		24	42	
	8	53		1	46		6	51

圖 7-2-12《洛書》
八十一數填入（六）

31		13	36		18	29		11
22	40	**58**	27	45	**63**	20	38	**56**
	4	49		9	54		2	47
30		12	32		14	34		16
21	39	**57**	23	41	**59**	25	43	**61**
	3	48		5	50		7	52
35		17	28		10	33		15
26	44	**62**	19	37	**55**	24	42	**60**
	8	53		1	46		6	51

圖 7-2-13《洛書》
八十一數填入（七）

31		13	36		18	29		11
22	40	58	27	45	63	20	38	56
67	4	49	**72**	9	54	**65**	2	47
30		12	32		14	34		16
21	39	57	23	41	59	25	43	61
66	3	48	**68**	5	50	**70**	7	52
35		17	28		10	33		15
26	44	62	19	37	55	24	42	60
71	8	53	**64**	1	46	**69**	6	51

圖 7-2-14《洛書》
八十一數填入（八）

31	**76**	13	36	**81**	18	29	**74**	11
22	40	58	27	45	63	20	38	56
67	4	49	72	9	54	65	2	47
30	**75**	12	32	**77**	14	34	**79**	16
21	39	57	23	41	59	25	43	61
66	3	48	68	5	50	70	7	52
35	**90**	17	28	**73**	10	33	**78**	15
26	44	62	19	37	55	24	42	60
71	8	53	64	1	46	69	6	51

圖 7-2-15《洛書》
八十一數填入（九）

　　數列結構上，丁氏也看出「對位皆得八十二」的數理邏輯關係，即對角相對應的二位之數，包括「七十一」與「十一」、「四十四」與「三十八」、「十七」與「六十五」、「六十八」與「十四」、「五十一」與「三十一」、「四十二」與「四十」、「三十三」與「四十九」、「五十」與「三十二」，其和各為八十二，此「八十一而有餘，猶子雲《太元》之有畸、贏也」，[21]認為《太

---

21 「太玄」避清聖祖康熙之「玄燁」名諱，故改稱「太元」。

玄》八十一首外增畸、嬴以合一年之時,而此圖對角數合八十二,
有如揚雄增用之義。另外,此布列八十一數有其特殊之意義,除
了表徵出《太玄》用八十一首的特殊認識外,也爲皇極用數之自
衍,在律呂與曆法的認識上,八十一「合黃鐘之律律之所自始」,
亦「合《太初曆》歷之所自起」,八十一數含有自然與時空規律的
概念,反映出特殊而神秘的性質,這也正是《洛書》變化之所在。

(二)《九宮八卦綜成七十二數合洛書圖》[22]

圖 7-2-16《九宮八卦綜成七十二數合洛書圖》,亦爲《洛書》
的另一變化布列。丁易東以《洛書》九宮局內含八卦之數,總爲
七十二數,七十二數分布於九宮之中,進行有次序的排列,每宮各
含八數,所含之八數,以八除之,取其餘數,則又各得八卦之數,
如此一來九宮各自獨立形成一個八卦字數所排列的八卦圖式結構。

圖 7-2-16《九宮八卦綜成七十二數合洛書圖》

22 見丁易東《大衍索隱》,卷二,頁 353。

《洛書》九數立九宮局，每一宮局由《洛書》本數周圍布列八數，丁易東指出「九宮坎一、坤二、震三、巽四、乾六、兌七、艮八、離九為後天。每宮乾一、兌二、離三、震四、巽五、坎六、艮七、坤八為先天」。[23]九宮布列之大格局為後天八卦之格局，而各宮的內在數字之變化，為先天八卦的布列變化。

各宮每一個數以八除之，取其餘數，適為八整除者，則餘數取八，可以得到每一宮局之餘數皆為一、二、三、四、五、六、七、八，而且此八餘數正為一至八數的八卦數之布列，尤其「一」宮局正為先天八卦布列之數，餘八宮局之八卦數值布列，亦在先天八卦的架構下進行變化。

首先看「一」宮局，其數列、餘數與卦序為：

圖 7-2-17《九宮八卦「一」宮圖》

$$1 \div 8 = 0 \cdots\cdots 1 \to 乾\ 1$$

$$18 \div 8 = 2 \cdots\cdots 2 \to 兌\ 2$$

$$19 \div 8 = 2 \cdots\cdots 3 \to 離\ 3$$

---

23 見圖 7-2-16《九宮八卦綜成七十二數合洛書圖》右下之文字說明。

36÷8＝4………4→震 4

37÷8＝4………5→巽 5

54÷8＝6………6→坎 6

55÷8＝6………7→艮 7

72÷8＝9………0→坤 8

可以得到八卦序列圖象：

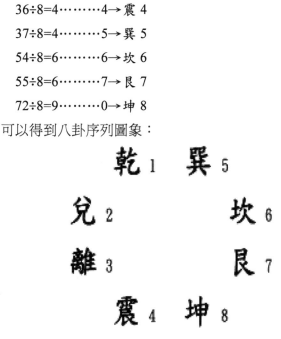

圖 7-2-18《「一」宮八卦序列圖》

　　先天八卦方位之數，乾一、兌二、離三、震四、巽五、坎六、艮七、坤八，由「一」宮局之餘數對照先天八卦方位數，形成上右圖式之八卦排列，同於邵雍（1011-1077 年）先天八卦方位之列位順序，依朱熹《周易本義》之說，「乾南，坤北，離東，坎西，震東北，兌東南，巽西南，艮西北。自震至乾爲順，自巽至坤爲逆」。[24]一宮局之八卦列位，雖未必全然同於邵子原說之列位，但序列及卦與卦的對應關係都完全一致，也就是說，是一個完整的八卦方位之布局。

24　見朱熹《周易本義‧圖說》，頁 18。

以「二」宮局言，其數列、餘數與卦序爲：

圖 7-2-19《九宮八卦「二」宮圖》

2÷8=0………2→兌 2

17÷8=2………1→乾 1

20÷8=2………4→震 4

35÷8=4………3→離 3

71÷8=8………7→艮 7

56÷8=7………0→坤 8

53÷8=6………5→巽 5

38÷8=4………6→坎 6

可以得到八卦序列圖象：

圖 7-2-20《「二」宮八卦序列圖》

　　此宮局之八卦列位，與「一」宮局之差異，在於乾與兌、離與震、巽與坎、艮與坤兩兩位置之互換，雖與先天八卦不合，但卦與卦的對應仍是一致的，即乾與坤、艮與兌、坎與離、震與巽的對應關係，同於先天八卦之說。

　　又以「三」宮局言，其數列、餘數與卦序為：

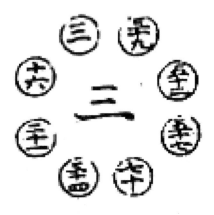

圖 7-2-21《九宮八卦「三」宮圖》

3÷8=0‧‧‧‧‧‧‧‧3→離 3

16÷8=2‧‧‧‧‧‧‧‧0→坤 8

21÷8=2‧‧‧‧‧‧‧5→巽 5

34÷8=4‧‧‧‧‧‧‧2→兌 2

70÷8=8‧‧‧‧‧‧‧6→坎 6

57÷8=7‧‧‧‧‧‧‧1→乾 1

52÷8=6‧‧‧‧‧‧‧4→震 4

39÷8=4‧‧‧‧‧‧‧7→艮 7

可以得到八卦序列圖象:

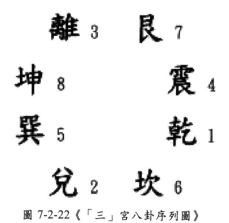

圖 7-2-22《「三」宮八卦序列圖》

此宮局之八卦列位,雖與先天八卦不合,但八卦的兩兩對應關係仍是一致的。

再看「四」宮局,其數列、餘數與卦序為:

圖 7-2-23《九宮八卦「四」宮圖》

4÷8=0………4→震 4

15÷8=1………7→艮 7

22÷8=2………6→坎 6

33÷8=4………1→乾 1

69÷8=8………5→巽 5

58÷8=7………2→兌 2

51÷8=6………3→離 3

40÷8=5………0→坤 8

可以得到八卦序列圖象：

震 4　　坤 8

艮 7　　　　離 3

坎 6　　　兌 2

乾 1　巽 5

圖 7-2-24《「四」宮八卦序列圖》

同樣的，此宮局之八卦列位，雖與先天八卦不合，但八卦的兩兩對應關係仍是一致的。

再看「五」宮局，其數列、餘數與卦序爲：

圖 7-2-25《九宮八卦「五」宮圖》

5÷8＝0⋯⋯⋯5→巽 5

14÷8＝1⋯⋯⋯6→坎 6

23÷8＝2⋯⋯⋯7→艮 7

32÷8＝4⋯⋯⋯0→坤 8

68÷8＝8⋯⋯⋯4→震 4

59÷8＝7⋯⋯⋯3→離 3

50÷8＝6⋯⋯⋯2→兌 2

41÷8＝5⋯⋯⋯1→乾 1

可以得到八卦序列圖象：

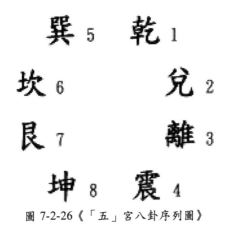

圖 7-2-26《「五」宮八卦序列圖》

此宮局之八卦列位，與先天八卦方位適爲相反，八卦之序列仍可視爲先天八卦之方位序，而八卦的兩兩對應關係亦爲一致。

再看「六」宮局，其數列、餘數與卦序爲：

圖 7-2-27《九宮八卦「六」宮圖》

$6 \div 8 = 0 \cdots\cdots 6 \rightarrow 坎\ 6$

$13 \div 8 = 1 \cdots\cdots 5 \rightarrow 巽\ 5$

$24 \div 8 = 3 \cdots\cdots 0 \rightarrow 坤\ 8$

$31 \div 8 = 3 \cdots \cdots 7 \rightarrow$ 艮 7

$67 \div 8 = 8 \cdots \cdots 3 \rightarrow$ 離 3

$60 \div 8 = 7 \cdots \cdots 4 \rightarrow$ 震 4

$49 \div 8 = 6 \cdots \cdots 1 \rightarrow$ 乾 1

$42 \div 8 = 5 \cdots \cdots 2 \rightarrow$ 兌 2

可以得到八卦序列圖象：

坎 6　　兌 2

巽 5　　　　　乾 1

坤 8　　　　　震 4

艮 7　離 3

圖 7-2-28《「六」宮八卦序列圖》

　　此宮局之八卦列位，雖與先天八卦不合，但八卦的兩兩對應
關係仍是一致的。

　　再看「七」宮局，其數列、餘數與卦序為：

圖 7-2-29《九宮八卦「七」宮圖》

7÷8=0‥‥‥‥7→艮 7

12÷8=1‥‥‥‥4→震 4

25÷8=3‥‥‥‥1→乾 1

30÷8=3‥‥‥‥6→坎 6

66÷8=8‥‥‥‥2→兌 2

61÷8=7‥‥‥‥5→巽 5

48÷8=6‥‥‥‥0→坤 8

43÷8=5‥‥‥‥3→離 3

可以得到八卦序列圖象：

圖 7-2-30《「七」宮八卦序列圖》

　　此宮局之八卦列位，雖與先天八卦不合，但八卦的兩兩對應關係亦為一致。

　　再看「八」宮局，其數列、餘數與卦序為：

圖 7-2-31《九宮八卦「八」宮圖》

8÷8=1·········0→坤 8

11÷8=1·········3→離 3

26÷8=3·········2→兌 2

29÷8=3·········5→巽 5

65÷8=8·········1→乾 1

62÷8=7·········6→坎 6

47÷8=5·········7→艮 7

44÷8=5·········4→震 4

可以得到八卦序列圖象：

坤 8　　震 4

離 3　　　　艮 7

兌 2　　　　坎 6

巽 5　乾 1

圖 7-2-32《「八」宮八卦序列圖》

此宮局之八卦列位，雖與先天八卦不合，但八卦的兩兩對應關係亦為一致。

最後看「九」宮局，其數列、餘數與卦序為：

圖 7-2-33《九宮八卦「九」宮圖》

9÷8=1⋯⋯⋯1→乾 1

10÷8=1⋯⋯⋯2→兌 2

27÷8=3⋯⋯⋯3→離 3

28÷8=3⋯⋯⋯4→震 4

64÷8=8⋯⋯⋯0→坤 8

63÷8=7⋯⋯⋯7→艮 7

46÷8=5⋯⋯⋯6→坎 6

45÷8=5⋯⋯⋯5→巽 5

可以得到八卦序列圖象：

乾 1　　巽 5

兌 2　　　　坎 6

離 3　　　　艮 7

震 4　坤 8

圖 7-2-34《「九」宮八卦序列圖》

此宮局之八卦列位，同「一」宮局而與先天八卦之方位相合，且八卦的兩兩對應關係也一致。

九宮局所形成的八數之餘數皆不相同，也就是九宮局之餘數皆爲一至八，代表著八卦之數。八數布列於一宮局，八數象徵八卦，七十二位數布列之順序，由一而二、三、四、五、六、七、八、九之依循九宮局順向次序布列；再由「十」同於「九」布列於第九宮局，「十一」同於「八」布列於八宮局，依次至「十八」以逆向次序布列，再由「十九」至「二十七」爲順向次序布列；「二十八」至「三十六」爲逆向次序布列；「三十七」至「四十五」爲順向次序布列；「四十六」至「五十四」爲逆向次序布列；「五十五」至「六十三」爲順向次序布列；「六十四」至「七十二」爲逆向次序布列。九宮局七十二數的建構，爲循環九數的順逆次序之規則進行布列，並使先天八卦在九宮局中展現出不同的變化圖式。

九宮八卦之圖式，丁易東明白指出「每宮二百九十二，中合

四宮亦各二百九十二」。[25]九宮之每宮合數，爲二百九十二：

「一」宮：1+18+19+36+37+54+55+72=292

「二」宮：2+17+20+35+38+53+56+71=292

「三」宮：3+16+21+34+39+52+57+70=292

「四」宮：4+15+22+33+40+51+58+69=292

「五」宮：5+14+23+32+41+50+59+68=292

「六」宮：6+13+24+31+42+49+60+67=292

「七」宮：7+12+25+30+43+48+61+66=292

「八」宮：8+11+26+29+44+47+62+65=292

「九」宮：9+10+27+28+45+46+63+64=292

從上列九宮數列，可以明顯看到其井然的數值次序，從縱線觀之，由上而下爲 1 而 9，再由下而上爲 10 至 18，再上而下、下而上的一致次第，最後縱列爲 64 至 72。除了九宮各自合數爲二百九十二外，中合之四宮，如圖 7-2-35 所示，各宮之合數，亦爲二百九十二：

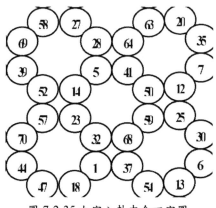

圖 7-2-35 九宮八卦中合四宮圖

25　見圖 7-2-16《九宮八卦綜成七十二數合洛書圖》左下之文字說明。

$$1+18+23+32+44+47+57+70=292$$

$$5+14+27+28+39+52+58+69=292$$

$$6+13+25+30+37+54+59+68=292$$

$$7+12+20+35+41+50+63+64=292$$

另外，丁易東亦指出九宮之「縱橫八百七十六」，[26]即：

「一」、「五」、「九」宮合數為：292+292+292=876

「三」、「五」、「七」宮合數為：292+292+292=876

「四」、「五」、「六」宮合數為：292+292+292=876

「二」、「五」、「八」宮合數為：292+292+292=876

九宮各宮之合數為 292，此合數即 1 至 72 數之總合除以 9（即九宮），亦即總合的九分之一，即為每宮之數（292），其數學式為：

$$（1+2+3+4+……+72）÷9=（1+73）×72/2×1/9=73×4=292$$

此外，在丁易東此一九宮八卦七十二數的圖式結構中，尚可發現每一宮的左斜上二數之合皆為 19，即合十九年為為一章、十九年閏七月之數值概念：

$$1+18=2+17=3+16=4+15=5+14=6+13=7+12=8+11=9+10=19$$

又每宮的左斜下二數之合皆為 55，正合天地之數五十五：

$$19+36=20+35=21+34=22+33=23+32=24+31=25+30=26+29=$$
$$27+28=55$$

因此，丁易東此一圖式，有極豐富的數值變化意涵可供探索，尤其在數學函數排列組合的數值運用上，可以抽繹出神秘數字符號背後的高度數學之邏輯性意義。

---

26 見圖 7-2-16《九宮八卦綜成七十二數合洛書圖》左下之文字說明。

第三節　五正位確立《河圖》與

《洛書》以四十九數爲用

有關《河圖》、《洛書》衍數的問題，丁易東指出：

> 《河圖》、《洛書》乘而爲圖，天數皆得四十有九，地數皆得五十，何以見其用四十九而不用五十也？曰：以五正位而知之也。[27]

已如前述，丁易東構制包括《河圖十位自乘之圖》、《河圖十位成大衍數用圖》、《洛書九位自乘之圖》、《洛書九位成大衍數用圖》等相關圖式，強調《河圖》與《洛書》自乘除的變化，皆能夠得到天數爲四十九，地數爲五十，但是真正所用之數爲四十九，其緣由從以四方及中央之位等五個正位的數值布局，可以證成明曉。

一、《河圖》五位用四十九數

丁易東建構《河圖五位用生成相配圖》與《河圖五十五數乘爲四十九圖》二圖式，藉以說明《河圖》以五位之數確立其採四十九數爲用的必然性，並論證大衍以四十九數爲用的不變法則。其二圖式即圖 7-3-1 與圖 7-3-2 所示。[28]

27　見丁易東《大衍索衍》，卷二，頁 349。

28　二圖見丁易東《大衍索衍》，卷二，頁 348。

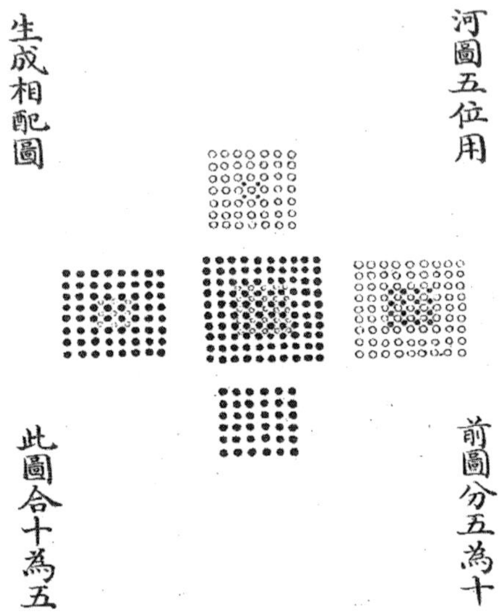

生成相配圖　　　　　河圖五位用

此圖合十為五　　　　前圖分五為十

圖 7-3-1《河圖五位用生成相配圖》

乘為四十九圖　　　　河圖五十五數

圖 7-3-2《河圖五十五數乘為四十九圖》

丁氏並設問自答以進行說明，云：

> 《河圖》五正位共得十數，《洛書》五正位止得五數，何
> 以見俱用四十九也？曰：《河圖》本數各自乘而併之，得
> 三百八十五，則為五十五者七，是《河圖》之本數一，而
> 乘數七也。今置三百八十五數以七除之，既得五十五，復
> 以七乘之，則得二千六百九十有五焉，二千六百九十有五
> 者，五十五之四十九也，是四十九數亦已具於《河圖》五
> 位之中矣。前圖天地數分，故各乘而各除之，此圖以成數
> 而包生數於中，止成五位，則陰皆從陽，但見其四十九而
> 不見其五十矣。[29]

以五正之位的布局作為前提，並指出《河圖》五位列十數，
《洛書》五位僅列五數，但最後都能展現以四十九數為用的原則。
他認為《河圖》四方合中之位，每一位皆以天地生成之數相配，
即《河圖》原始圖式的十數之布局方式，十個本數自乘而配於五位，
即圖 7-3-1《河圖五位用生成相配圖》所見。一至十數合而得天地之
數五十五，十數自乘得：一、四、九、十六、二十五、三十六、
四十九、六十四、八十一、一百，本數自乘之合則為前此十數之
合，即得三百八十五（1+4+9+16+25+36+49+64+81+100=385），
掛其一即三百八十四，為六十四卦之爻數。三百八十五以五十五
除之得七，也就是三百八十五等同於七個五十五，同樣的，三百
八十五以七除之得五十五，五十五為天地之數合數之本數；因為
「七」之數得以成三百八十五數，故乘七之數為其變化之用，「七」
數並為十九歲七閏之數。以三百八十五乘七，得二千六百九十五
數，再以本數五十五除之，則得四十九數，因此，四十九具於五

29　見丁易東《大衍索衍》，卷二，頁 349。

十五之中，此四十九爲五十五之四十九，亦即天地之數的合數之所用者。

　　丁氏《河圖五十五數乘爲四十九圖》（見圖 7-3-2）亦在表明此義，此圖再一次強調「生成之數未配以前得十位，而天數藏四十九，地數藏五十，是二者並用也」，天地生成之數分立未配以十位各立，天數所藏爲四十九數，地數則爲五十，十位並立，二數是並用的。但是，「既配之後，止成五位，則純用四十九，而不用五十矣」。[30] 天地之數彼此相配之後，只成陰陽相配相得的五位，即《河圖》之配位，此時陰陽相合，以陽爲用，陰順於陽，故只用四十九而不用五十，這樣的五位用四十九數之規範，即由上述之數值變化可以確認。

二、《洛書》五位用四十九數

　　《洛書》同《河圖》皆以四十九數爲用，也同以五正位進行論證，只不過《洛書》五正位之用數與《河圖》不同，以天數五數進行布局，丁氏建構《洛書五位用天數圖》與《洛書天數二十五乘爲四十九圖》二圖，說明四十九用數的必然性。其圖式即圖 7-3-3 與圖 7-3-4 所示。其說明云：

30　見丁易東《河圖五十五數乘爲四十九圖》圖式內之文字說明。

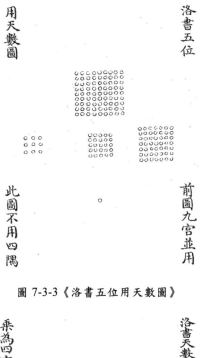

圖 7-3-3《洛書五位用天數圖》

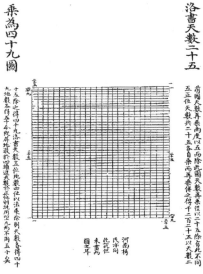

圖 7-3-4《洛書天數二十五乘為四十九圖》

若《洛書》則退地數於四維，而正位之中止有天數，故以天數各再自乘，而復以本數二十五者除之，則亦得二十五之四十九焉。《河圖》五位生成之數五十五，而為四十九者亦五十五；《洛書》五位天數二十五，而為四十九者亦二十五，此乃自然而然者也。[31]

《洛書》九數，其地數居於四維之位，而天數五個本數（一、三、五、七、九）處五正之位，也就是《洛書》五正位以天數為用，天數五數自乘，其五正位之布列即圖 7-3-3《洛書五位用天數圖》所示，北方為一乘一得一，南方為九乘九得八十一，東方為三乘三得九，西方為七乘七得四十九，中央為五乘五得二十五，此數值既天數（陽數）為用，則數值變化推衍，亦當以四十九數為用，而不用五十陰數。圖 7-3-4《洛書天數二十五乘為四十九圖》即說明《洛書》以四十九為用的必然性。丁氏指出「五正位天數共二十五，各自乘而再乘，併之得千二百二十五，以天數二十五除之，得四十九」。[32]五正位布列五個天數之本數，合為二十五，各自乘而再乘，即各自以立方之數呈現，包括一（1^3）、二十七（3^3）、一百二十五（5^3）、三百四十三（7^3）、七百二十九（9^3），五個立方數合為一千二百二十五，一千二百二十五以天數之本數除之，則得四十九用數。

《河圖》五正位合天地之數為五十五，已如前述，五十五數各以四十九為用，至若《洛書》五正位之布列，天數列位之合為二十五，天數自乘再乘得一千二百二十五，以二十五除之，同樣得到四十九數。因此，《洛書》透過五正位之五個天數合與五個天數的乘積合，進行數值衍化推算（除法），可以得到二十五天

---

31 圖式與說明，見丁易東《大衍索隱》，卷二，頁 348-349。
32 見丁易東《洛書天數二十五乘為四十九圖》圖式內之文字說明。

數各含有四十九；《洛書》所建構的自然之數的陰陽布列關係，以陽數爲用，即以四十九爲用，而《河圖》於五正位中構築天地十數，合爲五十五，亦同以四十九爲用。四十九用數爲自然之用數，俱存於《河圖》與《洛書》之中，自然的一切衍化，皆可以四十九用數確立其存在實況。

　　《河圖》與《洛書》之大衍推數，主要有兩種取向，一種爲前文已論釋之《河圖》與《洛書》本數的自乘除之數值變化，皆得地數以五十爲體、天數以四十九爲用之數值定則；另一種爲以五正位爲基準，《河圖》與《洛書》同樣得到以四十九用，而五十之數不可得而用之，證成以四十九作爲衍數運用之數，從四十九數的本身看來，對應五十數，四十九正表現出陽數之性，以陽爲用、以陽爲主的動能表現。《河圖》以四十九爲用，對應的是五正位下的天地合數之五十五之聯繫而形成者，具有陰陽並成以用四十九之性質，而《洛書》則以天數二十五聯結四十九之用，反映出陽用、陽動、以陽爲主的本質。

第四節　《河圖》、《洛書》與先後天及《洪範》之聯繫

　　丁易東強調八卦（伏羲的先天八卦）的形成與《九疇》之法的建立，與《河圖》和《洛書》有密切的關聯性，制作《先天圖合大衍數五十用四十九圖》與《洪範合大衍數五十用四十九圖》（見圖 7-4-1 與圖 7-4-2 所示），[33]透過大衍數值的運用，說明彼此關係的確立。

33　二圖式如下，引自丁易東《大衍索隱》，卷二，頁 350。

丁易東建構此二圖式特別提到，「伏羲則《河圖》以畫八卦，而實與《洛書》相表裏，大禹則《洛書》以敘《九疇》，而實與《河圖》相貫通，一而二，二而一者也」。[34]指出伏羲根據《河圖》而畫八卦，確立了《河圖》與八卦形成的必然關係，同時認為《河圖》及所構成的八卦與《洛書》彼此相互表裏，互為輝映。又指出大禹根據《洛書》而論敘《九疇》，即《洛書》九數合《九疇》之說，並且認為此《洛書》及《九疇》又與《河圖》相互貫通，是一分為二，二而合一的關係。如此的關係確立，與形成的認識，主要依準於天地之數與大衍五十與四十九用數的數值變化概念。

一、《河圖》、《洛書》與先後天的關係

丁易東以天地之數及大衍之數，推布《河圖》與《洛書》，並與先後天八卦方位進行聯結。

（一）《洛書》與先天八卦及《洪範》相繫

《洛書》九數之布列，丁易東特別強調，「以先天八卦、《洪範九疇》之合大衍者，列之而《洛書》之變終焉」。[35]《洛書》與「先天八卦」或《洪範九疇》具有直接的關聯性，二者又是大衍之數之用，此亦皆天地之數之用，故「天地之數，無所不通，無往不合」。[36]

丁易東肯定「先天八卦」與《洪範九疇》皆合於大衍之數，

---

34 見丁易東《大衍索隱》，卷二，頁350。
35 見丁易東《大衍索隱》，卷二，頁337。
36 見丁易東《大衍索隱》，卷二，頁337。

並且又與《洛書》之變相合，除了肯定大衍之數與《洛書》的密切關係外，也肯定北宋以來的先天八卦之說與《洪範九疇》的傳統根據，有其不可分割的聯繫關係。也就是說，在大衍之數的推衍下，前諸數值之運用，具有相似質性的相近系統之數值結構。

（二）《河圖》與後天八卦相合

　　《河圖》五十之數，與大衍之數建立必然的聯結關係，而大衍之數的本質，又爲天地之數所推布，則丁易東又特別強調《河圖》與天地之數的關係，認爲「天一至地十，此《河圖》數也」。「凡天地之數五十有五者，合天一至地十積之，共得五十有五，此《河圖》之數，所以成變化而行鬼神者也。蓋天地之變化，鬼神之屈伸，皆不出乎《河圖》之數也」」。[37]肯定天地之數即《河圖》之數，強化《河圖》的優位性，以《河圖》之數爲天地自然變化的主體，一切的變化皆由《河圖》所共構出的天地之數來形成。《河圖》之數爲一至十之「十」個數，則其理解的《洛書》之數當爲「九」數，這種《河》十《洛》九的數說，已如前述，即根本於朱熹的說法。天地之數，其天數五爲一、三、五、七、九，其地數五爲二、四、六、八、十，積得五十五。天地之數各爲五位，彼此聯結而有相得與相合。其相得者，爲天一與地二相得，天三與地四相得，天五與地六相得，天七與地八相得，天九與地十相得。彼此相合的結構，即《河圖》數列結構。在這樣的數列結構下，《河圖》具有反映天地變化與鬼神屈伸的特性，爲一切變化一切存在的宇宙自然變化圖式的展現。

　　《河圖》布列的天地之數方位結構，同於後天八卦方位之結

---

37 見丁易東《周易象義》，卷十四，頁730-731。

構，丁易東云：

> 後天八卦方位，蓋本《河圖》之數。《河圖》一六居北而
> 為水，坎之位也；二七居南而為火，離之位也；三八居東
> 而為木，震之位也；四九居西而為金，兌之位也。坤艮為
> 土，以其生者言之，火生土，土生金，而土在火金之間，
> 故坤居西南也。以其剋者言之，則木剋土，土剋水，而土
> 在水木之間，故艮居東北焉。然坤艮皆土，而坤西南、艮
> 東北者，坤為陰土，而西南陰方也，艮為陽土，而東北陽
> 方也。乾為金，巽為木，金能生水，故乾先乎坎而居西北，
> 木能生火，故巽先乎離而居東南。然乾兌皆金，而兌正西、
> 乾西北者，蓋兌為陰金，亦為陰以陰居陰，則得其正位也。
> 震巽皆為木，而震正東，巽東南者，蓋震為陽木，亦為陽
> 以陽居陽，則得其正位也。[38]

《河圖》十數結合五行之布列，並與四正四隅之卦進行聯結，
則一六居北為水，處坎卦之位；二七居南為火，處離卦之位；三
八居東為木，處震卦之位；四九居西為金，處兌卦之位。坤艮為
土，從五行相生而言，土在火金之間，則坤居西南；從相剋的關
係言，土在水木之間，則艮居東北。坤艮同為土性，坤為陰土，
艮為陽土。乾金生水，則乾先於坎而居西北之位；巽木生火，則
巽先於離而居東南之位。乾兌皆金，乾為陽金，兌為陰金。震巽
皆木，震為陽木，巽為陰木。《河圖》數列配五行，結合八卦處
位，合於傳統的四正四隅之位，也是宋儒所說的後天八卦方位或
文王八卦方位。

---

38 見丁易東《周易象義》，卷十六，頁 767-768。

二、先天八卦圖說合大衍之數

丁易東延續邵雍的先天八卦圖說，以《先天圖》所立之先天八卦，為伏羲所畫，此先天八卦圖式與《河圖》、《洛書》相互聯繫，可以藉由大衍之數的數值變化進行確立，建構《先天圖合大衍數五十用四十九圖》，其圖式見圖 7-4-1。說明云：

圖 7-4-1《先天圖合大衍數五十用四十九圖》

先天八卦自兩儀而四象，自四象而八卦，得數四十有九，若併太極數之，則得五十數焉，故所虛之一，是為太極，實兩儀、四象、八卦之所由生也。[39]

---

39 見丁易東《大衍索隱》，卷二，頁 350。

　　丁易東確立邵雍的先天八卦方位爲太極生化系統下的分立結果，形成乾與坤、艮與兌、震與巽、坎與離彼此方位相對，即合於《說卦傳》所說的「天地定位，山澤通氣，雷風相薄，水火不相射」之對應關係。於此，丁氏特別強調先天圖式之用數合於大衍數五十用四十九的概念，指出「大衍之數五十，則太極之位居中，故曰易有太極」。「太極居中不可以數名，陽一陰二得三；老陽一、少陰二、少陽三、太陰四，得十；乾一、兌二、離三、震四、巽五、坎六、艮七、坤八，得三十六；合之爲四十九，若以居中之太極，足之則得五十」。[40]太極的生次變化，其居中之位正爲太極，其數爲一，象徵一切的根源，以其雖爲一，卻如老子所言之「道」，不可名狀，不可言數，故以「虛一」稱之。「太極生兩儀」，即太極爲一，分而爲二，一陽而二陰，陰陽合數爲三。

　　「兩儀生四象」，即生老陽、少陰、少陽、太陰，其數爲一、二、三、四，合而爲十。「四象生八卦」，即生乾、兌、離、震、巽、坎、艮、坤等八卦，其數由一而至八，合而爲三十六數。因此，由太極而八卦之形成，其總合之數爲一（太極）合三（兩儀）合十（四象）合三十六（八卦），即五十之數，此太極生化系統下的先天八卦方位圖式之總合之數，同於大衍五十之數，且太極居中以其不可名不可數，代表一切存在的本源，故所用者爲四十九，與大衍用數相合。丁易東此圖說明先天圖式與大衍之數決然相合，同時此一圖式也藉由數字的邏輯推衍，明白的展現出太極生化所聯繫出的先天八卦之宇宙圖式。

　　丁氏又再進一步強調，「大衍之用四十九，則太極之位本虛，故曰無極而太極」。[41]大衍所用四十九外之「一」數，雖處於中，

40　見圖 7-4-1 中之文字說明。
41　見圖 7-4-1 中之文字說明。

卻爲虛位，以其爲虛，故能含括萬有，能爲一切之根本；其性無可名狀，無見其形，則且稱「無極」；無極即表述太極之形象之本質，既不能以有形而可見，卻又能爲創生萬有的真實存在，既無形而實有，則周敦頤姑且以「無極而太極」稱之。

此外，對於四象的數值形象，丁氏認爲「太陽居一而含九，餘三位得九；少陰居二而含八，餘三位得八；少陽居三而含七，餘三位得七；太陰居四而含六，餘三位得六」。[42]四象合一、二、三、四等四數爲十，每一象數含其餘三象之數，則太陽居一含二、三、四等三數之合爲九，少陰居二含一、三、四等三數之合爲八，少陽居三含一、二、四等三數之合爲七，太陰居四含一、二、三等三數之合爲六；九、八、七、六正爲太陽、少陰、少陽、太陰之筮數，亦即大衍筮法求筮之數。五十以四十九爲用，所求者爲太陽、少陰、少陽、太陰之數，四象之數，也正以之進一步推定八卦乃至六十四而定其吉凶者。此數值之運用，與先天圖式之用數有其內在的可聯結性；大衍筮法以五十用四十九之運式，成爲能夠展示吉凶休咎的具有超驗存在之意義，先天用數不悖其值，故自然爲大衍數所牢籠。

三、《洪範》合大衍之數說

《洛書》以九數爲用，已如前述，不離大衍數五十用四十九的變化之本質，《洛書》又合《洪範》之旨，則《洪範》亦與大衍數五十用四十九之概念相即，丁易東作《洪範合大衍數五十用四十九圖》正表達這樣的意義。其圖式即圖 7-4-2 所示。說明云：

42 見圖 7-4-1 中之文字說明。

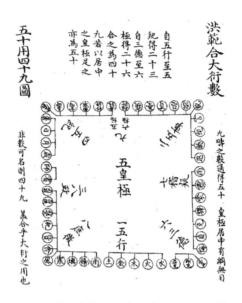

圖 7-4-2《洪範合大衍數五十用四十九圖》

　　《洪範》自五行而五紀，自三德而六極，得數四十有九；
若併皇極數之，則得五十數焉，故所虛之一是為皇極，實
五行至五紀、三德至六極、八疇之所由統也。曰先天虛一，
而為太極洪範虛一，而為皇極世亦有言之者矣。子之說毋
乃出於彼耶？曰：彼知太極之為虛一者，不知皇極之為虛
一；知皇極之為虛一者，不知太極之為虛一。吾之取此，
於以見大衍之數無所不通云耳，豈彼所得專哉！[43]

　　《洛書》之數值變化與大衍之數相合，而《洛書》之九數，
丁易東依循傳統的說法，認爲本諸《尚書‧洪範》所言者。《尚
書》提到「天乃錫禹洪範九疇，彝倫攸敘。初一曰五行，次二曰

敬用五事，次三曰農用八政，次四曰協用五紀，次五曰建用皇極，次六曰乂用三德，次七曰明用稽疑，次八曰念用庶徵，次九曰向用五福，威用六極」。[44]記載天賜與禹以洛出書爲《洪範九疇》，見神龜負文而出，其背有九數，禹以其常道成九類以敘其次，爲聖王治世之道。其一爲水、火、木、金、土等五行，求其五行和順適性。二爲敬用在身的五種行事，即貌、言、視、聽、思；五事敬用，則容儀恭敬，內心敬肅；言合其正，使天下可從；目見清審，照明世事；聽而能聰，朗知是非，爲謀必當；思微能夠通於明睿，萬物可成。三爲厚用政教於民的八政，即食、貨、祀、司空、司徒、司寇、賓、師；教導百姓勤於農食，善用貨資，敬祀鬼神，安住居所，合於禮義，守法防奸，善待賓客，立師防寇。四爲和天時以正用五紀，即正用歲、月、日、星辰、歷數之法。五爲施用大中的「九疇」之道。六爲君用三德之道，即正直、剛克、柔克；正人之曲直，剛強以立事，和柔而順治。七爲明用考疑七法，即雨、霽、蒙、驛、克、貞、悔；知其卜筮諸兆與貞悔卦象，以定其吉凶，考正疑事。八爲眾驗之法，即雨、暘、燠、寒、風、時；驗之諸象，明其時變，以應自然之造化，故「時」不列爲其法之一，定用前諸五法，丁氏亦以此爲用。九爲蒙得福祐五事與窮極六惡之事；其「五福」者，即壽、富、康寧、攸好德、考終命，得其長壽，富其家財，安康無病，性向懿德，終命不夭；其「六極」者，即凶短折、疾、憂、貧、惡、弱；窮曉遇凶橫夭、常抱疾病、憂愁煩惱、財貨困乏、形貌醜陋、志力消弱等六惡之事。丁氏將此《九疇》如圖 7-4-2 所見，布列於九宮之位，認爲「九疇之數通得五十，皇極居中有綱無目，非數可名，

---

44 見《尚書・洪範》，臺北：藝文印書館十三經注疏本第 1 冊，1997 年 8 月初版 13 刷，頁 16。

則四十九蓋合乎大衍之用也」。[45]其法合數爲五十，即大衍之數，五位皇極爲「虛一」之位，同於五十不用之數的太極之概念，所用四十九數，則去皇極「一」數。

丁氏解釋《洪範九疇》同於大衍之數，指出以五行爲始，終於五福、六極，得數爲四十九，指出「自五行至五紀得二十三，自三德至六極得二十六，合之爲四十九，若以居中之皇極足之，亦爲五十」。[46]從「一」位之五行到「四」位之五紀，順時針而行，即五行合五庶徵之法、合八政、合五紀，得二十三數；又從「六」位三德到「九」位五福、六極，逆行針而行，即三德合七稽疑、合五事、合五福、合六極，得二十六數；二十三合二十六數，即四十九用數，再合皇極一數，則共爲五十。

大衍之數，無所不包，無所不通，與《河圖》、《洛書》可合，與《洪範九疇》亦可合。大衍五十之數以其虛一象徵太極，象徵一切存在的主體與根源，同於《洪範九疇》的皇極中位，皇極居中五位，即《洛書》中位，以「五」爲中，「五」普遍存在於萬有之中，如同天地之數的「五」中之位，成數「六」、「七」、「八」、「九」皆含有「五」數，即生數「一」合「五」爲成數「六」，「二」合「五」爲成數「七」，「三」合「五」爲成數「八」，「四」合「五」爲成數「九」，「五」表徵中庸常數，萬有皆含有「五」，「五」之位置，作爲普遍存在之意義；在五十數中以虛一體現其普遍性，同於太極與皇極之屬性。

---

45 見圖 7-4-2 中之文字說明。
46 見圖 7-4-2 中之文字說明。

第五節　小　結

大衍之數與《河圖》、《洛書》並說，爲宋儒所新立，丁易東予以高度的發揮，其規模可以說是在此之前無有出其右者。丁易東確立《河圖》爲衍五十之數，《洛書》衍四十九之數，並以之建構與開展出數值變化複雜多元的圖式。說明在五十與四十九數的運用下，《河圖》與《洛書》的神妙變化之性，以及數值結構背後所呈現的規律性與邏輯性意義。因此，它不單單僅是一種機械化的數字符號而已，而是諸多宇宙自然變化的圖式，但仍然無法擺脫刻意的數值操作與附會的成分。

丁易東藉由《河圖》與《洛書》之本數的自乘與取數除之，分別以其天數得四十九數，而地數得五十數，建立《河圖》、《洛書》與大衍之數必然關係。大衍之數的推筮之法，反映出太極爲體的運化之道，以及天、地、人三才兼備的自然之道，乃至「揲之以四」、「歸奇於扐」、「再扐」所象徵日月運行變化與四時的迭替反復的流轉規律，以數字的推衍運用，進行時空變化與實況現象的分析，一種以客觀的數學語言來建立範圍宇宙現象的具體存在意義。丁易東從《河圖》與《洛書》的乘除之數值邏輯運用變化上，確立《河圖》與《洛書》同時也存在大衍之數，也就是同時存在大衍數值變化的宇宙圖式之意義。

以《河圖》五位之數，驗證其用四十九數之必然性，強調陰陽相合、陰順於陽的用陽本色。以《洛書》五位之數，取天數布列，除了肯定四十九爲恆定不悖之用數外，亦再次落實陽數爲用、以陽爲主體動能之自然特性。

以《河圖》、《洛書》與先後天及《洪範九疇》進行大衍數列之聯繫，反應出藉由天地之數所合構之大衍數列之變化，並與《河圖》、《洛書》及先後天卦說、《洪範九疇》，同屬一系，彼此相互貫通，生息與共，同爲表彰宇宙生成變化之宇宙圖式。

第八章　結論 — 丁易東易學特色與得失暨學術反思

　　歷史上的人物或思想，都受到當時特有的政治、社會、文化、學術等時空因素的影響，形成其獨特的思想性格與主張取向。作為經典的論述者，建構其論述的觀點，透過自身思想系統而賦予經典以新義，有傳統的延續與擴申，也產生了自家的新見解。在這種狀況下，經典的論述者，對經典的理解，與其自身的歷史因素必定有密切的關聯。丁易東（？-？年）身處宋末元初之際，正是學術發展走向以程朱為主體的高度義理化的歷程，易學的詮釋也同樣瀰漫著理學思想的影子；然而陳摶（？-989 年）一系圖書之學與重視數論的深遠影響，也成為時代易學的另一風潮，踵繼者的薪承，圖書之學的另類象數元素持續根植與擴散。復以數論的具有規模與體系的建立，標誌著這個時代大衍學的高峰與特色。丁易東聯繫漢宋，標立風格，在其象數之學與數論圖式結構化的易學體系下，成為元代特殊而重要之易學家。本論著最後針對其整體易學特色與得失，及學術之反思作簡要之總結。

第一節　丁易東易學特色與評價

　　綜合各個章節論題之探討，釐清與建構出丁易東整體的易學

輪廓，與大衍數說圖式結構化之易學觀的重要內涵，進一步總結出丁易東易學的主體特色與其概括其易學評價，精要列說如下。

一、丁易東易學之主體特色

（一）象數圖書，合為一體

丁易東身處宋代易學遽變別傳崛起之年代，以求象方可明理，不得其象則不得其理，象數之用，勢在必行。圖書之所著，亦前儒智慮合《易》之所可觀者，而圖式所現，又以數盛，則「數家者，非不可觀也」，邵雍（1011-1077 年）、張行成（？-？年）、劉志行（？-？年）者儒，正是「明《易》之數」[1]而多有可觀者。明數而終歸於天地之數、大衍之數，乃至《河圖》、《洛書》、先後天圖式之用數等，皆可聯為一繫。丁易東易學正展現出象數、圖書與數說契合之特色，而為宋元之際獨領風騷的易學家，在元代易學史上，當有其決然重要的學術地位。

（二）漢宋合流，兼採並行

丁易東檢討歷代《易》說，祖述漢魏，表彰趙宋近世，分辨學門，然衷心於象數之說；肯定象數之用，以李鼎祚（？-？年）集漢魏諸儒之學，而朱震（1072-1138 年）集古今諸儒之說，[2]象數之所指，正為《易》義之所趨。雖以象名義，折衷漢《易》，仍孚秉宋《易》之所承，不論是《圖書》之所明，或程朱理學之

---

1 參見丁易東《周易象義·自序》（臺北：臺灣商務印書館文淵閣《四庫全書》本第 21 冊，1986 年 3 月初版），頁 477；又《周易象義·易統論上》，頁 480。
2 參見丁易東《周易象義·自序》，頁 477。

所顯，皆能融合會通，漢宋兼取，博採兼收，鎔舊鑄新，創發新成。

（三）考索象例，以象求義

肯定聖人立象所以在盡意，意即在理，理微而象著，必以從象見理，則言理而不可遺象。「專以因理明象爲主」，[3]詳考歷來取象求義十二例，通於諸例之用，而不拘於一二，故善於觀象者，必兼取十二例而推之。然而十二例之用，歸其要不過爲本體、互體與伏體之三體正變，則宗主於三體正變，以之爲綱，綱舉而目張，十二例便在其中。[4]經傳辭義之理解，在其自己所建立出的用象法則，藉多元複雜的卦爻象之比附運用，成爲宋元之際象數易學之鰲頭。此外，用數所構築之宇宙圖式，本諸數值符號之所顯，亦可屬象用之外在形式表現，自然之道、內存之義理，由是而彰。

（四）義理歸趨，宗本程朱

義理之所見，正爲《易》道《易》象之所歸。見其義理之要，主在於本體與根源性之議題，不外乎太極與陰陽、理與氣、無極與太極、形上之道與形下之器、體與用、動與靜、體統與變化分殊、理與性命等等觀點主張，這些範疇皆本諸程朱理學之思想，雖未建立其完整的論述體系，確可梳顯其程朱之旨要。在以象數爲陳義之主體外，仍可見其程朱義理之精粹，尤其大衍構數諸圖，亦多能以數用聯繫有關之義理思想，誠其機械符號背後存義之有機呈現。

---

3 參見丁易東《周易象義・易統論上》，頁481。
4 參見丁易東《周易象義・易統論中》，頁483。

（五）以數立圖，多元開展

「易」肇之於陰陽之氣，而氣成之於數。[5]氣化之變，正為數值之用，所用之數，便在天地之數，便在大衍之數；主此大衍之學，正因《易》為卜筮系統之執要所在，故《易》道無窮，取大衍四十九、五十數，「以神蓍卦之用，而天地人物之理無所能逃」。[6]構制六十五幀圖式，每幀圖式皆能見其高度邏輯性之數理概念，故往往一圖數字之變化，結構之嚴密，非一圖所自限。數值構圖的高度運用，見其大衍變化之無窮，也每能體現宇宙圖式之樣態，數值結構之背後，正為宇宙時空之開展。此外，天地之數、大衍之數，聯繫《河圖》、《洛書》、先後天圖式、《洪範九疇》，乃至陰陽五行之元素，形成彼此能夠合理契合、相繫相依、同歸一體之世界圖式。此圖書之學的多元開展，透顯數值變化高度聯結與整合之特性。

（六）輯說大衍，蔚為衍學

考索歷來大衍之學的名家，輯列五十七家，覼數評析，推言諸家之數說，「非不可通」，但「率多牽合傅會」，故折衷是非，編名作〈稽衍〉。[7]詳列蒐羅，指是論非，雖不免有主觀之取予，但大抵切要。雖未予執本分類，卻可清楚理解歷代大衍說之發展的歷時性實況，某家之理據主張，可以尋得其本然之說，他家之所準，循之諸家則能朗朗可見。因此，丁氏之說，當可視為繼趙

---

5 參見丁易東《周易象義‧原序》，頁 475。

6 參見丁易東《大衍索隱‧原衍》，卷一（臺北：臺灣商務印書館文淵閣《四庫全書》本第 806 冊，1986 年 3 月初版），頁 319。

7 參見丁易東《大衍索隱‧稽衍》，卷三，頁 355。

汝楳（？-？年）《筮宗》列說之外，尤勝一籌之後出者，益能彰明宋代大衍學之昌盛。丁氏之輯說，顯此學、羅此說，決是有功。

（七）占筮改造，力在求宜

丁易東認為歷代《易》家，朱子「歸之卜筮」，「明于變與占」，簡約而至尚。[8]然而，朱子所執傳統之法，於老陽、老陰、少陽、少陰得數或然率上，仍存在明顯不對等之情形，故改造新用，並把握天陽以動、地陰以靜之原理，揲左而不揲右，求得諸數或然率相對趨近的合理操作方式；揲筮之法，雖未全合《繫辭傳》之說，卻也提供另一種占筮系統之參照。同時，與雷思齊（1231-1303年）、張理（？-？年）等人，代表著不同於傳統操作之宋元之際的另一主流取向。

（八）變易思想，多元映現

天地自然，古往今來，一切的消長生息，皆在生生，皆在變化中確立其存在之意義，故宇宙自然本為「萬形之生化，萬變之推移」，[9]生化推移，即在通變。「易」以窮天人之道，「易」之本義為變易，「以其變易而無窮」，所以以「易」為名。[10]丁易東於義理陳說，強調變易之大義，並具體落實於取象用象之中。肯定用象必在諸法錯綜，「不可以一例拘」，因聖人所取無定象，本於「惟變所適，不可以為典要」之義；《易》象之所出，隨時

8　參見丁易東《周易象義・自序》，頁477-479。其言歷代以占論《易》，專主於占者，包括朱熹（1130-1200年）、蔡伯靜（？-？年）與馮儀（？-？年），而特以朱子為善。（參見丁易東《周易象義・易統論上》，頁480。）
9　見見丁易東《周易象義・易統論下》，頁484。
10　參見丁易東《周易象義・易統論下》，頁483。

變易而成其象，「如珠走盤而不出於盤」，[11]故取象亦不可自限，多元之取象，正為自然變易思想之開顯。此外，大衍數值之用，神妙而多元，亦陰陽變化之展現；自然變化，相因相生，變化紛紜，有則有律，若諸圖數值之布列。

二、易學評價

丁易東身處理學與圖書易學高度發展的年代，又繼南宋朱震之後，肯定象數之用，以象數名義再造典型，並成其大衍數說圖書結構化的易學觀，成為宋元之際的特殊易學家，標示出強烈的獨特性格。

（一）正面價值與成就

1.《周易》經傳辭義與觀念的釐清，象數與義理並彰，建構出屬於自己制說的獨特見解，其合理性多有可觀之處。

2.輯收考定，益加發皇，提供後人研究象數之學、宋代圖書之學與大衍用數之說的直接而完整的資料。

3.分類評析歷來解《易》十二系，[12]陳述系說大要與代表人物，指其是非優劣，具有積極駁正與批判之精神，有助於後人對有關系譜與觀點之釐清與認識。

4.分辨《易》例，定義用法，申揚漢《易》象數之說，提供易學研究者重新關注漢《易》之發展與對其實質內容之運用與認識。

---

11 參見丁易東《周易象義·易統論中》，頁483。

12 丁易東類別解《易》十二系，包括以理論《易》、以象論《易》、以變論《易》、以占論《易》、以數論《易》、以律論《易》、以歷論《易》、以術論《易》、以事論《易》、以心論《易》、以老論《易》，以及以釋論《易》等十二義例。參見丁易東《周易象義·易統論上》，頁479。

5.象數諸法的實際操作運用，多有鎔鑄新取，諸如成卦之主、三體正變者，開展象數主張之特殊風格。

6.正變用象，制推數說，具體展現宇宙自然變化的有機體系，凸顯宇宙自然氣化流行與易學思想陰陽變易的變化之道。

7.認同數值及泛科學知識，與易學思想的相容性可能，藉圖式之模式，試圖建構另類的邏輯思維下之具可驗證性的理論體系，使易學的論述更具實證之意義與價值。

8.修定創說占筮之法，務求得數之合理性，提供另類大衍推筮之法的參考。

9.數值運用具高度變化性，數值排列與結構變化，具高度之邏輯性與數理合宜之概念，背後亦傳達宇宙根源、動靜、體用等諸多哲學之思考。

10. 建構大衍數列規律性之推定關係，體現宇宙自然生成變化的依準與不可逆性之本質。機械化數值關係網絡之背後，仍有高度傳義性的詮解之可能。

11.釐晰歷代大衍學發展取向，確立漢代重在天文、歷法、律呂等卦氣說立論，宋代則重於數值運用與變化之概念，揚顯各個時代之主體內容與特色。

12.對天地之數、大衍之數，乃至各種數論，進行詳細考索辨析，確立其推原關係，提供後人數論之重要參照。

13.確立宋代活躍於大衍之說，數值與陰陽五行之高度聯繫、河洛與先天之配用、天地數列大小衍之層出，凸顯時期衍學思潮與特殊質性。

14.理性之數值推布，層層的考驗與證實，強化陰陽變化之特質與變化之規律定向，創制多元豐富之宇宙生成圖式，亦反應出動態而擴張的宇宙時空性意識。

15.大衍數列與《河圖》、《洛書》、先後天及《洪範九疇》之高度聯結一系，相互貫通，生息與共，確立其共性與並存的合宜性。

（二）商榷與缺失之可能

1.取象用象高度自由，因象求象，過度強取，游失其守，缺乏明確之規則理路，嚴整性不高。

2.八卦衍象滋漫煩瑣，務在牽合辭義，掠象求義，象霧淹漫，執象害意，贅於求象，弱化其可資稱美的用象原則規範。

3.太極與陰陽、理與氣、性命、象數理氣等諸多哲學性命題的論述，無意建立完整之體系，顯見蕪雜片斷，缺乏系統化，多有不足之處。

4.泥於衍數，繁富錯綜，數值映現複雜多元，描述精簡跳躍，易使學者陷於曲高合寡、不易判清之窘境。

5.建構大衍之說，綜探立說，不一而足，易陷多元聯結與過度用數的窘境，穿鑿附會，必在難免。

6.衍數圖式建構推定，重要數字變化與大衍說之相契，哲學性之論述不足，恐有《易》外別傳、甚至再別傳之疵。

7.輯說歷代之大衍主張，評斷或歸類，或有偏執一方，或有理據未穩，或有繆妄之嫌，客觀性不足，恐有持誣先賢之嫌。

8.數論運用，過度箝合，過度之數值操作，遠離易學之可供容受的範疇，恐有自陷術數之議。

9.大衍占筮之修定，雖合推數或然率之期待，但操作之方式，卻脫離《繫辭傳》之原有規範，僅能視為另類之體系，難獲普遍之接受。

整體而言，在尊重或認同象數易學與圖書數列運用的同時，

反省丁易東發展新制的理論觀點，實際上仍存在牽強附會、繁複瑣碎的負面形象。將那些屬於數列變化的數值概念，過度與傳統易學知識、陰陽五行和時代性之圖書之學強加混用與擴充，欲將公式化或機械化的內容，運用於具有哲理性的學門上，易陷入捉襟見肘、附會不實的窘境，致使科學性的理性認識，失去其在學術文化上所可以呈現的正面意義，這也正是丁易東數論圖式結構易學觀所面對的困境。

第二節　認同與影響暨時空向度詮解之期許

研究一家之學，投注於學術的本身，從丁易東所處的時代現況，觀照學術環境的歷史事實，從其文本的實質面貌去認識、觀覽、分析，也就是以文本的詳熟作爲最根本的研究入門，確切的瞭解丁易東易學的特色，掌握其各個議題主張的實況，才能進一步作比較、評析與檢討。以客觀的態度與正確的理解，在論證討論的過程中，以文本爲依據，才能提高論證性，達到較爲全面而完整的認識，也不至於以偏蓋全，或造成錯誤的解讀。接受一家，理解文本，才能進行可能的合理評斷。

一、認同與影響

在義理與圖書之學大行的時代，易學論題或範疇上，亦顯現對大衍之學的關注。江弘毅先生指出宋儒從經學貫通至理學與科學，肯定「宋《易》『大衍』學，正是符合大時代精神創化之基本思想理論。宋儒用之以窮天地之奧，窺宇宙之秘，極人生之變，

究鬼神之化者也」。[13]大衍之學演變至宋代而大盛，北宋五子等
理學家多依之立說，演繹推尋，好奇立異，並融入義理的推衍，
可以視之為繼漢魏之基準而大興者；「舉凡天文、地理、曆法、
算術、樂律、醫學等，無不與『大衍』相涉，因而締造宋代活絡
之人文學術與自然科學」。[14]大衍之學成為宋代易學發展的重要
範疇，並與人文與自然學科建立多元的聯繫關係。

　　丁易東作為這個階段的易學家，義理觀本諸程朱之說，採取
以太極同於「道」同於「理」的超越性存在之普遍觀點；在象數
方面，高度取象以釋《易》，歸本於李鼎祚、朱震一系之說，自
有取捨，又有創發，呈現其特殊的象數觀；在用數的方面，強調
《易》肇端於氣，而成之於數，而歷來「以數論《易》者，若邵
康節、張文饒、劉志行是也」，尤其邵氏「歸於《皇極經世》，
別成一家」，可以視為北宋以來的典範，而丁氏擅於用數，多有
折衷邵氏之說，並建立其嚴整而具高度邏輯性的數論思想。[15]不
論是義理、象數的思想，都可以從其專著《大衍索隱》建構的大
衍圖式得以開闡。因此，丁易東之易學，特別表現在於象數之用，
以及獨特的圖書體系與大衍數論觀點的結合，洵足以代表宋元之
際象數與圖書之學兼綜的易學家，亦是宋元時期大衍之學總結前
說的最重要易學家。[16]

13　見江弘毅《宋易大衍學研究》（臺北：國立臺灣大學中文研究所博士論文，
　　1991 年 6 月），頁 6。
14　見江弘毅《宋易大衍學研究》，頁 20。
15　括弧與論述之內容，參見丁易東《周易象義‧易統論》，頁 479-485。
16　江弘毅先生肯定大衍之學作為宋代易學的龐大學門，可以細分為「五乘十
　　五十說」、「虛五減五之說」、「五五相守之說」、「大衍五十五說」、
　　「自然之數之說」、「天象曆數之說」、「聖人之倚數說」、「半百之進
　　數說」、「合先天用數說」、「合參天兩地之說」、「蓍百莖之半說」、
　　「五位皆十之說」、「成數合生數說」、「陰數合陽數說」、「求經率之

丁易東在其《易》著中不斷強調，「若以象言則得李鼎祚所集漢魏諸儒之說焉，朱子發所集古今諸儒之說焉」；「言象者，不過李氏鼎祚與朱氏子發耳。朱氏之說原於李氏者也，李氏之說原于漢儒者也」。[17]將朱震與李鼎祚並言，甚至「子發爲最勝」，[18]高度肯定二家爲象數之大宗，認爲朱震的象數主張，大體是本源於李氏而同爲漢儒之說，並以朱震又尤勝。　李朱二家的象數觀，深深影響丁易東象數之學的認識，《四庫全書總目提要》指出丁易東之說，「大抵以李鼎祚《周易集解》、朱震《漢上易傳》爲宗」。[19]又趙汸（1319-1369 年）書其恩師黃澤（1260-1346 年）〈黃楚望先生行狀〉中也提及，「李鼎祚綴輯於王氏棄擲之餘，朱子發後出而加密，丁易東繼之，而愈詳聖人立象之妙」。[20]丁易東重視象數之用，透過實際的用象，闡發聖人立象以盡意的精神；在象數的觀點主張上，丁易東深受李鼎祚與朱震的影響，其中又以朱震尤甚，從其易學思想中，每引朱震之說可以得知，視爲宋末元初時期，此一脈象數之學的繼往開來之典範。丁易東對前期易學的繼承與開展，除了象數之學外，又尤其在圖書之學與大衍之學方面，給予後學有溯本追源之功，並反映出丁易東自身

法說」、「先天卦象之說」、「互乘衍數之說」、「推衍之數之說」、「天地之衍數說」與「合河洛之半說」等說法，並將丁易東歸爲「天地之衍數說」的代表。（見江弘毅《宋易大衍學研究》，頁 23-58。）分類本身可能面對必然的侷限性，尤其將丁易東作如此的類定，不見得符合丁易東的實況，但是，可以看出宋代大衍學的盛況，也看出丁易東大衍之說的重要性。

17 見丁易東《周易象義・自序》，頁 281。

18 見丁易東《周易象義・易統論上》云：「以象論易者，若李鼎祚、朱子發、鄭少梅是也。然鼎祚《集解》則失於泥子，發集《傳》則傷於巧，鄭少梅則又別成一家而失之雜。以三家言之，子發爲最勝。」（見是書，頁 282。）

19 見丁易東《周易象義・提要》，頁 474。

20 見趙汸《春秋師說・黃楚望先生行狀》，附錄下（臺北：臺灣商務印書館文淵閣《四庫全書》本第 164 冊，1986 年 3 月初版），頁 315。

的易學認知，呈顯出龐富的易學思想，足供後學考索探析。

推數圖式的解讀，本身存在著數理上的理解難度，欲受青睞也必有其侷限。雖是機械化的數值與圖式結構，但用不同的認識與理解，仍有其可能的人文價值和哲學意義。不論我們以那一種價值判準來論定丁易東的學術成就，至少我們可以肯定的是，從丁易東同時期的相關典籍之呈現，以及後人徵引或擴申的學說主張，對丁易東的易學成就，仍然是持著極高的評價，所以他在宋元時期的易學發展上，仍佔有極其重要的角色。遺憾的是，一般研究者對宋代易學的關注目光，大都把焦點擺在主流易學家的身上，而丁易東數字化的圖式不易被接受，甚至直接予以否定。盱衡諸思想史或儒學史論著，談到宋代學術思想的發展，丁易東或在易圖方面被點綴一下，或略而不言，而個別人物的思想專論，更看不到丁易東的影子。學術研究與發展，或有主觀或客觀接受之主流價值，但認同多元的開展，正為提升學術活力與良性推動的正面態度，接受丁氏之學，從再詮釋中注入生命力。

丁易東大衍數論聯結圖書之說，可以視為對宋代圖書之學與衍數發展的總結，也開啓與影響元明清以來的發展，如元代胡一桂（1247-？年）、陳櫟（1252-1334 年）、梁寅（1319-1390 年）、熊良輔（1310-1380 年）、董真卿（？-？年）、趙汸（1319-1369 年），明代胡廣（1369-1418 年）、潘士藻（？-？年），清代沈楙直（？-？年）、陳夢雷（1650-1741 年）等人，皆在直接或間接中引述或參照其說，尤其是趙汸、潘士藻與沈楙直，有濃厚的承襲之影子。

二、時空向度詮釋之期許

宋代的圖書易學，或稱為另類的象數易學，始終反映出濃郁

的理學體系下之義理內涵，這是宋代易學所獨有的。丁易東易學所呈現的易圖特質，即是宋代易學的典型代表，也是元代易學的重要典範；解讀丁易東數值化概念下的易學圖式，不單只從平面的認識與介紹而已，以哲理性的觀點切入，更能凸顯其易學的價值。從宇宙時空向度切入，或是一可以思考建構之發展視域。

　　宇宙的存在，不外乎時空意識的確立。《淮南子》所謂「天之圓也不得規，地之方也不得矩，往古來今謂之宙，四方上下謂之宇」，[21]宇宙具體的外在形象，含有時間與空間的基本因素，一切事物現象與存在，都無法與時間和空間分割。在時間與空間的宇宙範疇下，一切事物才有其存在性與延續性，所以當代著名的物理學家與宇宙學家史蒂芬・霍金（Stephen Hawking, 1942- ）認為，「我們在談論宇宙發生的事件，不能不提到空間和時間的概念」，[22]而且這樣的宇宙「時空必須具有像氣球內外的球面沒有邊界的連續性」一般。[23]探討宇宙或宇宙觀的議題，時空的因素也就成為很重要的認識。丁易東透過數理的概念，建立由天地之數與大衍數列及《河圖》、《洛書》所展現出的陰陽變化之圖式結構，或許從《周易》實質內涵的本身關照，確實存在著穿鑿附會的成分，但從易學圖式創造性的開闡面向觀之，其機械化數值排列與圖式結構之背後，所表現出的數值推衍之邏輯性特質，反映出大衍之數作為預判吉凶之下的理性推衍之可能性，以及宇宙時空變化的動態性意義，予以數值化圖像化的凸顯。其數值化

21　見《淮南子・齊俗訓》。引自劉文典《淮南鴻烈集解》，卷十一（北京：中華書局，1997年1月1版北京2刷），頁362。
22　見史蒂芬・霍金著，吳忠超譯《時間新簡史》（臺北：藝文印書館，2006年9月初版），頁43。
23　參見 David Filkin 著，陳澤涵譯《霍金陪你漫遊宇宙》（臺北：新新聞文化事業股份有限公司，1998年6月初版），頁288。

的陰陽思想，作爲生成變化的主體，同時證成運動變化的規律性，透過圖式的呈現，具體描繪與彰顯此一動態而擴張的宇宙時空性意識。

霍金指出「在相對論的時空中，任何事件－就是在空間中特定點、在特定時刻發生的任何事，都可以用四個數或座標來指明」。[24]這種對事物存在的客觀理解觀點，在丁氏的圖式中，也可以概觀的呈現。主體架構立於天地之數的運用、六七八九的確立，乃至數值運用中，普遍存在的對應和合關係，以及衍數變化與《河圖》、《洛書》的聯結，這些有關的圖式，除了反映出宇宙時空的複雜主體外，也表達出一切存在的可能面貌與一切存在的變化性及規律性意義。

宇宙由時空維度所構成，其根本的空間即天地，其最根源的元質即氣，即分判爲二的陰陽二氣，陰陽二氣作爲宇宙萬物存在的根本，它的本身除了是一種物質化的存在外，也含有對立與循環、以及有機的不斷變化的永恆性與規律性意義，這些內容與意義，可以大衍數作爲統攝，其根源渾合爲「一」，其主體爲「五十」，其流行作用爲「四十九」。相關圖式的建立，正反應出陰陽變化的體用之基本面貌，以及結構型態與變化之性。宇宙的時空，都立基於陰陽而落實，陰陽的主體時空定位與變化特質，由其龐富的衍數圖式得以不斷的透顯。

---

24 見史蒂芬・霍金著，吳忠超譯：《時間新簡史》，頁30。

參考文獻

（依姓氏筆劃順序排列）

一、古籍《易》著

丁易東《易象義》，臺北：臺灣商務印書館文淵閣《四庫全書》本第 21 冊，1986 年 3 月初版。

丁易東《大衍索隱》，臺北：臺灣商務印書館文淵閣《四庫全書》本第 806 冊，1986 年 3 月初版。

王弼、韓康伯注，孔穎達正義《周易正義》，臺北：藝文印書館《十三經注疏》本，1997 年 8 月初版 13 刷。

王弼《周易註》，臺北：臺灣商務印書館文淵閣《四庫全書》本第 7 冊，1986 年 3 月初版。

王應麟《周易鄭康成註》，臺北：新文豐出版公司《大易類聚初集》第 1 冊，1983 年 10 月初版。

王宗傳《童溪易傳》，臺北：臺灣商務印書館文淵閣《四庫全書》本第 17 冊，1986 年 3 月初版。

王夫之《船山易學》，臺北：廣文書局，1981 年第 3 版。

王樹枏《費氏古易訂文》，臺北：文史哲出版社影印光緒辛卯季多文莫室刻本，1990 年 11 月景印初版。

毛奇齡《仲氏易》，臺北：新文豐出版公司《大易類聚初集》第
　　13 冊，1983 年 10 月初版。

方申《方氏易學五書》，臺北：新文豐出版公司《叢書集成續編》
　　第 29 冊，1989 年 7 月臺 1 版，頁 603。

朱熹《原本周易本義》，臺北：新文豐出版公司《大易類聚初集》
　　第 2 冊，1983 年 10 月初版。

朱熹《周易二種‧周易本義》，臺北：大安出版社，2006 年 8 月
　　1 版 2 刷。

朱震《漢上易傳》，臺北：臺灣商務印書館文淵閣《四庫全書》
　　本第 11 冊，1986 年 3 月初版。

朱震《漢上易傳》，臺北：成文出版社《無求備齋易經集成》第
　　20、21 冊。

朱震《漢上易傳》，臺北：廣文書局《易學叢書續編》本，1974
　　年 9 月初版。

朱元昇《三易備遺》，臺北：臺灣商務印書館文淵閣《四庫全書》
　　本第 20 冊，1986 年 3 月初版。

朱駿聲《六十四卦經解》，北京：中華書局，1998 年 12 月第 1
　　版第 6 刷。

宋翔鳳《周易考異》，臺北：新文豐出版公司《大易類聚初集》
　　第 20 冊，1983 年 10 月初版。

江藩《周易述補》，臺北：新文豐出版公司《大易類聚初集》第
　　17 冊，1983 年 10 月初版。

沈起元《周易孔義集說》，臺北：臺灣商務印書館文淵閣《四庫
　　全書》本第 50 冊，1986 年 3 月初版。

李鼎祚《周易集解》，臺北：臺灣商務印書館，1996 年 12 月臺
　　第 1 版第 2 刷。

李衡《周易義海撮要》，臺北：臺灣商務印書館文淵閣《四庫全書》本第 13 冊，1986 年 3 月初版。

李光地《周易折中》，成都：巴蜀書社，1998 年月 1 版 1 刷。

李光地《周易折中》，臺北：臺灣商務印書館文淵閣《四庫全書》本第 38 冊，1986 年 3 月初版。

李塨《周易傳註》，臺北：臺灣商務印書館文淵閣《四庫全書》本第 47 冊，1986 年 3 月初版。

李道平《周易集解纂疏》，臺北：廣文書局，1979 年 6 月初版。

李道平《周易集解纂疏》，北京：中華書局，1998 年 12 月北京 1 版 2 刷。

李銳《周易虞氏略例》，臺北：新文豐出版公司《大易類聚初集》第 19 冊，1983 年 10 月初版。

李富孫《易經異文釋》，臺北：新文豐出版公司《大易類聚初集》第 20 冊，1983 年 10 月初版。

李林松《周易述補》，臺北：新文豐出版公司《大易類聚初集》第 17 冊，1983 年 10 月初版。

何楷《古周易訂詁》，臺北：臺灣商務印書館文淵閣《四庫全書》本第 36 冊，1986 年 3 月初版。

吳翊寅《易漢學考》，上海：上海古籍出版社《續修四庫全書》第 39 冊。

吳翊寅《易漢學師承表》，上海：上海古籍出版社《續修四庫全書》第 39 冊。

吳翊寅《周易消息升降爻例》，上海：上海古籍出版社《續修四庫全書》第 39 冊。

孟喜《孟氏章句》，臺北：成文出版社《無求備齋易經集成》第 173 冊，1976 年出版。

京房《京氏易傳》，臺北：中國子學名著集成第 98 冊。

林至《易裨傳》，臺北：臺灣商務印書館文淵閣《四庫全書》本第 15 冊，1986 年 3 月初版。

林栗《周易經傳集解》，臺北：臺灣商務印書館文淵閣《四庫全書》本第 12 冊，1986 年 3 月初版。

來知德《周易集注》，北京：九州出版社，2004 年 6 月 1 版 1 刷。

紀磊《虞氏逸象攷正》，臺北：新文豐出版公司《叢書集成續編》第 30 冊，1989 年 7 月臺 1 版。

紀磊《九家逸象辨證》，臺北：新文豐出版公司《叢書集成續編》第 30 冊，1989 年 7 月臺 1 版。

查慎行《周易玩辭集解》，臺北：臺灣商務印書館文淵閣《四庫全書》本第 47 冊，1986 年 3 月初版。

俞琰《讀易舉要》，臺北：臺灣商務印書館文淵閣《四庫全書》本第 21 冊，1986 年 3 月初版。

俞樾《周易互體徵》，臺北：新文豐出版公司《大易類聚初集》第 18 冊，1983 年 10 月初版。

俞樾《周易平議》，臺北：新文豐出版公司《大易類聚初集》第 18 冊，1983 年 10 月初版。

胡渭《易圖明辨》，臺北：新文豐出版公司《叢書集成新編》第 16 冊 1985 年元月初版。

胡渭《易圖明辨》，臺北：新文豐出版公司《大易類聚初集》第 15 冊，1983 年 10 月初版。

胡方《周易本義注》，臺北：新文豐出版公司《叢書集成新編》第 16 冊，1985 年元月初版。

胡一桂《周易啓蒙翼傳》，臺北：臺灣商務印書館文淵閣《四庫全書》本第 22 冊，1986 年 3 月初版。

郝大通《太古集》，臺北：新文豐出版公司《正統道藏》本第 43 冊，1988 年 12 月再版。

高亨《周易大傳今注》，濟南：齊魯書社，1998 年 4 月第 1 版第 1 刷。

晏斯盛《易翼宗》，臺北：臺灣商務印書館文淵閣《四庫全書》本第 43 冊，1986 年 3 月初版。

章太炎等撰《易學論叢》，臺北：廣文書局，1971 年 5 月初版。

莊存與《卦氣解》，臺北：新文豐出版公司《大易類聚初集》第 17 冊，1983 年 10 月初版。

陳壽熊《讀易漢學私記》，臺北：新文豐出版公司《大易類聚初集》第 18 冊，1983 年 10 月初版。

陳念祖《易用》，臺北：臺灣商務印書館文淵閣《四庫全書》本第 35 冊，1986 年 3 月初版。

陳瓘《了齋易說》，臺北：新文豐出版公司《大易類聚初集》第 1 冊， 1983 年 10 月初版。

張獻翼《讀易紀聞》，臺北：臺灣商務印書館文淵閣《四庫全書》本第 32 冊，1986 年 3 月初版。

張理《易象圖說》，臺北：臺灣商務印書館文淵閣《四庫全書》本第 806 冊，1986 年 3 月初版。

張理《易象圖說》，臺北：新文豐出版公司《正統道藏》本第 4 冊，1988 年 12 月再版。

張惠言《周易鄭氏學》，臺北：成文出版社《無求備齋易經集成》第 176 冊，1976 年出版。

張惠言《易緯略義》，上海：上海古籍出版社《續修四庫全書》第 40 冊。

張惠言《周易荀氏九家義》，臺北：新文豐出版公司《大易類聚

初集》第 19 冊，1983 年 10 月初版。

張惠言《周易鄭氏義》，臺北：新文豐出版公司《大易類聚初集》
　　第 19 冊，1983 年 10 月初版。

張惠言《周易虞氏義》，臺北：新文豐出版公司《大易類聚初集》
　　第 19 冊，1983 年 10 月初版。

張惠言《易圖條辨》，臺北：新文豐出版公司《大易類聚初集》
　　第 17 冊，1983 年 10 月初版。

張次仲《周易玩辭困學記》，臺北：新文豐出版公司《大易類聚
　　初集》第 10 冊，1983 年 10 月初版。

張丙哲《占易秘解》，北京：團結出版社，2009 年 1 版 1 刷。

17.張其成《易圖探秘》，北京：中國書店，2001 年 1 月 1 版 2
　　刷。

程大昌《易原》，臺北：新文豐出版公司《大易類聚初集》第 3
　　冊 1983 年 10 月初版。

惠棟《易例》，臺北：成文出版社《無求備齋易經集成》第 150
　　冊，1976 年出版。

惠棟《惠氏易學》，臺北：廣文書局，1981 年 8 月再版。

惠棟《周易述》，臺北：臺灣商務印書館文淵閣《四庫全書》本
　　第 52 冊，1986 年 3 月初版。

惠棟《增補鄭氏周易》，臺北：臺灣商務印書館文淵閣《四庫全
　　書》本第 7 冊，1986 年 3 月初版。

惠棟《易漢學》，臺北：新文豐出版公司《叢書集成新編》第 17
　　冊， 1985 年元月初版。

惠棟《九經古義》，臺北：臺灣商務印書館文淵閣《四庫全書》
　　本第 191 冊，1986 年 3 月初版。

黃宗羲《易學象數論》，杭州：浙江古籍出版社《黃宗羲全集》

第 9 冊，1993 年 12 月 1 版 2 刷。

黃宗炎《周易象辭》，臺北：新文豐出版公司《大易類聚初集》
　　第 13 冊，1983 年 10 月初版。

黃宗炎《易圖辨惑》，臺北：新文豐出版公司《大易類聚初集》
　　第 13 冊，1983 年 10 月初版。

黃宗炎《尋門餘論》，臺北：新文豐出版公司《大易類聚初集》
　　第 13 冊，1983 年 10 月初版。

程頤《伊川易傳》，臺北：新文豐出版公司《大易類聚初集》第
　　1 冊，1983 年 10 月初版。

程廷祚《大易擇言》，臺北：新文豐出版公司《大易類聚初集》
　　第 18 冊，1983 年 10 月初版。

程大昌《易原》，臺北：臺灣商務印書館文淵閣《四庫全書》本
　　第 12 冊，1986 年 3 月初版。

程迥《周易古占法》，臺北：臺灣商務印書館文淵閣《四庫全書》
　　本第 12 冊，1986 年 3 月初版。

焦延壽《焦氏易林》，臺北：新文豐出版公司，1987 年六月臺 1
　　版。

焦循《易章句》，臺北：新文豐出版公司《大易類聚初集》第 20
　　冊，1983 年 10 月初版。

焦循《易通釋》，臺北：新文豐出版公司《大易類聚初集》第 20
　　冊，1983 年 10 月初版。

焦循《易圖略》，臺北：新文豐出版公司《大易類聚初集》第 20
　　冊，1983 年 10 月初版。

惠士奇《惠氏易說》，臺北：藝文印書館《皇清經解易類彙編》
　　本，1992 年 9 月 2 版。

董守瑜《卦變考略》，臺北：臺灣商務印書館文淵閣《四庫全書》

本第 35 冊，1986 年 3 月初版。

董真卿《周易會通》，臺北：臺灣商務印書館文淵閣《四庫全書》
本第 26 冊，1986 年 3 月初版。

楊萬里《誠齋易傳》，臺北：臺灣商務印書館文淵閣《四庫全書》
本第 14 冊，1986 年 3 月初版。

蒼頡、鄭康成注《易緯八種》，臺北：新興書局，1963 年初版。

趙汝楳《筮宗》，臺北：臺灣商務印書館文淵閣《四庫全書》本
第 19 冊，1986 年 3 月。

翟均廉《周易章句證異》，臺北：新文豐出版公司《大易類聚初
集》第 18 冊，1983 年 10 月初版。

熊過《周易象旨決錄》，臺北：新文豐出版公司《大易類聚初集》
第 8 冊，1983 年 10 月初版。

熊良輔《周易本義集成》，臺北：臺灣商務印書館文淵閣《四庫
全書》本第 24 冊，1986 年 3 月初版。

鄭剛中《周易窺餘》，臺北：新文豐出版公司《大易類聚初集》
第 2 冊，1983 年 10 月初版。

劉牧《易數鈎隱圖》，臺北：臺灣商務印書館文淵閣《四庫全書》
本第 8 冊，1986 年 3 月初版。

劉牧《易數鈎隱圖遺論九事》，臺北：臺灣商務印書館文淵閣《四
庫全書》本第 8 冊，1986 年 3 月初版。

蔡清《易經蒙引》，臺北：臺灣商務印書館文淵閣《四庫全書》
本第 29 冊，1986 年 3 月初版。

蔣一彪輯《古文參同契集解》，臺北：新文豐出版公司影印毛晉
訂本，1987 年 6 月臺 1 版。

魏濬《易義古象通》，臺北：臺灣商務印書館文淵閣《四庫全書》
本第 34 冊，1986 年 3 月初版。

魏伯陽等撰《古文參同契箋註集外二種》，臺北：新文豐出版公司，1987 年 6 月臺 1 版。

魏伯陽等撰《參同契正文外三種》，臺北：新文豐出版公司，1987 年 6 月臺 1 版。

《大易象數鈎深圖》，臺北：臺灣商務印書館文淵閣《四庫全書》本第 25 冊，1986 年 3 月初版。

《大易象數鈎深圖》，臺北：臺灣大通書局《通志堂經解》本，1969 年 10 月初版。

《大易象數鈎深圖》，臺北：新文豐出版公司《正統道藏》本第 4 冊，1988 年 12 月再版。

《周易圖》，臺北：新文豐出版公司《正統道藏》本第 4 冊，1988 年 12 月再版。

《易緯八種》，日本：京都市，1998 年影印自武英殿聚珍版本《古經解彙函·易緯八種》。

二、《易》類外之古籍

王充《論衡》，北京：中華書局，1996 年 2 月北京 9 刷。

王應麟《困學紀聞》，臺北：臺灣商務印書館文淵閣《四庫全書》本第 854 冊，1986 年 3 月初版。

王引之《經義述聞》，臺北：臺灣商務印書館，1979 年 1 月臺 1 版。

方東樹《漢學商兌》，臺北：臺灣商務印書館，1968 年 3 月臺第 1 版。

孔穎達《尚書注疏》，臺北：藝文印書館《十三經注疏》本，1997 年 8 月初版第 13 刷。

孔穎達等注疏《左傳注疏》，臺北：藝文印書館《十三經注疏》本，1997 年 8 月初版 13 刷。

左丘明《國語》，臺北：漢京文化事業有限公司，1983 年 12 月。

司馬光集注《太玄集注》，北京：中華書局，1998 年 9 月 1 版北京 1 刷。

皮錫瑞《經學歷史》，臺北：藝文印書館，1996 年 8 月初版 3 刷。

皮錫瑞《經學通論》，臺北：臺灣商務印書館，1989 年 10 月臺 5 版。

朱熹《延平答問》，臺北：臺灣商務印書館文淵閣《四庫全書》本第 698 冊，1986 年 3 月初版。

朱熹撰，李光地等纂《御纂朱子全書》，臺北：臺灣商務印書館文淵閣《四庫全書》本第 721 冊，1986 年 3 月初版。

朱熹《晦庵集》，臺北：臺灣商務印書館文淵閣《四庫全書》本第 1144 冊，1986 年 3 月初版。

朱彝尊《經義考》，北京：中華書局，1998 年 11 月北京 1 版 1 刷。

周敦頤撰，梁紹輝、徐蓀銘等點校《周敦頤集》，長沙：嶽麓書社，2007 年 12 月 1 版 1 刷。

范曄《後漢書》，北京：中華書局，1997 年 11 月第 1 版。

班固《漢書》，北京：中華書局，1997 年 11 月第 1 版。

邵雍《擊壤集》，臺北：臺灣商務印書館文淵閣《四庫全書》本第 1101 冊，1986 年 3 月初版。

邵雍《皇極經世書》，臺北：臺灣商務印書館文淵閣《四庫全書》本第 803 冊，1983 年 3 月初版。

晁公武《郡齋讀書志》，臺北：臺灣商務印書館，1978 年 1 月臺 1 版。

脫脫等撰《宋史》，北京：中華書局，1997 年 11 月第 1 版。

章潢《圖書編》，臺北：臺灣商務印書館文淵閣《四庫全書》本第 968 冊，1986 年 3 月初版。

陳淳《北溪字義》，臺北：臺灣商務印書館文淵閣《四庫全書》本第 709 冊，1986 年 3 月初版。

陳振孫《直齋書錄解題》，臺北：臺灣商務印書館，1978 年 5 月臺 1 版。

程顥、程頤著，王孝魚點校《二程集》，北京：中華書局，2004 年 2 月 1 版北京 3 刷。

黃宗羲著、全祖望補本《宋元學案》，北京：中華書局，2007 年 1 月北京 1 版 3 刷。

游酢《圖書編》，臺北：臺灣商務印書館文淵閣《四庫全書》本第 968 冊，1986 年 3 月初版。

揚雄《太玄》，臺北：臺灣商務印書館文淵閣《四庫全書》本第 803 冊，1986 年 3 月初版。

趙汸《春秋師說》，臺北：臺灣商務印書館文淵閣《四庫全書》本第 164 冊，1986 年 3 月初版。

黎靖德編《朱子語類》，北京：中華書局，1999 年 6 月第 1 版北京第 4 刷。

劉惟永編集，丁易東校正《道德真經集義》，臺北：新文豐出版公司《正統道藏》第 24 冊，1988 年 12 月再版。

劉惟永編集，丁易東校正《道德真經集義大旨》，臺北：新文豐出版公司《正統道藏》第 23 冊，1988 年 12 月再版。

劉文典《淮南鴻烈集解》，北京：中華書局，1997 年 1 月北京第 1 版第 1 刷。

三、當代《易》著

丁維杰《周易哲學》，臺北：藝文印書館，1959 年 4 月初版。

王弼著、樓宇烈校釋《王弼集校釋》，北京：中華書局，1999 年 12 月 1 版北京 3 刷。

王瓊珊《易學通論》，臺北：廣文書局，1971 年 5 月初版。

王居恭《周易旁通》，臺北：文史哲出版社，1992 年 11 月初版。

王新春《周易虞氏學》，臺北：頂淵文化事業有限公司，1999 年 2 月初版 1 刷。

王章陵《周易思辨哲學》，臺北：頂淵文化事業有限公司，2004 年 5 月初版 1 刷。

王博《易傳通論》，臺北：大展出版社有限公司，2004 年 11 月初版 1 刷。

王鐵《宋代易學》，上海：上海古籍出版社，2005 年 9 月 1 版 1 刷。

孔繁詩《易經繫辭傳研究》，臺北：晴園印刷事業有限公司，1998 年 12 月再版。

田合祿、田峰《周易與日月崇拜》，北京：光明日報出版社，2004 年 9 月 1 版 1 刷。

田合祿、田峰《周易真原 —— 中國最古老的天學科學體系》，山西：山西科學技術出版社，2004 年 1 月修訂再版。

朱維煥《周易經傳象義闡釋》，臺北：臺灣學生書局，1993 年 9 月初版 3 刷。

朱伯崑《易學哲學史》，北京：華夏出版社，1995 年 1 月第 1 版。

　朱伯崑主編《國際易學研究》第三輯，北京：華夏出版社，

1997 年 7 月北京第 1 版第 1 刷。

朱伯崑主編《國際易學研究》第四輯，北京：華夏出版社，1998
年 6 月北京第 1 版第 1 刷。

朱伯崑主編《國際易學研究》第五輯，北京：華夏出版社，1999
年 9 月北京第 1 版第 1 刷。

成中英《易學本體論》，北京：北京大學出版社，2006 年 9 月 1
版 1 刷。

江國樑《易學研究基礎與方法》，臺北：學易齋，2000 年 12 月。

牟宗三《周易的自然哲學與道德函義》，臺北：文津出版社，1998
年 8 月初版 2 刷。

牟宗三《周易哲學演講錄》，上海：華東師範大學出版社，2004
年 7 月 1 版 1 刷。

汪忠長《讀易劄記》，臺北：考古文化事業公司，1982 年 6 月臺
初版。

汪學群《清初易學》，北京：商務印書館，2004 年 11 月 1 版北
京 1 刷。

汪致正《易學津梁》，北京：人民出版社，2006 年 5 月 1 版北京
1 刷。

祁潤興《周易義理學》，上海：上海古籍出版社，2007 年 5 月 1
版 1 刷。

邢文《帛書周易研究》，北京：人民出版社，1997 年 11 月第 1
版第 1 刷。

呂紹綱主編《周易辭典》，吉林：吉林大學出版社，1992 年 4 月
1 版 1 刷。

呂紹綱《周易闡微》，臺北：韜略出版有限公司，2003 年 11 月 2
版 1 刷。

李周龍《易學窺餘》，臺北：文津出版社，1991 年 8 月初版。

李樹菁《周易象數通論 —— 從科學角度的開拓》，北京：光明日報出版社，2004 年 4 月 1 版 1 刷。

李學勤《周易經傳溯源》，北京：長春出版社，1992 年 8 月第 1 版第 1 刷。

李申《易圖考》，北京：北京大學出版社，2001 年 2 月 1 版 1 刷。

李申、郭彧《周易圖說總滙》，上海：華東師範大學出版社，2004 年 4 月 1 版 1 刷。

李尚信、施維整理《周易圖釋精典》，成都：巴蜀書社，2004 年 6 月 1 版 1 刷。

余敦康《內聖外王的貫通 —— 北宋易學的現代闡釋》，上海：學林出版社，1997 年 1 月 1 版 1 刷。

余敦康《漢宋易學解讀》，北京：華夏出版社，2006 年 7 月北京 1 版 1 刷。

余敦康《周易現代解讀》，北京：華夏出版社，2006 年 7 月北京 1 版 1 刷。

林尹等著《易經研究論集》，臺北：黎明文化事業公司，1981 年元月初版。

林忠軍《象數易學發展史（第二卷）》，南寧：廣西教育出版社，1996 年 9 月 1 版 1 刷。

林忠軍《周易鄭氏學闡微》，上海：上海古籍出版社，2005 年 8 月 1 版 1 刷。

林忠軍主編《歷代易學名著研究（上、下）》，濟南：齊魯書社，2008 年 5 月 1 版 1 刷。

林文欽《周易時義研究》，臺北：鼎文書局，2002 年 10 月初版。

林耕年《易學通論》，臺北：大溢出版社，2003 年 12 月出版。

金景芳、呂紹綱《周易全解》，上海：上海古籍出版社，2005 年
　　1 月 1 版 1 刷。

吳懷祺《易學與史學》，臺北：大展出版社有限公司，2004 年 12
　　月初版 1 刷。

吳康《邵子易學》，臺北：臺灣商務印書館，1972 年初版 2 刷。

屈萬里《先秦漢魏易例述評》，臺北：聯經出版公司，1984 年 7
　　月初版。

周止禮《易經與中國文化》，北京：學苑出版社，1990 年 12 月
　　第 1 版第 1 刷。

周伯達《周易哲學概論》，臺北：臺灣學生書局，1999 年 4 月初
　　版。

尚秉和《周易尚氏學》，北京：中華書局，1980 年 5 月第 1 版，
　　2003 年 12 月北京第 8 刷。

孟昭瑋《大衍索隱與易卦圓陣蠡窺》，臺北：大元書局，2010 年
　　9 月初版。

南懷瑾、徐芹庭註譯《周易今註今譯》，臺北：臺灣商務印書館，
　　1997 年 4 月修定版 10 刷。

施維《周易八卦圖解》，成都：巴蜀書社，2005 年 10 月 1 版 2
　　刷。

范良光《易傳道德的形上學》，臺北：臺灣商務印書館，1990 年
　　4 月第 2 版。

胡自逢《先秦諸子易說通考》，臺北：文史哲出版社，1989 年第
　　3 版。

胡自逢《周易鄭氏學》，臺北：文史哲出版社，1990 年第 1 版。

胡自逢《程伊川易學述評》，臺北：文史哲出版社，1995 年 12
　　月初版。

高懷民《大易哲學論》，臺北：作者自印，1978 年 6 月初版 1988
　　年 7 月再版。

高懷民《先秦易學史》，臺北：中國學術著作獎助委員會，1990
　　年 6 月第 3 版。

高懷民《兩漢易學史》，臺北：中國學術著作獎助委員會，1970
　　年 12 月初版。

高懷民《中國哲學在皇皇易道中成長發展》，臺北：作者自印，
　　1999 年 2 月初版。

高懷民《宋元明易學史》，南寧：廣西師範大學出版社，2007 年
　　7 月 1 版 1 刷。

高懷民《邵子先天易哲學》，臺北：作者自印，1987 年 3 月初版。

唐明邦、汪學群《易學與長江文化》，武漢：湖北教育出版社，
　　2004 年 8 月 1 版 1 刷。

唐琳《朱震的易學視域》，北京：中國書社，2007 年 7 月 1 版 1
　　刷。

徐芹庭《易學源流》，臺北：國立編譯館，1987 年 8 月初版。

徐芹庭《易圖源流》，北京：中國書店，2008 年 1 月 1 版 1 刷。

徐芹庭《易經詳解》，臺北：聖環圖書有限公司，1994 年 3 月 1
　　版 2 刷。

徐芹庭《易經研究》，臺北：五洲出版社，1997 年 6 月初版。

徐芹庭《虞氏易述解》，臺北：五洲出版社，1974 年出版。

閭修篆《易經的圖與卦》，臺北：五洲出版有限公司，1998 年 10
　　月出版。

孫劍秋《易理新研》，臺北：臺灣學生書局，1997 年 12 月初版。

孫劍秋《《易》、《春秋》與儒學思想研究論集》，臺北：中華
　　文化教育學會出版，2007 年 4 月。

章秋農《周易占筮學》，杭州：浙江古籍出版社，1999 年 3 月第
　　1 版第 2 刷。

郭彧《京氏易傳導讀》，濟南：齊魯書社，2002 年 10 月 1 版 1
　　刷。

郭彧《易圖講座》，北京：華夏出版社，2007 年 1 月北京 1 版 1
　　刷。

郭彧《周易八卦圖解》，成都：巴蜀書社，2003 年 3 月 1 版 1 刷。

郭建勳注譯、黃俊郎校閱《新譯易經讀本》，臺北：三民書局，
　　1996 年 1 月初版。

常秉義《周易與歷法》，北京：中國華僑出版社，2002 年 1 月 2
　　版 3 刷。

常秉義《易經圖典舉要》，北京：光明日報出版社，2004 年 4 月
　　1 版 1 刷。

陳鼓應《易傳與道家思想》，臺北：臺灣商務印書館，1994 年 9
　　月初版 3 刷。

陳鼓應、趙建偉《周易注譯與研究》，臺北：臺灣商務印書館，
　　1999 年 7 月初版 1 刷。

陳睿宏（伯适）《漢易之風華再現－惠棟易學研究（上、下）》，
　　臺北：文史哲出版社，2006 年 2 月初版。

陳睿宏（伯适）《義理、象數與圖書之兼綜－朱震易學研究》，
　　臺北：文史哲出版社，2011 年 9 月初版。

張立文《周易帛書今注今譯》，臺北：臺灣學生書局，1991 年 9
　　月初版。

張吉良《周易哲學和古代社會思想》，濟南：齊魯書社，1998 年
　　9 月第 1 版第 1 刷。

張其成《易經應用大百科》，臺北：地景企業股份有限公司，1996

年 5 月初版。

張其成《易圖探秘》，北京：中國書店，2001 年 1 月 1 版 2 刷。

張濤《秦漢易學思想研究》，北京：中華書局，2005 年 3 月 1 版 1 刷。

張善文《歷代易家與易學要籍》，福州：福建人民出版社，1998 年 4 月 1 版 1 刷。

張善文《象數與義理》，瀋陽：遼寧教育出版社，1997 年 4 月 1 版 3 刷。

張漢《周易會意》，成都：巴蜀書社，2002 年 12 月 1 版 1 刷。

黃沛榮《易學論著選集》，臺北：長安出版社，1985 年 10 月初版。

黃慶萱《周易縱橫談》，臺北：東大圖書股份有限公司，1995 年 3 月初版。

黃中天《周易程傳註評》臺北：高雄復文圖書出版社，2006 年 3 月三版。

傅隸樸《周易理解》，臺北：臺灣商務印書館，1999 年 10 月初版 7 刷。

程石泉《易學新探》，上海：上海古籍出版社，2003 年 12 月 1 版 1 刷。

馮家金《周易繫辭傳》，臺北：頂淵文化事業有限公司，1999 年 2 月初版 1 刷。

詹石窗《易學與道教思想關係研究》，福州：廈門大學出版社，2001 年 3 月 1 版 1 刷。

董光璧《易學科學史綱》，長沙：武漢出版社，1993 年 12 月第 1 版第 1 刷。

楊錦銓《易經古義解讀》，臺北：臺灣學生書局，2002 年 4 月初

版。

楊吉德《周易卦象與本義統解》，濟南：齊魯書社，2004 年 11 月 1 版 1 刷。

廖名春《帛書易傳初探》，臺北：文史哲出版社，1998 年 11 月初版。

鄧球柏《帛書周易校釋》，長沙：湖南出版社，1996 年 8 月第 2 版第 3 刷。

潘雨廷《易學史叢論》，上海：上海古籍出版社，2007 年 6 月 1 版 1 刷。

鄭吉雄《易圖象與易詮釋》，臺北：財團法人喜瑪拉雅研究發展基金會，2002 年 2 月初版。

鄭萬耕《易學源流》，瀋陽：瀋陽出版社，1997 年 5 月第 1 版第 1 刷。

鄭衍通《周易探原》，臺北：文史哲出版社， 2002 年 6 月修正增訂 1 版。

劉百閔《周易事理通義》，臺北：世界書局，1985 年 10 月再版。

劉瀚平《宋象數易學研究》，臺北：五南圖書出版公司，1993 年 2 月初版 1 刷。

劉瀚平《周易思想探微》，臺北：商鼎文化出版社，1997 年 12 月第 1 版第 1 刷。

劉玉建《兩漢象數易學研究》，南寧：廣西教育出版社，1996 年 9 月第 1 版第 1 次刷。

劉大鈞《象數精解》，成都：巴蜀書社，2004 年 5 月 1 版 1 刷。

劉大鈞《周易概論》，成都：巴蜀書社，2004 年 5 月 1 版 1 刷。

劉大鈞主編《大易集奧》，上海：上海古籍出版社，2004 年 12 月 1 版 1 刷。

劉大鈞主編《象數易學研究（第三輯）》，成都：巴蜀書社，2003年3月1版1刷。

劉大鈞主編《大易集述》，成都：巴蜀書社，1998年10月1版1刷。

劉保貞《易圖明辨導讀》，濟南：齊魯書社，2004年5月1版1刷。

賴貴三《易學思想與時代易學論文集》，臺北：文津出版社，2007年11月初版。

盧泰《周易參五筮法》，長春：吉林文史出版社，2004年7月1版1刷。

盧央《京房評傳》，南京：南京大學出版社，1998年12月第1版第1刷。

盧央《易學與天文學》，臺北：大展出版社，2005年6月初版1刷。

戴君仁《談易》，臺北：臺灣開明書店，1982年2月第7版。

戴璉璋《易傳之形成及其思想》，臺北：文津出版社，1989年初版。

濮茅左《楚竹書《周易》研究》，上海：上海古籍出版社，2006年11月1版1刷。

顏國明《易傳與儒道關係論衡》，臺北：里仁書局，2006年3月初版。

鍾泰德《易經研究》，臺北：文英堂出版社，1998年9月初版。

蕭漢明、郭東升《周易參同契研究》，上海：上海文化出版社，2001年1月1版1刷。

嚴靈峰《馬王堆帛書易經斠理》，臺北：文史哲出版社，1994年7月初版。

四、《易》類外之當代著作

史蒂芬・霍金著，吳忠超譯《時間新簡史》，臺北：藝文印書館，2006 年 9 月初版。

任繼愈《中國哲學史》，北京：人民出版社，1990 年 3 月第 4 版第 9 刷。

艾爾曼《從理學到樸學》，南京：江蘇人民出版社，1995 年 1 版 1 刷。

余英時《宋明理學與政治文化》，臺北：允晨文化，2004 年 7 月初版。

李申《中國古代哲學和自然科學》，上海：上海人民出版社，2002 年 1 月 1 版 1 刷。

杜保瑞《北宋儒學》，臺北：臺灣商務印書館，2005 年 4 月初版 1 刷。

林繼平《宋學探微》，臺北：蘭臺出版社，2001 年 3 月初版。

侯外廬、邱漢生、張豈之《宋明理學史》，北京：人民出版社，1984 年 4 月 1 版北京 1 刷。

高柏園《中庸形上思想》，臺北：東大圖書公司，1991 年 2 月再版。

黃俊傑《中國孟學詮釋史論》，北京：社會科學文獻出版社，2004 年 9 月 1 版 1 刷。

馬宗霍《中國經學史》，臺北：臺灣商務印書館，1992 年 11 月臺 1 版 7 刷。

夏君虞《宋學概要》，臺北：華世出版社，1976 年 12 月臺 1 版。

陳少峰《宋明理學與道家哲學》，上海：上海文化出版社，2001

年 1 月 1 版 1 刷。

陳來《宋明理學》，臺北：洪葉文化事業有限公司，1994 年 9 月初版 1 刷。

梁紹輝《周敦頤評傳》，南京：南京大學出版社，1994 年初版 1 刷。

張立文《宋明理學研究》，北京：人民出版社，2002 年 11 月 1 版 1 刷。

張立文《宋明理學邏輯結構的演化》，臺北：萬卷樓圖書有限公司，1993 年 1 月初版。

勞思光《中國哲學史》，臺北：三民書局，1995 年 8 月增訂第 8 版。

傅小凡《宋明道學新論》，北京：社會科學文獻出版社，2005 年 5 月 1 版 1 刷。

蒙培元《理學的演變》，臺北：文津出版社，1990 年 1 月初版。

楊伯峻編著《春秋左傳注》，臺北：復文圖書出版社，1991 年 9 月再版。

楊祖漢《中庸義理疏解》，臺北：鵝湖出版社，1990 年 3 月 4 版。

漆俠《宋學的發展和演變》，石家莊：河北人民出版社，2002 年 10 月 1 版 1 刷。

蔡仁厚《宋明理學：北宋篇》，臺北：臺灣學生書局，1991 年 9 月初版。

蔡仁厚《宋明理學：南宋篇》，臺北：臺灣學生書局，1993 年 9 月初版。

錢穆《四書釋義》，臺北：臺灣學生書局，1993 年 8 月重版 4 刷。

譚宇權《中庸哲學研究》，臺北：文津出版社，1995 年 11 月初版。

David Filkin 著，陳澤涵譯《霍金陪你漫遊宇宙》，臺北：新新聞

文化事業股份有限公司，1998 年 6 月初版。

五、論文期刊

（一）學位論文

江弘毅《宋易大衍學研究》，臺北：國立臺灣大學中國文學系博士論文，1991 年 6 月。

林志孟《俞琰易學思想研究》，臺北：私立文化中大學中國文學系博士論文，1994 年。

涂雲清《吳澄易學研究》，臺北：國立臺灣大學中國文學系碩士論文，1997 年。

陳玉琪《邵雍「先天圖」研究》，臺北：私立東海大學中國文學系碩士，2001 年。

陳志淵《朱震《漢上易傳》研究》，臺北：國立臺灣師範大學國文研究所碩士論文，1993 年 5 月。

許朝陽《胡渭《易圖明辨》之研究》，臺北：中央大學中國文學研究所碩士論文，1996 年 6 月。

許朝陽《胡煦易學研究》，臺北：私立輔仁大學中國文學研究所博士論文，2000 年 6 月。

許維萍《宋元易學的復古運動》，臺北：私立東吳大學中國文學系博士論文，2000 年。

許瑞宜《劉牧易學研究》，臺北：國立臺南大學語文教育系碩士論文，2005 年。

黃忠天《宋代史事易學研究》，臺北：國立高雄師範大學國文研究所博士論文，1994 年。

曾復祺《朱震易學之研究》，臺北：私立銘傳大學應用中國文學
　　系碩士論文，2008 年 6 月。

彭涵梅《邵雍元會運世說的時間觀》，臺北：國立臺灣大學哲學
　　研究所博士論文，2004 年 6 月。

游經順《丁易東易學研究》，臺北：國立政治大學中國文學系在
　　職碩士班碩士論文，2014 年 1 月。

楊淑瓊《虞翻《易》學研究－以卦變和旁通為中心的展開》，臺
　　北：國立中興大學中國文學系碩士論文，2002 年。

楊雅妃《周濂溪太極圖說研究》，臺北：國立高雄師範大學國文
　　學系碩士論文，1999 年。

劉慧珍《漢代易象研究》，臺北：私立輔仁大學中國文學研究所
　　博士論文，1997 年 6 月。

賴貴三《焦循雕菰樓易學研究》，臺北：國立臺灣師範大學國文
　　研究所博士論文，1993 年。

（二）中文期刊（包括研討會論文）

王家儉〈清代漢宋之爭的再檢討〉，《中央研究院國際漢學會議論
　　文集》（第三冊），臺北：中央研究院，1981 年 10 月 10 日。

王樹人、喻柏林〈《周易》的「象思維」及其現代意義〉，《周
　　易研究》，1998 年第 1 期，頁 1-8。

王新春〈哲學視野下的漢易卦氣說〉，《周易研究》，2002 年第
　　6 期，頁 50-61。

王鳳顯〈十四種八卦圖比較之管見 —— 中國易學思維研究〉，第
　　19 卷第 3 期，頁 93-96。

申江、胡紅〈符號思維與易圖發生〉，《昭通師範高等專科學校
　　學報》，第 23 卷第 4 期，2001 年 12 月，頁 1-14。

向傳三〈周易筮法概率研究〉，《周易研究》1997 年第 14 期，頁 68-83。

任蘊輝〈論漢代易學的納甲〉，《中國哲學史》，1993 年第 8 期，頁 73-80。

宇亮〈對古易圖全息系統層次模型的認識〉，《周易研究》，1994 年第 1 期，頁 69-71。

李尚信〈孟喜卦氣卦序反映的思想初論〉，《中國哲學》，2001 年第 12 期，頁 34-38。

何麗野〈象的思維：說不可說 —— 中國古代形而上學方法法〉，《中國哲學》，2004 年第 4 期，頁 22-27。

林忠軍〈干寶易學思想研究〉，《周易研究》，1996 年第 4 期，頁 12-24。

林忠軍〈丁易東象數易學〉，《周易研究》1998 年第 4 期，頁 40-52。

林忠軍〈試析鄭玄易學天道觀〉，《中國哲學》，2003 年第 3 期，頁 44-52。

林忠軍〈《易緯》宇宙觀與漢代儒道合流趨向〉，《中國哲學》，2002 年第 12 期，頁 52-56。

林麗真〈如何看待易「象」 —— 由虞翻、王弼與朱熹對易「象」的不同看法說起〉，《周易研究》，1994 年第 4 期，頁 35-41。

武礪興〈《周易》大衍筮法考證〉，《甘肅高師學報》2002 年第 1 期，頁 45-52。

周立升〈《周易參同契》的月體納甲學〉，《周易研究》，2000 年第 4 期，頁 35-40。

周山〈《周易》詮釋若干問題思考〉，《中國哲學》，2004 年第期，頁 49-55。

周益民〈丁易東《易》學思想研究〉，《傳奇‧傳記文學選刊（理

論研究）》，2010 年 10 月期，頁 9-13。

范愛賢〈《易》之「數」「圖」的文化符號學機制〉，《周易研究》，2009 年第 2 期，頁 65-69。

高懷民〈西漢孟喜改列卦序中的哲學思想〉，《周易研究》，2000 年第 2 期，頁 14-21。

梁頌成〈從沅陽書院到桃岡精舍 —— 常德地方精英教育的先聲〉，《湖南師範大學教育科學學報》，2007 年 9 月，第 6 卷第 5 期。

康中乾〈《易經》卦圖解意〉，《周易研究》，1999 年第 3 期，頁 61-69。

唐明邦〈象數思維管窺〉，《周易研究》，1998 年第 4 期，頁 52-57。

唐琳〈從相關易圖看朱震易學的卦氣觀〉，《湖北大學學報》（哲學社會科學版），第 32 卷第 6 期，2005 年 11 月，頁 641-644。

孫廣才〈《易經》「卦變圖」中的組合理論〉，《渭南師專學報》（自然科學版），1995 年第 2 期，頁 42-45。

孫廣才〈周易筮法中的數學模型〉，《渭南師範學院學報》2002 年第 5 期，頁 55-56。

郭彧〈卦變說探微〉，《周易研究》，1998 年第 1 期，頁 9-20。

崔波〈京房易學思想述評（上）〉，《周易研究》，1994 年第 4 期，頁 17-23。

崔波〈京房易學思想述評（下）〉，《周易研究》，1995 年第 1 期，頁 26-34。

常秉義〈「卦變」說辨析〉，《周易研究》，1997 年第 4 期，頁 15-24。

章偉文〈試論張理易圖學思想與道教的關係〉，《中國道教》，2006 年 6 期，頁 19-24。

陳恩林、郭守信〈關於《周易》「大衍之數」的問題〉，《中國

哲學史》，1998 年第 3 期，頁 42-47。

陳世陔〈《周易》「象數」與現代系統學模型〉，《周易研究》，1997 年第 4 期，頁 3-14。

陳睿宏〈郝大通《太古集》的天道觀 — 以其《易》圖中的宇宙時空圖式爲主體〉（上、下），《興大中文學報》，第 27、28 期，2010 年 6 月、12 月，頁 129-156、1-18。

陳睿宏〈丁易東大衍數論述評〉，《2011 年國際易學大會第 23 屆臺北年會大會論文集》，臺北：財團法人中華民國易經學會，2011 年 11 月，頁 87-114。

陳睿宏〈宋元時期易圖與數論的統合典範 — 丁易東大衍數聯結圖書之學析論〉，「經學與中國文獻文化國際學術研討會」，南京大學中國文學與東亞文明研究協同創新中心主辦，2013 年 8 月，頁 30-60。

陳睿宏〈林栗《周易經傳集解》八卦用象的卦象觀〉，「第六屆海峽兩岸青年易學論文發表會」，武漢大學哲學學院主辦，2013 年 10 月，頁 212-244。

陳睿宏〈《易緯》數論的哲理性意義〉，《第七屆漢代文學與思想學術論文集》，臺北：國立政治大學中國文學系，2013 年 12 月，頁 37-66。

陳睿宏〈元代張理大衍筮法析論〉，《彰化師大國文學誌》，第 27 期，2013 年 12 月，頁 1-44。

陳睿宏〈林栗《周易經傳集解》的易學特色 — 以儒學本色進行開展〉，《周易研究》，2014 年第 2 期，2014 年 3 月，頁 56-67。

陳睿宏〈丁易東易學的卦爻象觀 — 從取象方法、八卦用象與卦主進行開展〉，「第五屆東方人文思想兩岸學術研討會」，玄奘大學文學院主辦，2014 年 5 月，頁 1-35。

陳睿宏〈丁易東大衍數說聯結圖書易學析論〉,《東吳中文學報》,
　　第 27 期,2014 年 5 月,頁 145-184。

陳睿宏〈論敦煌五兆之法的占筮之說〉,《出土文獻研究視野與
　　方法》,第 4 輯,2014 年 6 月,頁 43-80。

陳睿宏〈圖書易學的延續與開展 —— 論元代張理圖書易學之重要
　　內涵〉,《東華漢學》,第 19 期,2014 年 6 月,頁 195-242。

陳守煜〈易圖的系統辨證思維剖析〉,《系統辨證學學報》,第
　　5 卷第 4 期,1997 年 10 月,頁 42-49。

梁韋弦〈「卦氣」與「歷數」,象數與義理〉,《中國哲學》,
　　2002 年第 2 期,頁 43-47。

梁韋弦〈孟京易學的來源〉,《中國哲學》,2003 年第 11 期,
　　頁 9-11。

張文智〈京氏易學中的陰陽對待與流行〉,《周易研究》,2002
　　年第 2 期,頁 39-53。

鈕恬〈略論《周易》卦爻變化的特點〉,《周易研究》,1999 年
　　第 3 期,頁 25-36。

傅榮賢〈孟喜易學略論〉,《周易研究》,1994 年第 3 期,頁 4-7。

楊作龍〈太極圖河洛探源〉,《洛陽師範學院學報》,2004 年第
　　6 期,頁 5-9。

楊靜剛〈論先秦時代可能有一篇專門講占筮的解《易》之作〉,
　　《東華漢學》第 18 期,2013 年 12 月,頁 25-86。

雷喜斌〈朱熹對先天象數易圖之采借與改造淺論〉,《福建省社
　　會主義學院學報》,2009 年第 1 期,頁 45-50。

趙中國〈邵雍先天學的兩個層面:象數學與本體論 —— 兼論朱熹
　　對邵雍先天學的誤讀〉,《周易研究》,2009 年第 1 期,頁 60-70。

戴君仁〈蘇軾與朱震的易學〉,《孔孟學報》,卷 26,1973 年 9

月，頁 97-99。

劉慧珍〈漢代易學的特殊問題 —— 易象陰陽五行化試論〉，《第
　　二屆漢代文學與思想學術研討會》，臺北：國立政治大學中
　　國文學系主辦，1998 年 10 月 17 日。

劉玉建〈五行說與京房易學〉，《周易研究》，1996 年第 4 期，
　　頁 1-11。

劉玉建〈鄭玄爻辰說述評〉，《周易研究》，1995 年第 3 期，頁
　　34-42。

劉玉建〈論魏氏月體納甲說及其對虞氏易學的影響〉，《周易研
　　究》，2001 年第 4 期，頁 21-25。

劉玉建〈試論京房易學中的世卦起月例〉，《周易研究》，1996
　　年第 2 期，頁 17-20。

劉保貞〈五行、九宮與八卦 —— 胡渭《易圖明辨》「五行、九宮」
　　說述評〉，《周易研究》，2005 年第 2 期，頁 46-51。

劉謹銘〈劉牧易學研究〉，《玄奘人文學報》，第 8 期，2008 年
　　7 月，頁 53-84。

蔡方鹿〈朱熹以圖解《易》的思想〉，《重慶師院學報》（哲社
　　版），1997 年第 2 期，頁 59-64。

鄭萬耕〈易學中的陰陽五行觀〉，《周易研究》，1994 年第 4 期，
　　頁 24-32。

鄭萬耕〈易學中的整體思維方式〉，《周易研究》，1995 年第 4
　　期，頁 62-70。

鄭吉雄〈論宋代易圖之學及其後之發展〉，《中國文學研究》，
　　創刊號，1987 年 5 月。

鄭吉雄〈從經典詮釋傳統論二十世紀《易》詮釋的分期與類型〉，
　　《中央大學人文學報》，第 20、21 期合刊，2001 年，頁

175-242。

鄭吉雄〈從經典詮釋的角度論儒道《易》圖的類型與變異〉，《中央大學人文學報》，第 24 期，2001 年，頁 93-184。

鄭吉雄〈周敦頤《太極圖》及其相關的詮釋問題〉，臺北：大學追求卓越計劃 ——「東亞近世儒學中的經典詮釋傳統第七次研討會」，2001 年 9 月 22 日。

蕭漢明〈論《京氏易傳》與後世納甲筮法的文化內涵〉，《周易研究》，2000 年第 2 期，頁 22-34。

蘇開華〈太極圖、河圖、洛書、八卦四位一體論〉，《學海》，1998 年第 1 期，頁 67-74。